Inhalt

Einführung 6
Tropen – was ist das eigentlich? 6
Die tropischen Lebensräume 8
Die Lebensformen der Pflanzen 14
Die Namen der Pflanzen... 20
Hinweise zur Benutzung des Buches 22
Begriffserklärungen... 24

Bestimmungsteil 28

Palmenartige 28
Baumfarne... 28
Palmfarne 30
Fiederpalmen 32
Fächerpalmen... 42

Bäume 48
Schopfbäume 48
Sonderformen 54
Nadelbäume 56
Blätter gefiedert 58
Blätter gefingert oder fingerteilig 76
Blätter einfach, gegenständig 88
Blätter einfach, wechselständig 94

Sträucher 122
- Blätter gefiedert oder gefingert 122
- Blätter einfach, gegenständig 130
- Blätter einfach, wechselständig 150

Kletterpflanzen 180
- Blätter gefiedert oder dreizählig 180
- Blätter einfach, gegenständig 184
- Blätter einfach, wechselständig 194

Kräuter oder Stauden 212
- Blätter gegenständig 212
- Blätter wechselständig 218

Epiphyten 246

Sumpf- und Wasserpflanzen 260

Pflanzen im Feldbau 266

Stichwortverzeichnis 276

Einführung

Tropen - das klingt nach Sonne und flirrender Mittagshitze, nach kurzen und heftigen, aber kaum Kühlung bringenden Gewitterschauern, gefolgt von aufsteigendem Dunst, nach warmen Nächten, erfüllt vom Gesang der Zikaden und leider auch von Moskitos, nach fremdartigen Klängen, verführerischen Düften und exotischem Gaumenkitzel. Vor allem aber klingt es nach einer überwältigenden, auch im Wortsinne bunten Vielfalt des Lebens. Niemand vermag die Tierarten zu zählen – allein die Insekten gehen sicher weit in die Millionen. Bei den Pflanzen haben wir es in den Tropen schätzungsweise mit »nur« rund 200 000 Arten zu tun, aber auch das ist weit mehr, als ein Mensch überblicken, geschweige denn in ein Buch fassen kann. Ist der Titel »Pflanzen der Tropen« also etwas anmaßend? Nun, die weitaus meisten tropischen Pflanzenarten leben in den noch verbliebenen Waldgebieten und sind so selten, dass nur wenige Menschen sie zu Gesicht bekommen. Viele andere Arten sind zwar häufiger, aber recht unscheinbar; sie werden kaum einem Tropenreisenden auffallen. Nur eine begrenzte Zahl von Arten ist in zugänglichen Gebieten häufig und auffällig genug, um auch vom beiläufigen Betrachter wahrgenommen zu werden. Solchen Pflanzen ist dieses Buch gewidmet.

Die Auswahl der Arten ist natürlich immer etwas subjektiv – es wurden vorrangig diejenigen aufgenommen, die dem Verfasser selbst auf seinen Reisen in Südamerika und Südostasien aufgefallen sind. Ein Vergleich mit anderen Büchern dieser Art zeigt allerdings, dass alle Autoren zu etwa dem gleichen Artenspektrum kommen, gleichgültig, ob der Schwerpunkt ihrer Tropenerfahrung in Lateinamerika, Afrika, Asien oder Hawaii liegt. Die Ursache dafür ist einfach: Besonders dekorative und/oder nützliche Pflanzen wurden vom Menschen häufig schon früh aus ihrer ursprünglichen Heimat auch in andere Gebiete mitgenommen, sodass sie heute im gesamten Tropengürtel rund um den Erdball verbreitet sind. Bei manchen Nutzpflanzen ist kaum mehr auszumachen, wo sie zuerst in Kultur genommen wurden. Nicht wenige der Zierpflanzen bringen sogar ein wenig tropische Atmosphäre bis in unsere Wohnstuben, auch wenn sie dort aus Mangel an Licht oder Luftfeuchtigkeit kaum jemals eine Pracht wie am natürlichen Standort erreichen.

Tropen – was ist das eigentlich?

Auch wenn jeder von uns eine ungefähre Vorstellung davon hat, was unter Tropen zu verstehen ist, so gibt es doch unterschiedliche Definitionen dieses Begriffs. Im strengsten geographischen Sinne sind die Tropen der Bereich zwischen dem nördlichen und dem südlichen Wendekreis (jeweils 23°27' Nord und Süd). Es ist das Gebiet, in dem die Sonne mindestens einmal, meist aber zweimal im Jahr senkrecht am Himmel steht. Die Unterschiede zwischen Sommer- und Winterhalbjahr fallen dort kaum ins Gewicht; selbst an den Wendekreisen steht die Sonne am kürzesten Tag des Jahres noch 10½ Stunden am Himmel, am längsten nicht mehr als 13½ Stunden. Bei uns, auf etwa 50° N, sind es rund 8 bzw. 16 Stunden. Solch eine strenge Definition schließt Hochgebirge und Wüstengebiete mit ein, an die man nicht unbedingt denkt, wenn von Tropen die Rede ist. Andererseits schließt sie einige Gebiete aus, in denen die Vegetation durchaus tropisch anmutet, wie etwa die Südspitze Floridas, den Süden Brasiliens, Assam oder den größeren Teil Taiwans.

Eine andere Definition betrachtet die Tropen als denjenigen Bereich, in dem die mittleren Tagesschwankungen der Temperatur größer sind als die mittleren Jahresschwankungen, d.h., der Unterschied zwischen Tag und Nacht ist größer als der zwischen Sommer und Winter. Dies dehnt die Tropengrenze zwar einerseits in Tieflandgebiete mit tropischer Vegetation aus, in denen die Jahreszeiten durch Meereseinfluss abgeschwächt werden, andererseits aber auch noch weiter in Wüsten und Gebirge, wo die Tagesschwankungen extrem groß sind.

Tropen, was ist das eigentlich?

Palmengesäumte Strände mit vorgelagerten Korallenriffen sind für viele der Inbegriff für Tropen; Australien, Great Barrier Reef.

Häufig werden die Tropen mit ganzjähriger Wärme gleichgesetzt, was bei einer Jahresmitteltemperatur von meist 26–28 °C auf Meeresniveau sicher auch zutrifft. In diesem Sinne gehören alle Gebiete dazu, in denen die Temperatur niemals unter den Gefrierpunkt sinkt bzw. auf Meereshöhe auch im kältesten Monat nicht unter durchschnittlich 18 °C liegt. Mit zunehmender Höhe verliert diese Definition allerdings ihre Gültigkeit, denn die Temperatur nimmt im Mittel um etwa ein halbes Grad pro 100 m Höhe ab.

Eine weitere Definition geht von den großen Wind- und Wettersystemen der Erde aus. Im äquatorialen Bereich steigt ständig feuchtheiße Luft auf und kühlt sich dabei ab, bis sie ihre Feuchtigkeit nicht mehr halten kann. Diese fällt dann als Regen zu Boden und reibt sich dabei an der aufsteigenden heißen Luft – mit der Folge oft heftigster Gewitter in den Nachmittagsstunden, wenn die Hitze am größten ist. Die abgekühlte Luft strömt in der Höhe polwärts, bis sie im Bereich der Wendekreise wieder absinkt, sich dabei erwärmt und dadurch relativ trockener wird. Als Folge davon entstehen niederschlagsarme Gebiete mit ganzjährig hohem Luftdruck, die Wüstengürtel der Erde. Von dort strömt die Luft in den unteren Schichten der Atmosphäre zurück zum Äquator, wobei sie vor allem über den Ozeanen wieder Feuchtigkeit aufnimmt, sodass der Kreislauf von neuem beginnen kann. Durch die Erdrotation wird diese Luftströmung aus der Nord-Süd-Achse abgelenkt; auf der Nordhalbkugel entsteht so der Nordostpassat, auf der Südhalbkugel der Südostpassat. Das Zentrum dieses Strömungssystems, mit Starkregen und ständig tiefem Luftdruck, folgt (mit bis zu 2 Monaten Verzögerung) der jahreszeitlichen Verlagerung des höchsten Sonnenstandes nach Norden und Süden. Als Tropen kann man nun denjenigen Bereich auffassen, der wenigstens einmal im Jahr von dieser Starkregenzone erfasst wird. Das kommt den Bedürfnissen der Pflanzenwelt schon etwas näher, weil die Regenmenge einen der wichtigsten Faktoren für die Vegetation darstellt.

Diese innertropische Konvergenz ist aber nicht die einzige Quelle von Niederschlag in den Tropen. Auch die allgemein eher trockenen Pas-

Einführung

satwinde können Feuchtigkeit mitbringen, insbesondere dort, wo sie längere Strecken über den Ozeanen zurückgelegt haben. Das macht sich allerdings erst dann bemerkbar, wenn sie an Bergen zum Aufsteigen gezwungen werden, wobei es zur Abkühlung und schließlich zum Abregnen kommt. Vor allem in Ostasien kommt noch ein weiterer Effekt hinzu. Dort verlagert sich die tropische Tiefdruckzone im Sommer besonders weit auf die Nordhalbkugel. Sobald der Südostpassat den Äquator überschritten hat, wird er in westlicher Richtung abgelenkt und damit zum Südwestmonsun, der nach seinem langen Weg über den Indischen Ozean besonders viel Feuchtigkeit im Gepäck hat. Ähnliche, wenn auch weniger ausgeprägte Effekte bringen auch West- und Zentralafrika sowie – auf der Südhalbkugel natürlich als Nordwestmonsun – dem Norden Australiens zusätzliche Regenfälle.

Die tropischen Lebensräume

Die Lebensbedingungen in den Tropen sind in vielfacher Hinsicht anders, als wir es in den gemäßigten Breiten gewohnt sind. Nahezu gleich bleibende Temperaturen und Tageslängen erlauben ein ganzjähriges Pflanzenwachstum, solange genug Wasser zur Verfügung steht. Allerdings fehlt den Pflanzen der Winter als wichtiger Verbündeter im Kampf gegen allzu gefräßige Insekten. Die Sonneneinstrahlung ist mehr als doppelt so hoch wie bei uns, ebenso die Verdunstung. Die entzieht den Pflanzen so viel Wasser, dass in den Tropen bei Regenmengen wie in Deutschland nur noch Grasland wachsen kann.

Von besonderer Bedeutung für das Pflanzenleben sind auch die Bodenverhältnisse. Unsere Böden sind erst nach der letzten Eiszeit entstanden und damit weniger als 10 000 Jahre alt. In den Tropen dagegen sind viele Landoberflächen schon Hunderttausende oder gar Millionen von Jahren einer Verwitterung ausgesetzt, die wesentlich intensiver ist als in gemäßigten Breiten. Oft sind die nährstoffbindenden Tonminerale längst zerstört und die Nährstoffe durch den Regen ausgewaschen. Zurück bleibt der typische rote Tropenboden, der bei Austrocknung zu steinhartem Laterit werden kann.

Der oft üppige Pflanzenwuchs auf diesen Böden erhält sich nur durch ständiges Recycling. Wenn abgestorbene Pflanzenteile verrotten, dann werden die Nährstoffe gar nicht erst an den Boden abgegeben, sondern von Pilzen gleich wieder aufgenommen und erneut den Pflanzen zugeführt. Wird dieser Kreislauf unterbrochen, dann gehen viele Nährstoffe für immer verloren. Junge, nährstoffreiche Böden finden sich in den Tropen vor allem in den Flussauen und dort, wo Vulkane ihre Asche abgeladen haben. Die Landwirtschaft kann also gerade dort die meisten Menschen ernähren, wo diese am meisten durch Überschwemmungen oder Vulkanausbrüche gefährdet sind.

Regenwälder

Der Regenwald wird häufig als der Inbegriff eines tropischen Lebensraums angesehen, dabei gibt es Regenwälder auch in der gemäßigten Zone. Richtig ist allerdings, dass die tropischen Regenwälder einst die größten geschlossenen Waldgebiete der Erde bildeten, bevor sie in der zweiten Hälfte des gerade vollendeten Jahrhunderts immer weiter zerteilt und zerstört wurden. Mehr als die Hälfte ist bereits unwiederbringlich verloren, mit Hunderten von Tier- und Pflanzenarten, über deren Eigenschaften wir nie etwas erfahren werden. Und weiterhin fällt Jahr für Jahr eine Fläche etwa von der Größe aller westlichen Bundesländer dem Verlangen der Industrieländer nach Papier und Spanplatten sowie dem enormen Bevölkerungsdruck in den tropischen Ländern selbst zum Opfer.

Der tropische Regenwald ist keineswegs ein einheitlicher Lebensraum. Unterschiede gibt es nicht nur zwischen den verschiedenen geographischen Regionen, sondern auch je nach Boden und Relief, vor allem aber je nach Niederschlagsmenge und -verteilung.

Die tropischen Lebensräume

Regenwald in Thailand, Khao-Yai-Nationalpark.

Immerfeuchte Regenwälder brauchen mehr als 2000 mm Niederschlag pro Jahr, möglichst gleichmäßig verteilt, jedenfalls mehr als 100 mm pro Monat. In einigen Extremlagen werden sogar 10 000 mm pro Jahr überschritten. Durch die nächtliche Abkühlung außerhalb des Krondachs bildet sich in den Frühstunden stets so viel Tau, dass die unteren Schichten des Waldes auch an regenlosen Tagen triefnass bleiben. Solche Wälder sind extrem artenreich, wobei die große Mehrzahl der im Boden wurzelnden Arten Bäume sind. Allein im malaysischen Teil der Malaiischen Halbinsel wurden mehr als 3000 Baumarten gezählt, deren Stamm mehr als 30 cm Durchmesser erreichen kann. In Europa nördlich der Alpen, vom Atlantik bis zum Ural, kommen wir nur auf etwa 50. Gelegentlich findet man mehr als 300 Baumarten pro Hektar; jede einzelne Art kann also nur selten vorkommen.

In Südostasien dominiert unter den großen Bäumen fast aller Wälder eine Pflanzen**familie**, die Zweiflügelfruchtgewächse *(Dipterocarpaceae)*, von denen man am Boden in der Regel nur die charakteristischen Früchte bemerkt (Foto rechts). Da es keine Jahreszeiten gibt, treten im immerfeuchten Regenwald zu allen Zeiten blühende, fruchtende oder neu austreibende Bäume auf. Allerdings spielen sich diese Lebensvorgänge vorwiegend im Kronraum ab, in meist etwa 24–36 m Höhe. Einzelne Bäume ragen zuweilen weit über dieses geschlossene Krondach hinaus, bis zu 70 m hoch.

Unter dem geschlossenen Krondach folgen in der Regel noch ein bis zwei weitere Schichten

Früchte des Zweiflügelfruchtbaumes *Dipterocarpus bandii.*

Einführung

von Schatten ertragenden Bäumen, hohen Sträuchern und dem Jungwuchs der Waldbäume, der dort auf seine Chance in Form einer Lücke im Krondach wartet. Am Boden kommt kaum noch Licht an, sodass man nur selten auf Unterwuchs trifft. Der immerfeuchte Regenwald ist also keineswegs ein undurchdringlicher Dschungel, sondern gleicht im Gegenteil eher einer Kathedrale mit hoch aufragenden Säulen. Die Mehrzahl seiner Lebensäußerungen bleibt dem Beobachter am Boden verborgen; nur an Schneisen lässt sich ein Ausschnitt aus seiner Vielfalt beobachten.

Der **saisonale Regenwald** erhält zwar kaum weniger Niederschlag als der immerfeuchte, aber er hat eine Trockenzeit von durchschnittlich etwa 1 Monat zu überstehen. Diese regelmäßig wiederkehrende Trockenperiode dient den Bäumen als Zeitgeber, nach dem sich die Phasen des Blühens und Fruchtens, des Laubabwurfs und Neuaustriebs richten. Nur wenige Bäume stehen in der Trockenzeit gänzlich ohne Laub da – dafür aber oft mit Blüten. Die übrigen Arten werfen ihre alten Blätter erst nach Austrieb der neuen ab oder tragen mehrere Blattjahrgänge. Im saisonalen Regenwald gelangt zumindest zeitweise etwas mehr Licht auf den Waldboden, sodass die Zahl der krautigen Pflanzen dort zunimmt.

Sekundärwald

Auch ohne menschlichen Einfluss treten in Regenwäldern immer wieder Lücken auf, durch Windwurf, Blitzschlag, Pilzbefall, Insektenfraß oder Absterben alter Bäume. Letzteres vollzieht sich allerdings meist so langsam, dass nie wirklich eine Lücke entsteht. Der frei werdende Raum wird gleich von den Kronen der Nachbarbäume besetzt. In Hanglagen kommen Erdrutsche hinzu, in trockeneren Wäldern auch Feuer. Regenwälder sind normalerweise zu nass, um zu brennen; kommt es aber doch zu Waldbränden (wie 1997/98 in Südostasien), so sind sie umso verheerender.

Das weitere Schicksal einer Lücke im Wald hängt von ihrer Größe ab. Die kleinsten Lücken werden rasch von den benachbarten Kronen und von Jungpflanzen der Waldbäume geschlossen. In größeren Lücken sind lichtliebende Pionierarten, die im geschlossenen Wald nicht vorkommen, konkurrenzkräftiger als die Sämlinge der Waldbäume. Es entsteht ein Sekundärwald (Foto links), der niedriger und artenärmer ist als der Regenwald, aber eine größere Vielfalt von Lebensformen und Blattgestalten aufweist. Gräser, darunter auch die oft baumgroßen Bambus-Arten, Kräuter, Hochstauden, Sträucher und Schlingpflanzen, nicht selten mit Dornen, bilden ein oft undurchdringliches Gestrüpp. Besonders charakteristisch aber sind raschwüchsige Pionierbäume mit leichtem Holz, etwa Balsa (*Ochroma lagopus*), die es in nur 15 Jahren auf mehr als 20 m Höhe bringen. Einige davon, vor allem *Cecropia* in Südamerika und *Macaranga* (Foto rechts) in Südostasien, leben in Gemeinschaft mit Ameisen. Sie bieten den Tieren Unterschlupf in hohlen Zweigen und Nahrung in Form besonderer Futterkörper, dafür greifen die Ameisen alles an, was ihren Baum berührt – notfalls auch den Menschen.

Sekundärwald bei El Dorado in Venezuela.

Die tropischen Lebensräume

Innerhalb weniger Jahre wird der Sekundärwald so dicht, dass in seinem Schatten die Sämlinge der Hochwaldarten aufkommen können, wenn Samen in ausreichender Zahl dorthin gelangen. Der ursprüngliche Wald kann sich im günstigsten Fall innerhalb einiger Jahrzehnte regenerieren, wenn der Nährstoffverlust während der Lückenphase nicht zu groß war. Zum Zwecke des Wanderfeldbaus angelegte Rodungen werden allerdings meist bis zur völligen Erschöpfung der Nährstoffe genutzt; dort hat es der Wald weitaus schwerer, wieder Fuß zu fassen.

Bergwälder

In den unteren Hanglagen ist der Regenwald oft noch üppiger entwickelt als in der Ebene. Die Niederschläge sind meist noch höher, dennoch tritt im Boden keine das Wachstum hemmende Staunässe auf, weil überschüssiges Wasser leicht abfließen kann. Die Temperatur nimmt mit zunehmender Höhe ab, dadurch kondensiert die Luftfeuchtigkeit und es bilden sich Wolken, Nebel und Tau. Die Höhe, in der das geschieht, ist höchst unterschiedlich; sie hängt ab von den Ausgangswerten der Temperatur und der Luftfeuchtigkeit sowie von der Luftbewegung. Luvhänge sind viel feuchter, als es ihrer Höhenlage entspricht, weil ständig neue Feuchtigkeit herangeführt wird, an Leehängen dagegen treten Föhnphänomene auf, die zur stärkeren Austrocknung führen.

Insgesamt nimmt mit zunehmender Höhe die Größe der Bäume ab, es gibt weniger holzige Lianen, mehr Epiphyten und mehr Moose und Farne, darunter auch die an Palmen erinnernden Baumfarne (S. 28). Die echten Palmen dagegen bleiben meist unter 1000 m, ebenso wie Bananen und eine Reihe weiterer typischer Tropenfamilien. Manche Kulturpflanzen, etwa Kaffee, gedeihen in den mittleren Höhenlagen besonders gut.

In der höher gelegenen Wolkenstufe bleibt es durch die dichte Wolkenhülle noch kühler, als es der Höhenlage entsprechen würde. Die relative Luftfeuchtigkeit liegt fast immer bei

Macaranga triloba, charakteristischer Baum des Sekundärwaldes und wahrscheinlich die häufigste Ameisenpflanze in Südostasien; die Futterkörper befinden sich unter den muschelförmigen Nebenblättern.

100 %, sodass selbst dann alles nass ist, wenn der Regenmesser keinen Niederschlag anzeigt. In diesem **Nebelwald** sind die Bäume krüppelig und niedrig, mit häufig kleinen, festen Blättern. Bis hin zu den kleinsten Zweigen ist alles von Moos bedeckt, was diesem Wald zusammen mit dem immer währenden Nebel ein unwirkliches Aussehen verleiht. Die zuweilen bizarren Arten dieses »Elfenwaldes« haben sich so eng an diesen Lebensraum angepasst, dass sie anderswo nicht lebensfähig sind. Sie sind daher in diesem Buch nicht berücksichtigt.

Hochgebirge

Die Baumgrenze fällt in tropischen Breiten meist mit der Grenze regelmäßig auftretender Fröste zusammen. Sie liegt in der Regel zwischen 3000 und 4000 m Höhe, stellenweise aber auch höher oder niedriger. Im Bereich oberhalb von etwa 4000 m fällt die Temperatur in fast jeder Nacht unter den Gefrierpunkt, während die Sonne tagsüber zumindest den

Einführung

Boden stark erwärmen kann. Die häufig benutzte Formulierung »jeden Tag Sommer, jede Nacht Winter« stimmt aber nur halb, denn die Pflanzen müssen keine langen Kälteperioden, sondern nur einige Stunden überdauern. Andererseits müssen sie mit Schwankungen von über 50 °C innerhalb eines Tages fertig werden. Arten der Hochgebirge wurden nicht in den Beschreibungsteil dieses Buchs aufgenommen.

Wechselfeuchte Wälder

Weite Gebiete in den Tropen, insbesondere im Einflussbereich der Monsun- und Passatwinde, zeigen einen ausgeprägten Wechsel zwischen Regen- und Trockenzeiten. Wo die Regenzeiten reichlich Wasser liefern, aber von 2–5 Monaten Trockenheit unterbrochen werden, findet man einen Mischwald aus immergrünen und laubwerfenden Bäumen in je nach Feuchtigkeit wechselnden Anteilen. In Sri Lanka, Indien, Burma und Thailand nehmen die Monsunwälder größere Flächen ein als die echten Regenwälder. Auch die Passatwälder an der pazifischen Seite Mittelamerikas und der größte Teil der Tropenwälder im Norden Australiens sind wechselfeucht.

Die wechselfeuchten Wälder sind zwar nicht so artenreich wie die Regenwälder, erscheinen aber vielfältiger, weil die verschiedenen Pflanzenarten ihr Wachstum, Blühen und Fruchten optimal an jeweils andere, im Jahresverlauf unterschiedliche Bedingungen anpassen können. Viele Arten blühen während der Trockenzeit, die meist auch die günstigste Reisezeit ist. Daher gehören die wechselfeuchten Wälder zu den für den Besucher attraktivsten Lebensräumen. Der insgesamt lichtere Wald lässt außerdem viel mehr Unterwuchs zu: in trockeneren Lagen beinahe flächendeckend Gräser und Kräuter, in feuchteren eher Sträucher und großblättrige Hochstauden. Lianen haben bessere Startchancen als im dunklen, geschlossenen Regenwald, und Epiphyten fallen mehr ins Auge, weil sie nicht überwiegend im Kronraum den Blicken des Betrachters entzogen sind, sondern oft schon kurz über dem Boden die Stämme besiedeln.

Das Gebiet der wechselfeuchten Wälder ist der am stärksten durch menschliche Eingriffe veränderte Lebensraum innerhalb der Tropen. Zum einen bietet es relativ günstige Bedingungen für die Landwirtschaft und ist daher schon seit langem stark besiedelt, zum zweiten ist oder war der Anteil wertvoller Tropenhölzer wie Teak (*Tectona grandis*, S. 92) und Mahagoni (*Swietenia* in Amerika, *Khaya* in Afrika) hier besonders hoch, was die holzwirtschaftliche Ausbeutung beschleunigte. Vor allem in Afrika findet man daher kaum noch größere Bestände dieses Waldtyps, obwohl die klimatischen Bedingungen in weiten Gebieten nördlich, östlich und südlich des Kongobeckens dafür geeignet wären.

Trockenwälder

Wo 500–2000 mm Regen innerhalb von 4 bis 7 Monaten fallen, die übrigen 5–8 Monate aber strenge Dürre herrscht, treten immergrüne Gehölze weitgehend zurück. Es entsteht ein

Tillandsia ionantha, eine kleine epiphytische Bromelie.

Die tropischen Lebensräume

trockenkahler, regengrüner, meist nur wenige Meter hoher Wald. In Gegenden mit ausgeprägtem Relief, wie in weiten Teilen Mittelamerikas und Südostasiens, findet man häufig ein kleinräumiges Mosaik von wechselfeuchten Wäldern auf den Luvseiten und Trockenwäldern auf den Leeseiten der Berge.

Die Kronschicht der Trockenwälder wird in der Regenzeit zwar dicht genug, um großflächig Schatten zu spenden, lässt aber andererseits noch genügend Licht durch, um am Boden eine üppige Entwicklung von Gräsern und Kräutern zu ermöglichen. In der späten Trockenzeit wirkt dieser Wald wie tot; nicht nur die Bäume sind kahl, auch in der Krautschicht ist fast kein Grün mehr zu entdecken. Ausnahmen machen allenfalls einige Sträucher mit hartlaubigen Blättern sowie die **Sukkulenten** (Kakteen und ähnlich dickfleischige Pflanzen), die in ihren eigenen Organen (Stängeln oder Blättern) ausreichend Wasser speichern, um die Dürreperiode im grünen Zustand überdauern zu können. Noch bevor aber der Regen einsetzt, beginnen viele Bäume mit der Blüte und dem Austrieb. Ihre Blätter sind meist dünn und weich im Vergleich zu denen des Regenwaldes und viel weniger gegen Austrocknung geschützt. Dieses scheinbare Paradox ist leicht zu erklären: Schließlich müssen die Blätter des Regenwaldes mehrere Jahre überstehen, die des Trockenwaldes dagegen nur die feuchtesten Monate eines Jahres.

Wo die Niederschläge auf weniger als 500 mm pro Jahr zurückgehen oder die Länge der Dürreperiode auf mehr als 8 Monate steigt, verändert sich der Trockenwald je nach Standortbedingungen in unterschiedlicher Richtung. Unregelmäßig auftretender Regen und durchlässiger Boden begünstigen eine Vegetation aus Dornsträuchern und Sukkulenten ohne nennenswerten Unterwuchs, etwa in Südwestmadagaskar oder Nordostbrasilien. Einigermaßen verlässlich auftretende Niederschläge während der wärmeren Jahreszeit und wenig durchlässiger Boden dagegen verschaffen den Gräsern einen Vorteil gegenüber den Holzpflanzen, sodass Graslandschaften entstehen. Pflanzen dieser sehr trockenen Gebiete haben nur dann Eingang in dieses Buch gefunden, wenn sie auch in feuchteren Regionen häufiger kultiviert werden.

Savannen und andere Graslandschaften

Von Gräsern oder grasartig aussehenden anderen Pflanzen beherrschte Landschaften können in den Tropen unter ganz unterschiedlichen Bedingungen entstehen. Geringe, aber zuverlässige Niederschläge sind nur eine der Möglichkeiten; auch ein sehr flachgründiger Boden, Feuer während der Trockenzeit oder Staunässe während der Regenzeit führen zu offenen Landschaften. Vor allem in Afrika bedecken sie ausgedehnte Gebiete nördlich, östlich und südlich der äquatorialen Waldregion. Mit zunehmenden Niederschlägen ist dabei ein Übergang von reinem Grasland über Dornstrauchsavannen bis hin zu regengrünen Baumsavannen zu beobachten. Charakteristisch für diesen Lebensraum sind vor allem die dornigen Akazien (*Acacia*-Arten, S. 70) und der Affenbrotbaum (*Adansonia digitata*, S. 84), der in seinem tonnenförmigen Stamm große Mengen Wasser speichern kann.

Mangrove

Überall an tropischen Küsten, wo das Meerwasser warm genug, die Küste flach und vor starkem Wellenschlag geschützt ist, kann sich Mangrove ansiedeln. Wo diese Bedingungen erfüllt sind, reicht dieser Vegetationstyp sogar weit über die Tropengrenze hinaus. Die Pflanzen der Mangrove sind fast durchweg Gehölze, die je nach Standort strauchig oder baumförmig wachsen können. Der weiche und extrem sauerstoffarme Schlick, auf dem sie stehen, erfordert besondere Anpassungen: Die meisten Arten haben Stelzwurzeln oder Atemwurzeln, die senkrecht aus dem Schlick nach oben wachsen, aus dem Schlick ragende Höcker ausbilden oder als Kniewurzeln aus dem Schlick heraus und wieder hinein wachsen können. Wenn sie bei Niedrigwasser freiliegen, nehmen

Einführung

Die typische Mangrovengehölze mit ihren Stelzwurzeln verhindern die Erosion flacher Küstenbereiche.

sie durch zahlreiche Poren aus der Luft Sauerstoff auf, von dem dann das Wurzelsystem während des Hochwassers zehrt. Die zahlreichen Wurzeln begünstigen ihrerseits die Ablagerung von weiterem Schlick, sodass der Mangrovegürtel zumindest die Küste vor Erosion schützt und sich sogar langsam weiter meerwärts ausdehnen kann. Durch die Abholzung von Mangrovewäldern zur Gewinnung von Gerbstoffen und Holzkohle sowie in neuerer Zeit vor allem zur Anlage von Shrimps-Farmen ist der Küstenschutz allerdings vielerorts akut gefährdet.

Als Anpassung an den weichen Schlick ist auch die verbreitete Erscheinung des Lebendgebärens (Vivipare) zu verstehen. Dabei keimt der einzige Same jeder Frucht bereits auf der Mutterpflanze aus und wächst zu einem ansehnlichen, meist 20–40 cm, gelegentlich aber auch bis 1 m langen, pfeilförmigen Gebilde heran. Fällt dieser Pfeil in den Schlick, so bleibt er stecken und kann an Ort und Stelle weiterwachsen. Häufiger jedoch wird er zunächst durch die Gezeiten verdriftet, bevor er an anderer Stelle angeschwemmt wird und sich dort rasch verankert.

Die Lebensformen der Pflanzen

Palmen und palmenähnliche Pflanzen

Die Palmen gelten als die Tropenfamilie schlechthin, und ihre charakteristische Silhouette prägt tatsächlich das Bild vieler tropischer Lebensräume. Die Verbreitung der Palmen reicht jedoch weit über die Tropen hinaus, bis nach Südeuropa, Japan und Neuseeland.

Die meisten Palmen sind leicht als solche zu erkennen: Sie haben einen schlanken, unverzweigten, meist nahezu gleichmäßig dicken Stamm, gekrönt von einem Schopf sehr großer, entweder gefiederter (Fiederpalmen) oder fächerartig ausgebreiteter (Fächerpalmen) Blätter. Ganz verlässlich sind diese Merkmale allerdings nicht, denn unter den mehr als 2600 Arten gibt es auch stammlose, dickstämmige, verzweigte, kletternde und relativ kleinblättrige Formen. Umgekehrt ist nicht jede palmartig aussehende Pflanze eine Palme; in den Tropen begegnen uns nämlich auch baumförmig wachsende Farne, vor allem in feuchten Bergwäldern, und die merkwürdigen Palmfarne, die trotz ihres Namens weder mit den Palmen noch mit den Farnen näher verwandt sind. Auch einzelne Vertreter anderer Pflanzengruppen können palmenähnlich aussehen, etwa die Papaya (S. 52).

Wie die Farne unserer heimischen Wälder sind auch die **Baumfarne** Sporenpflanzen: Sie bringen keine Blüten und Früchte hervor, sondern vermehren sich durch mikroskopisch kleine Sporen, die auf der Blattunterseite gebildet werden. Mit dem bloßen Auge sind diese Sporenlager nur als dunkle Punkte oder Striche erkennbar. Die bei den Farnen als Wedel bezeichneten Blätter sind meist mehrfach gefiedert und können mehrere Meter lang werden. Die jüngsten Wedel im Zentrum des Blattschopfes sind vor ihrer Entfaltung eingerollt. Anders als andere Bäume bilden Baumfarne kein Holz. Die Festigkeit ihrer Stämme verdanken sie einem dichten Mantel kurzer, harter Wurzeln, durchsetzt von den Resten der alten Wedelstiele.

Die Lebensformen der Pflanzen

Stellvertretend für die rund 800 Arten mehr oder weniger baumförmig wachsender Farne wird hier je ein Vertreter der beiden wichtigsten Gattungen (*Cyathea* und *Dicksonia*, S. 28) behandelt.

Die etwa 150 Arten der **Palmfarne** sind »lebende Fossilien«, die letzten Überlebenden einer im Erdmittelalter viel reicher entfalteten Gruppe. Ihre Blätter sind ebenfalls sehr groß, aber zumindest bei den stammbildenden Arten nur einfach gefiedert und in der Jugend nicht schneckenförmig eingerollt. Nur die einzelnen Blattfiedern können anfangs eingerollt sein; im ausgewachsenen Zustand sind sie meist steif bis geradezu stechend. Auch die Palmfarne bringen keine echten Blüten hervor: Ihre männlichen und meist auch die weiblichen Fortpflanzungsorgane stehen stattdessen in recht massiven Zapfen auf getrennten männlichen und weiblichen Pflanzen. Wie bei unseren Nadelbäumen sind die Samenanlagen nicht in einem Fruchtknoten eingeschlossen, sondern an den Schuppen des Zapfens befestigt. Bei *Cycas* (S. 30) stehen sie sogar frei zugänglich an wedelartigen Fruchtblättern.

Die echten **Palmen** dagegen sind Blütenpflanzen mit meist kleinen, dafür aber zahlreichen Blüten in oft auffällig großen Blütenständen. Junge Palmblätter sind niemals eingerollt, sondern stehen vor ihrer Entfaltung meist senkrecht nach oben. Wie bei den beiden vorhergehenden Gruppen, und anders als bei anderen Bäumen, wachsen die Stämme der Palmen nicht weiter in die Dicke. Die Jungpflanzen bleiben so lange niedrig, bis sie ihren endgültigen Durchmesser erreicht haben. Erst dann wachsen sie in die Höhe.

In der Kulturlandschaft sind Palmen noch weit häufiger anzutreffen als in der ungestörten Natur. Das verdanken sie nur zum Teil ihrer Eleganz, vielmehr gehören Palmen zu den nützlichsten Pflanzengruppen der Tropen. Viele Arten haben essbare Früchte, die einen erheblichen Beitrag zur Ernährung der Bevölkerung liefern können. Einige wenige, etwa Kokos- und Ölpalmen, haben sogar weltwirtschaftliche Bedeutung erlangt. Aus den Blättern der Palmen oder aus deren Fasern werden Matten, Körbe und Seile geflochten, und in ländlichen Gegenden werden immer noch Häuser mit Palmblättern gedeckt. Anderen Nutzungen fällt die ganze Palme zum Opfer. Zur Gewinnung von echtem Sago aus dem Mark des Stammes der Sagopalme (*Metroxylon sagu*, S. 40, aber siehe auch *Cycas*, S. 30) muss der ganze Baum gefällt werden. Auch die Ernte von Palmkohl oder Palmenherzen bedeutet das Ende für die Pflanze, denn dabei wird der Vegetationspunkt entfernt, die einzige Stelle, an der die Palme wachsen kann. Seitlich oder von unten ausschlagen wie andere Bäume kann sie nicht. Das Holz der Palmen wird gelegentlich als Bau- oder Brennholz verwendet, und aus den schlanken, elastischen Stämmen der kletternden Rattanpalmen (Foto S. 18) werden Rattanmöbel hergestellt.

Eine Aufzählung aller Nutzungen würde ganze Bücher füllen, ebenso die Beschreibung aller rund 2700 Arten. Daher sind hier nur die Arten genannt, die dem Tropenreisenden mit größerer Wahrscheinlichkeit auffallen dürften.

Bäume

In den Tropen ist nicht nur die Zahl der Baumarten um ein Vielfaches höher als in gemäßigten Breiten (vgl. S. 9), auch die Vielfalt der Wuchsformen und die Pracht vieler Blüten ist überwältigend. Beides verdanken die tropischen Bäume letztlich dem fehlenden Winter. Nur deshalb können die Blütezeiten der einzelnen Arten rund um das Jahr verteilt sein, was den Nektar der Blüten als Nahrungsquelle auch für größere, langlebigere Tiere wie Vögel und Fledermäuse interessant macht. Kräftige, zu weiten Flügen fähige Bestäuber sind wiederum für die Pflanzen von Vorteil, weil in den Tropen die einzelnen Individuen einer Pflanzenart oft weit auseinander stehen. Kräftige Tiere brauchen natürlich größere Blüten mit mehr Nektar, als es für unsere kleinen heimischen Insekten erforderlich ist. Vögel können zudem nur schlecht riechen, sodass sich die Blüten zum Anlocken der Bestäuber auf ihre Farbenpracht verlassen müssen.

Einführung

Brettwurzeln sind charakteristische Bildungen vieler Regenwaldbäume; Malysia, Bukit Cahaya.

Laubschüttungen sind in den Tropen ein häufig zu beobachtendes Phänomen (hier bei *Brownea ariza*).

In gemäßigten Breiten schränkt der Winter auch die Vielfalt der Wuchsformen ein, weil er eine Ruhepause erzwingt, in der Regel mit Laubabwurf. Auch können sich die Bäume bei uns nicht auf nur einen oder wenige Vegetationspunkte (Zuwachs-Knospen) verlassen; das Risiko eines tödlichen Frostschadens wäre viel zu groß. Dicke, wasserspeichernde Stämme und Blätter würden durch Frost gesprengt werden, und weit ausladende, flache Kronen oder Blattfächer könnten unter der Last des Schnees auseinander brechen.

In den Tropen fehlen diese Gefahren. Eine Ruhephase kann allenfalls durch Trockenheit erzwungen werden, denn Frost kommt nur hoch im Gebirge vor. Der Wachstumsrhythmus kann sich also entweder nach den Niederschlägen richten oder im immerfeuchten Bereich von der Pflanze selbst gesteuert werden. Wirklich kontinuierlicher Zuwachs ist eher selten, denn ein Baum, der zu jeder Zeit junge Blätter hat, würde sehr schnell als verlässliche Nahrungsquelle entdeckt werden – falls er nicht sehr giftig ist.

Nadelbäume kommen in den Tropen nur selten vor, meist in Bergwäldern. Viele davon haben blattartig verbreiterte Nadeln und eine andere als die uns vertraute Wuchsform, sodass sie meist kaum als Nadelbäume erkannt werden. Allein einige Araukarien (S. 56) sieht man häufiger in Gärten.

An tropischen Laubbäumen können wir eine Reihe von Erscheinungen beobachten, die es bei uns so nicht gibt. **Brettwurzeln** finden sich vor allem bei großen Bäumen. Da die Böden in den immerfeuchten Tropen oft wassergesättigt und daher schlecht durchlüftet sind und die Nährstoffe ohnehin in einem oberflächlichen Kreislauf gehalten werden, haben die meisten Bäume ein recht flaches Wurzelwerk, das zur Verankerung manchmal nicht ausreicht. Brettwurzeln sind hier ein Ausweg, weniger als Stütze denn zur Verteilung der durch Winddruck entstehenden Zug-

Die Lebensformen der Pflanzen

kräfte auf möglichst viele oberflächliche Wurzeln.

Luftwurzeln gibt es nicht nur bei Epiphyten (S. 18, 246–258), sondern auch bei vielen Bäumen, vor allen bei zahlreichen Feigenarten. In einigen Fällen können sie zu ansehnlichen Stämmen heranwachsen und dann weit ausladende Äste über große Strecken tragen (S. 120).

Rote Laubfärbung tritt in den Tropen nicht (nur) kurz vor dem Blattfall auf, sondern ist ein weit verbreitetes Kennzeichen gerade ausgetriebener, junger Blätter. Das Blattgrün entwickelt sich erst später. Noch beeindruckender ist der Vorgang der **Laubschüttung**. Dabei treiben ganze Zweigsysteme samt ihrer Blätter sehr rasch aus und hängen zunächst schlaff herunter. Weil sie in diesem Stadium blass rötlich oder bräunlich gefärbt sind, wirken sie fast wie abgebrochen. Später aber richten sie sich auf und ergrünen.

Zahlreiche tropische Bäume sind **stammblütig** (kauliflor), das heißt, sie tragen ihre Blüten und Früchte direkt am Stamm oder an starken Ästen, allenfalls an gedrungenen, daraus hervorgehenden Kurztrieben. In einigen Fällen, wie beim Chempedak (S. 118), würden die dünnen Zweige der Krone gar nicht ausreichen, um das enorme Gewicht der Früchte zu tragen. In anderen Fällen, wie beim Kürbis-Kerzenbaum (S. 86), erleichtert diese Anordnung den bestäubenden Fledermäusen die Ortung der Blüten und den Anflug. Dem gleichen Zweck dienen lang gestreckte Blütenstandsachsen, an denen die Blüten aus der Krone herausgehoben werden oder unten aus ihr heraushängen.

Sträucher

Da die feuchten Tropen von Bäumen beherrscht werden, bleiben für Sträucher unter natürlichen Bedingungen vor allem zwei sehr unterschiedliche Lebensräume: der Schatten des Waldes und der Sekundärwuchs (S. 10). Im tiefen Wald wachsende Sträucher haben meist entweder unscheinbare Blüten, die sich zum Anlocken ihrer Bestäuber ganz auf ihren Duft verlassen, oder sehr helle Blüten, die auch im grünlichen Halbdunkel noch zu sehen sind. Im Sekundärwuchs dagegen konkurrieren sehr viele verschiedene Pflanzen um Raum, Licht und Bestäuber. Viele haben daher sehr auffällige Blüten, was sie auch als Ziersträucher und für dieses Buch interessant macht.

Schling- und Kletterpflanzen

Eine der auffälligsten Eigenschaften tropischer Vegetation ist die große Häufigkeit und Vielfalt kletternder Pflanzen. Sie können Zäune und Sträucher überwuchern, ganze Hauswände und Baumstämme einhüllen, in weiten Schlingen im Wald hängen oder steil nach oben streben und erst dort ihre Krone ausbilden. Lianenvorhänge, die alles Dahinterliegende verbergen, sind typisch für Stellen, an denen Naturkatastrophen oder Menschen Schneisen in den Wald geschlagen haben. In ungestörten Wäldern dagegen wachsen Lianen eher einzeln. Um ans Licht zu kommen, bedienen sie sich der unterschiedlichsten Methoden. Mit Hilfe von Haftwurzeln kletternde Pflanzen, vor allem Aronstab- und Pfeffergewächse, werden als Wurzelklimmer bezeichnet. Windenklimmer dagegen umwickeln ihre Stütze mit ihrem Spross, wie es auch unsere Winden und Stangenbohnen tun. Rankenklimmer, wie bei uns die Erbse, bilden zum gleichen Zweck spezielle fadenförmige, berührungsempfindliche Organe, eben die Ranken. Sie bleiben so lange ausgestreckt und führen oft kreisende Bewegungen durch, bis sie eine Stütze gefunden haben. Dann wickeln sie sich fest und rollen sich meist auch noch sprungfederartig ein, sodass eine elastische Aufhängung entsteht. Spreizklimmer schließlich durchwachsen das Geäst anderer Pflanzen und verhindern ihr Abrutschen durch weit spreizende Zweige oder Blätter, manchmal auch durch Dornen oder Kletthaare. Weil sie bei Sturm den Bewegungen ihrer Stützen folgen müssen, ohne zu zerreißen, brauchen Lianen besonders zugfeste und biegeelastische Stämme. Daher bilden selbst die größten holzigen Lianen nur selten einen so

Einführung

regelmäßigen Holzkörper wie Bäume. Oft erfolgen Zuwachs und Holzbildung nur an bestimmten Stellen, was zu bizarr geformten Stämmen (»Affentreppen«) führt.

Häufig findet man große Lianen frei im Wald hängend, sodass man sich fragt, wie sie denn überhaupt dort hinauf beziehungsweise von Baum zu Baum gekommen sind. Des Rätsels Lösung liegt in der Tatsache, dass Lianen ihr Wachstum meist in Lücken beginnen und mit dem neuen Wald in die Höhe wachsen. Im Kronenbereich, wo die Zweige ineinander greifen, können sie dann von Baum zu Baum wechseln. Weil aber in den Lücken zunächst vor allem kurzlebige Pionierhölzer vorherrschen, die nach wenigen Jahren wieder zu Grunde gehen, verlieren die Lianen damit meist den größten Teil ihrer ursprünglichen Stützen. Wenn sie es bis zu dem Zeitpunkt geschafft haben, sich auch in langlebigeren Bäumen zu verankern, dann hängen sie schließlich frei zwischen diesen, oft über große Distanzen. Bei Rattanpalmen (Foto unten) wurden 240 m Gesamtlänge gemessen, und bei einer *Bauhinia* sogar über 600 m beobachtet. Lianen solcher Länge brauchen natürlich eine sehr effektive Wasserleitung in ihren Stämmen, um auch die Krone am Ende noch gut versorgen zu können. Es ist daher kein Wunder, dass aus manchen Lianen das Wasser herausläuft, wenn man sie aufsägt.

Kräuter und Stauden

Krautige Pflanzen sind in den feuchten Tropen unter natürlichen Bedingungen bei weitem nicht so vorherrschend, wie wir es aus den gemäßigten Breiten gewohnt sind. Noch mehr als die Sträucher werden sie einerseits in den tiefen Schatten, andererseits auf gestörte Standorte abgedrängt. Weil aber der Wald gestört wird, wo immer Menschen wohnen und wirtschaften, begegnen uns auch in den Tropen eine Vielzahl blühender Stauden. Besonders bemerkenswert sind kräftige Hochstauden, wie etwa viele Ingwer- und Bananengewächse (S. 50, 222, 224, 230, 232, 238), die manchmal baumartige Ausmaße erreichen können. Sie wachsen meist auf freien Flächen oder im aufgelichteten Wald.

Im geschlossenen Wald dagegen finden wir bei krautigen Pflanzen besonders häufig auffällig gefärbte oder skulpturierte Blätter. So sehr dies nach Spielen der Natur aussieht, so wichtig kann es für das Überleben der Pflanze sein. Rote Farbstoffe in den Blättern helfen der Pflanze bei der Energiegewinnung, denn sie nutzen das energiereiche blaue Licht, das noch den Boden erreicht. Das rote Licht dagegen, welches sonst die Photosynthese treibt, ist längst vom Blattgrün des Krondachs geschluckt worden. Stark skulpturierte Blätter verbessern ein wenig die Verdunstung, die für den Transport der Nährstoffe in der Pflanze sorgt, aber in der feuchten Luft des Waldbodens nur äußerst gering ist.

Epiphyten

Epiphyten sind Pflanzen, die auf anderen Pflanzen wachsen. Im Unterschied zu Parasiten dringen sie nicht in ihre Wirtspflanze ein, um ihr Wasser und Nährstoffe zu entziehen, sondern sie benutzen sie nur als Unterlage. Wenn sie ihren Wirt überhaupt schädigen, dann nur indirekt, indem sie seinen Blättern Raum und

Rattanpalmen an einem Wasserreservoir; Malysia, Bukit Cahaya.

Die Lebensformen der Pflanzen

Diese Würgefeige hat den Stamm ihres Wirtsbaums bereits netzartig umsponnen.

Regenbaum mit vielen verschiedenen Epiphyten, auf dem Dorfplatz von San Fernando de Atabapo in Venezuela.

Licht streitig machen, Wasser und Nährstoffe abfangen, bevor sie auf den Boden gelangen, oder indem sie die Zweige des Wirts durch ihr Gewicht überlasten. Auf manchen Baumarten, z. B. dem Regenbaum (S. 64), scheint die Ansiedlung besonders leicht zu fallen, denn deren Zweige sind stets dicht mit Epiphyten überzogen.

Die epiphytische Lebensweise ermöglicht zwar, mit geringstem Materialaufwand ans Licht zu kommen, bringt aber auch schwerwiegende Nachteile mit sich. Anders als die Kräuter des Waldbodens sind Epiphyten (fast) direkt den Witterungseinflüssen ausgesetzt. Sie müssen starken Wind und heftige Regengüsse ebenso ertragen wie nächtliche Auskühlung und brennend heiße Sonne.

Im Unterschied zum Boden hält die Rinde von Bäumen kaum Wasser, sodass Epiphyten selbst in immerfeuchten Regenwäldern stundenweise mit extremer Dürre fertig werden müssen.

Viele haben deshalb Wasser speichernde Gewebe in ihren Blättern oder Sprossen entwickelt, manche auch Zisternen (S. 254). Die Wasseraufnahme erfolgt meist (wie bei anderen Pflanzen auch) über die Wurzeln, die allerdings in vielen Fällen zu Luftwurzeln mit speziellen, Wasser aufsaugenden Außenschichten geworden sind. Die Bromelien (S. 258) haben außerdem Saugschuppen auf ihren Blättern entwickelt.

Die meisten Epiphyten sind krautig und könnten auch auf dem Erdboden wachsen, wenn die Konkurrenz- und Lichtverhältnisse es zuließen. Umgekehrt wachsen normalerweise bodenlebende Kräuter manchmal auch in Astgabeln, in denen sich genug Humus angesammelt hat. Manche Aronstabgewächse beginnen als Lianen, verlieren aber später den Kontakt zum Boden und wachsen dann als Epiphyten weiter. Unter holzigen Pflanzen wie Feigen (S. 120) und Klusien (S. 90) ist der umgekehrte Weg ver-

Einführung

Ananas ist eine typische Tropenfrucht und wird in vielen Regionen auf riesigen Feldern angebaut.

breitet. Sie beginnen als kleiner, epiphytischer Strauch, der dann Luftwurzeln nach unten sendet. Wenn sie den Boden erreichen, kann sich die Pflanze in 1 Jahr um das Vierzigfache vergrößern und ihren Wirt geradezu erwürgen (Foto S. 19).

Sumpf- und Wasserpflanzen

Wegen der hohen Niederschläge ist der Boden in den Zentraltropen oft sumpfig, und viele Pflanzen können zumindest zeitweise im Wasser stehen. Vor allem im Amazonasgebiet, weniger ausgeprägt auch am Kongo und Mekong gibt es ganze Wälder, in denen der Boden bis zu 8 Monate im Jahr überflutet ist. Dennoch würde niemand auf die Idee kommen, die dort wachsenden Bäume als Wasserpflanzen zu bezeichnen. Als echte Sumpf- und Wasserpflanzen werden nur diejenigen angesehen, die ausschließlich im Wasser wachsen und allenfalls kurzzeitiges Trockenfallen überleben.
Solche Pflanzen haben meist schon von Natur aus eine weitere Verbreitung als Landpflanzen, weil sich Trockenzeiten allenfalls im Wasserstand bemerkbar machen, das Wasser Schwankungen der Lufttemperatur mildert und die Samen oft leicht durch Wassergeflügel verschleppt werden. Auch können die meisten Wasserpflanzen aus Bruchstücken wieder heranwachsen, wenn ihnen die Wasserqualität zusagt. Viele Arten wachsen dann so rasch, dass sie schwimmende Inseln bilden oder sogar ganze Gewässer verstopfen können (S. 260). Die meisten dieser Pflanzen sind allerdings recht unauffällig, oder man bekommt sie nur selten zu Gesicht. In diesem Buch sind daher nur ganz wenige Arten genannt, die entweder kultiviert werden oder so allgegenwärtig sind, dass man sie kaum übersehen kann.

Pflanzen im Feldbau

Auch in den Tropen setzt die Landwirtschaft heute überwiegend auf große Flächen. Schon aus dem Flugzeug kann man erkennen, dass sich beispielsweise in Malaysia Ölpalmen-Plantagen über viele Quadratkilometer erstrecken, ebenso wie Reisfelder in Thailand. Dennoch ist die ungeheure Vielfalt pflanzlichen Lebens in den Tropen auch in der Landwirtschaft erkennbar – die Zahl der angebauten Arten geht vermutlich in die Tausende. Auch wenn die weitaus meisten dieser Arten nur lokal von Bedeutung sind, bleiben immer noch viel mehr Kulturpflanzen von überregionaler Bedeutung, als ein Buch wie dieses fassen könnte. Deshalb wird hier nur eine kleine Auswahl besonders auffälliger Arten gezeigt und auf Arten wie Reis oder Ananas verzichtet, die ohnehin jeder erkennt.

Die Namen der Pflanzen

Die meisten tropischen Pflanzen haben genauso wenig einen deutschen Namen, wie nur in Mitteleuropa vorkommende Pflanzen einen Namen in einer der afrikanischen oder asiatischen Sprachen haben. Bei den in diesem Buch gezeigten Arten ist es allerdings etwas anders. Für sie wurde meist schon vor längerer Zeit ein deutscher Name geschaffen (nicht selten auch mehrere), oft von Blumenhändlern oder Gärt-

Die Namen der Pflanzen

Reisfelder beherrschen in weiten Bereichen des tropischen Asiens das Landschaftsbild; Thailand, bei Chom Thong.

nern, die ihren Kunden nicht die etwas sperrigen wissenschaftlichen Namen zumuten wollten. Häufig sind diese Namen in Anlehnung an englische, französische oder spanische Namen entstanden, die es auf Grund der Kolonialgeschichte schon länger gibt. Viele dieser Volksnamen sind aber nicht eindeutig, wie schon die Erfahrung aus Deutschland zeigt. Geht man kreuz und quer durch das Land und fragt nach »Butterblumen« oder »Kuckucksblumen«, dann hat man unter jedem Namen am Ende sicher ein Dutzend verschiedener Arten zusammen.
Der einzig zuverlässige Schlüssel zu weiterer Information ist daher der wissenschaftliche Name, der in der Regel *kursiv* geschrieben wird, um ihn hervorzuheben. Er besteht aus zwei Teilen, einem groß geschriebenen Gattungsnamen und einem klein geschriebenen Zusatz, der die Art kennzeichnet. Die **Gattung** ist dabei meist die Einheit, die auch der Laie als solche erkennen würde. Eine Eiche beispielsweise gehört zur Gattung *Quercus*, und für den Laien ist es meist unerheblich, ob er nun eine Stieleiche *(Quercus robur)* oder eine Traubeneiche *(Q. petraea)* vor sich hat.
Zur selben **Art** gehörende Pflanzen sollten idealerweise in allen wesentlichen Merkmalen übereinstimmen und unter natürlichen Bedingungen miteinander fortpflanzungsfähige Nachkommen hervorbringen können, die wiederum so aussehen wie ihre Eltern. Die genaue Definition ist außerordentlich umstritten.
Natürlich sind nicht alle Individuen einer Art vollkommen gleich. Wenn sich innerhalb einer Art noch weitere Gruppen unterscheiden lassen (die aber stets durch Übergangsformen verbunden sind), dann kann man je nach Größe der Unterschiede auch noch Unterarten, Varietäten oder Formen unterscheiden. Für Nutz- und Zierpflanzen von besonderer Bedeutung ist die Kulturform oder Sorte, die uns beispielsweise von Apfelsorten ('Golden Delicious') geläufig ist. Sortenbezeichnungen werden meist in einfache Anführungszeichen oben gesetzt.
Oberhalb der Gattung gibt es eine noch größere Zahl von systematischen Kategorien, die es erlauben, die Pflanzen zu größeren Gruppen mit jeweils ähnlichen Merkmalen zusammenzufassen. Von diesen Kategorien wird in diesem Buch nur die Familie gebraucht, denn sie dient am häufigsten zur Gliederung in weiterführenden Büchern.

Einführung

Hinweise zur Benutzung des Buchs

Die Hauptgruppen

Um das Auffinden einer bestimmten Art zu erleichtern, wurden die Pflanzen in diesem Buch zunächst auf 8 Hauptgruppen verteilt:

 Palmenartige (S. 28–46)

 Bäume (S. 48–120)

 Sträucher (S.122–178)

 Kletterpflanzen (S.180–182)

 Kräuter und Stauden (S. 212–244)

 Epiphyten (S. 246–258),

 Sumpf- und Wasserpflanzen (S. 260-264)

 Pflanzen im Feldbau (S. 266–274)

Der Abschnitt **Palmenartige** umfasst Baumfarne, Palmfarne und echte Palmen. Es sind durchweg Pflanzen, die nur einen Blattschopf pro Stamm und entweder gefiederte oder fächerartige Blätter besitzen.

 Fiederpalmen

 Fächerpalmen

Schopfbäume mit anderen Blattformen dagegen finden sich am Anfang des Abschnitts **Bäume** (S. 48–52), insbesondere auch Arten mit schmalen, ungeteilten, streifenartig lang gestreckten Blättern, die im Deutschen auch manchmal als »Yuccapalme« (S. 48) oder »Schraubenpalme« (S. 52) bezeichnet werden, obwohl sie mit Palmen nichts gemeinsam haben. Bäume lassen deutlich einen Stamm und eine Krone erkennen.

 Schopfbäume

Sträucher sind zwar ebenfalls holzig, aber vom Boden an verzweigt.
Kletterpflanzen können krautig oder holzig sein, bedürfen aber einer Stütze, um nach oben zu kommen. Ohne Stütze wachsen sie überhängend oder kriechend.
Kräuter und Stauden bilden keinen Holzkörper, auch wenn einige von ihnen recht groß werden können.
Die letzten 3 Hauptgruppen sind nicht durch ihre Lebensform, sondern durch ihren häufigsten Standort gekennzeichnet.
Bei den **Epiphyten** ist allerdings zu beachten, dass dort auch Pflanzen aufgenommen wurden, die wild zwar oft auf Bäumen wachsen, aber als Zierpflanzen auch auf dem Boden gehalten werden.
Die Grenzen zwischen den Hauptgruppen sind leider nicht immer ganz eindeutig. Viele Baumarten können strauchig wachsen, insbesondere wenn sie in ihrer Jugend häufig geschnitten, verbissen oder abgebrannt wurden – eine von unseren Hecken vertraute Erscheinung. Ande-

Hinweise zur Benutzung des Buches

rerseits können einige Lianen im Alter so dicke Stämme entwickeln, dass sie selbsttragend stehen bleiben. Nur die meist verdrehte oder verbogene Form des Stammes lässt dann noch den Ursprung ahnen.

Viele Sträucher haben elastische, überhängende Zweige, die sich im dichten Gebüsch auf andere Sträucher stützen können und damit einen Übergang zur kletternden Lebensweise bilden. Umgekehrt können große Lianen strauchig bleiben, wenn sie keine geeignete Stütze finden oder regelmäßig beschnitten werden. Manchmal wird dieselbe Art regional unterschiedlich wahrgenommen. Beispielsweise lässt man die Bougainvillea (S. 198) in Südamerika meist klettern, sodass sie als Liane zu erkennen ist, während es in Thailand und Malaysia Mode ist, sie zu Bäumchen oder kugeligen Büschen zurechtzustutzen.

Auch die Grenze zwischen Strauch und Staude ist nicht so klar wie in gemäßigten Breiten. Wenn bei uns eine Pflanze nach der Winterruhe aus Knospen an den Zweigen wieder austreibt, dann ist sie ein Strauch. Friert sie dagegen bis zum Boden zurück, dann ist sie eine Staude. In den Tropen funktioniert diese Unterscheidung natürlich nicht, sodass man mehr oder minder willkürlich bei einem bestimmten Grad der Verholzung eine Grenze ziehen muss.

Die Untergruppen und die Anordnung der Arten

Die größeren der Hauptgruppen wurden nochmals unterteilt, meist nach der Form und Anordnung ihrer Blätter (Fiederpalmen und Fächerpalmen bzw. Blätter gefiedert, gefingert, einfach und gegenständig oder quirlständig sowie einfach und wechselständig).

Blätter gefiedert

Blätter gefingert

Blätter gefiedert oder gefingert

Blätter einfach, gegenständig

Blätter einfach, wechselständig

Innerhalb dieser Untergruppen schließlich sind die Pflanzen nach ihrer Blütenfarbe geordnet, von blau und violett (wenn vorhanden) über rot, orange, gelb und weiß bis grünlich und unscheinbar.

Auch diese Anordnung hat allerdings ihre Tücken. Beispielsweise gibt es bei vielen Arten unterschiedliche Farbvarianten, mehrfarbige oder im Laufe der Blütezeit ihre Farbe wechselnde Blüten, oder Hochblätter im Blütenstand, die anders gefärbt und oft auffälliger sind als die Blüten selbst.

Bei den Blättern gibt es zuweilen Übergänge zwischen gelappten oder tief eingeschnittenen Formen einerseits und echt gefiederten oder gefingerten Blättern andererseits (vgl. S. 24). Außerdem ist es auf den ersten Blick nicht immer leicht, zwischen Fiederblättern und feinen Seitenzweigen mit kleinen Blättern zu unterscheiden. Dann hilft eine einfache Regel: Knospen, aus denen neue Zweige oder Blüten hervorgehen können, entstehen **immer** in der Achsel von Blättern (also dort, wo der Blattstiel am Stängel ansitzt). Die Lage von Knospen oder Seitenzweigen verrät also, wo das Blatt beginnt.

Zuordnung der Fotos

Die Fotos sind den Texten so zugeordnet, dass jeweils die obere Hälfte einer Seite zu der einen, die untere Hälfte zur anderen Artbeschreibung gehört. Zeigt ein zweites Foto eine weitere, unter »Wissenswertes« erwähnte Art, ist dies ausdrücklich vermerkt.

Einführung

Begriffserklärungen

Ähre Ein lang gestreckter Blütenstand mit ungestielten Blüten (Abb. 4).

Außenkelch Eine zusätzliche Hülle aus meist kleinen Blättern um den Kelch herum (Abb. 2). Kommt nur bei wenigen Pflanzengruppen vor.

Blütenhülle Die äußeren Organe der Blüte, welche die Staubblätter und die Fruchtblätter umschließen. Meist ist die Blütenhülle in Kelch und Krone gegliedert (Abb. 2).

Dolde Ein Blütenstand, bei dem viele Blütenstiele von einem Punkt ausgehen (Abb. 6).

dreizählig (auch vierzählig usw.) Bei Blättern: mit 3 Blättchen auf einem gemeinsamen Stiel (bei nur 3 Blättchen ist → gefiedert und → gefingert kaum zu unterscheiden). Bei Blüten: alle Organe 3-mal oder in Vielfachen von 3 vorhanden, also beispielsweise 3 Kelchblätter, 3 → Kronblätter, 6 Staubblätter und ein 3-fächriger → Fruchtknoten. Die Staubblätter sind häufig in doppelter Anzahl vorhanden; der Fruchtknoten hält sich oft nicht an die Zähligkeit der übrigen Blüte.

eiförmig Im Umriss wie ein Ei, also mit einem breiteren, runderen Ende und einem schmaleren, spitzeren Ende. Bei Blättern spricht man von eiförmig, wenn der Stiel am breiten Ende ansitzt. Sitzt er am schmalen Ende, dann ist das Blatt **verkehrt-eiförmig.**

eingeschlechtig Die meisten Blüten haben sowohl Staubblätter (= männliche Fortpflanzungsorgane) als auch Fruchtblätter bzw. einen Fruchtknoten (= weibliche Fortpflanzungsorgane), sind also → zwittrig. Ist nur eines der beiden Geschlechter vorhanden, dann sind die Blüten eingeschlechtig.

Fieder Der Teil eines → gefiederten Blattes, der von der Mittelrippe abzweigt (Abb. 12, 13), kann ein Fiederblättchen sein oder eine Seitenrippe 1. Ordnung.

fiedernervig Mit Seitennerven, die wie die Strahlen einer Vogelfeder von der Mittelrippe abzweigen. Die meisten Blätter zeigen solch ein Muster (Abb. 11).

fiederteilig Ähnlich wie → gefiedert, aber nicht mit einzelnen Blättchen, sondern mit nicht ganz getrennten Lappen (Abb. 16).

Fruchtknoten Teil der weiblichen Fortpflanzungsorgane der Blüte (Abb. 2, 3), umschließt die Samenanlagen, aus denen später die Samen werden.

gebuchtet Mit einem Rand, der sich mit runden Formen wiederholt der Mitte nähert und sich wieder entfernt, also schwache Lappen und Buchten bildet (Abb. 20). Werden die Lappen größer oder die Buchten tiefer, dann geht gebuchtet in → gelappt über. Ein Eichenblatt ist solch ein Grenzfall.

gefiedert Mit einer stielartigen Mittelrippe und seitlich davon abzweigenden Blättchen oder Seitenrippen (Abb. 12). Sitzen die Blättchen erst an solchen Seitenrippen (= Fiedern 1. Ordnung), dann ist das Blatt **doppelt gefiedert** (Abb. 13). (Zur Unterscheidung zwischen Fiederblättern und feinen Zweigen mit kleinen Blättern siehe S. 23.)

gefingert Mit mehreren (wie die Finger einer Hand) von einem Punkt ausgehenden Blättchen auf einem gemeinsamen Blattstiel (Abb. 14).

geflügelt Mit breiten, flachen Kanten. Geflügelte Blattstiele haben meist 2 solche Kanten, geflügelte Stängel meist 4.

gegenständig Paarweise genau gegenüber auf gleicher Höhe am Stängel stehend (Abb. 23).

gelappt In Lappen aufgeteilt, aber nicht bis zum Grund. Gehen die Lappen von einem Punkt aus, dann ist das Blatt **finger-** oder **handförmig** gelappt, wie ein Ahornblatt (Abb. 15). Gehen sie von einer Mittelrippe aus, dann ist es **fiedrig gelappt** oder → **fiederteilig** (Abb. 16).

gesägt Gestaltet wie Sägezähne (Abb. 17).

gezähnt Mit Zähnchen und runden oder zumindest stumpfen Einschnitten dazwischen (Abb. 18). Nicht ganz scharf abzugrenzen gegen → gesägt.

Griffel Teil der weiblichen Fortpflanzungsorgane der Blüte (Abb. 2, 3), geht vom Fruchtknoten aus und trägt die → Narbe.

Einführung

Halbstrauch Grenzfall zwischen Strauch und Staude, mit großenteils krautigen, erst spät und meist wenig Holz bildenden Zweigen.

Hochblatt Ein Blatt, das kein normales Laubblatt ist, aber auch kein Teil der Blüte. Wird meist für auffällig gefärbte Blätter im Bereich des Blütenstandes gebraucht.

Kapsel Eine Frucht, die sich bei Reife öffnet (und aus mehr als einem Fruchtblatt besteht).

Köpfchen Ein Blütenstand, bei dem viele kleine Blüten auf einem gemeinsamen Boden sitzen, wie bei der Sonnenblume (Abb. 7).

Kolben Ein Blütenstand mit einer dicken, langen Achse, auf der viele kleine Blüten sitzen, wie beim Maiskolben (Abb. 10).

Kronblatt Ein Blatt der Blütenkrone (Abb. 2, 3), meist auffällig gefärbt.

Kronlappen, Kronzipfel Bezeichnet bei verwachsenen Kronblättern deren freien Anteil (Abb. 3).

Kronröhre Bezeichnet bei verwachsenen Kronblättern deren verbundenen Anteil (Abb. 3).

Kronschaft Bezeichnet bei Palmen das grüne Gebilde an der Spitze des Stammes, das den Stamm fortzusetzen scheint, aber aus den ineinander geschachtelten Blattscheiden der Palmwedel gebildet wird.

Narbe Der Teil der weiblichen Fortpflanzungsorgane der Blüte (Abb. 1-3), der bei der Bestäubung den Pollen empfängt.

Nebenblätter In der Regel paarweise auftretende, meist kleine, flächige Organe am Grund des Blattstiels (Abb. 11).

Oberlippe Der obere Teil einer Blütenkrone, bei der man oben und unten deutlich unterscheiden kann (Abb. 3).

oberständig Ist ein → Fruchtknoten, der oberhalb der übrigen Blütenorgane steht, also zu sehen ist, wenn man von oben in die Blüte hineinschaut (Abb. 2).

Quirl Ein Gebilde aus mehr als zwei gleichartigen Organen (meist Blättern) auf derselben Höhe am Stängel (Abb. 24).

paarig gefiedert Mit einer geraden Anzahl von Fiederblättchen, ohne → Endfieder (Abb. 13).

Rispe Ein mehrfach verzweigter Blütenstand. Die Weintraube ist also eigentlich eine Weinrispe (Abb. 8).

Scheindolde Ein mehrfach verzweigter Blütenstand, bei dem die Blüten nahezu in einer Ebene (oder Kugelfläche) zu liegen kommen (Abb. 9).

schildförmig Ein Blatt, bei dem der Stiel nicht in den Rand übergeht, sondern auf der Unterseite ansitzt, wie bei der Kapuzinerkresse.

Schopfbaum Ein Baum, der keine Zweige hat, sondern am Ende des Stammes einen Schopf großer Blätter, wie fast alle Palmen.

sitzend Ohne Stiel.

Spreite Die Fläche eines Blattes (im Unterschied zum Stiel).

Tragblatt Ein Blatt, aus dessen Achsel ein Seitenspross, ein Blütenstand oder eine Blüte herauswächst. Meist im Zusammenhang mit Blüten gebraucht (Abb. 1, 2), deren Tragblätter häufig anders aussehen als normale Laubblätter.

Traube Ein Blütenstand mit einer Hauptachse, an der seitlich (ohne weitere Verzweigung) gestielte Blüten sitzen (Abb. 5).

Unterlippe Der untere Teil einer Blütenkrone, bei der man oben und unten deutlich unterscheiden kann (Abb. 3).

unterständig Ist ein → Fruchtknoten, der unterhalb der übrigen Blütenorgane steht, also zu sehen ist, wenn man die Blüte von unten anschaut (Abb. 3).

wechselständig Jeweils einzeln auf einer Höhe am Stängel, ohne ein zweites Blatt genau gegenüber (Abb. 21).

zweilippig Ist eine Blütenkrone, wenn sie deutlich eine → Oberlippe und eine → Unterlippe erkennen lässt (Abb. 3).

zweizeilig Sind Blätter, wenn an einem Zweig immer abwechselnd eines links und eines rechts in derselben Ebene steht, also → wechselständig mit einem Winkel von 180° zwischen den Blättern (Abb. 22).

zwittrig Sind die meisten Blüten (Abb. 1-3), denn sie haben sowohl männliche als auch weibliche Fortpflanzungsorgane.

Einführung

Blütentypen

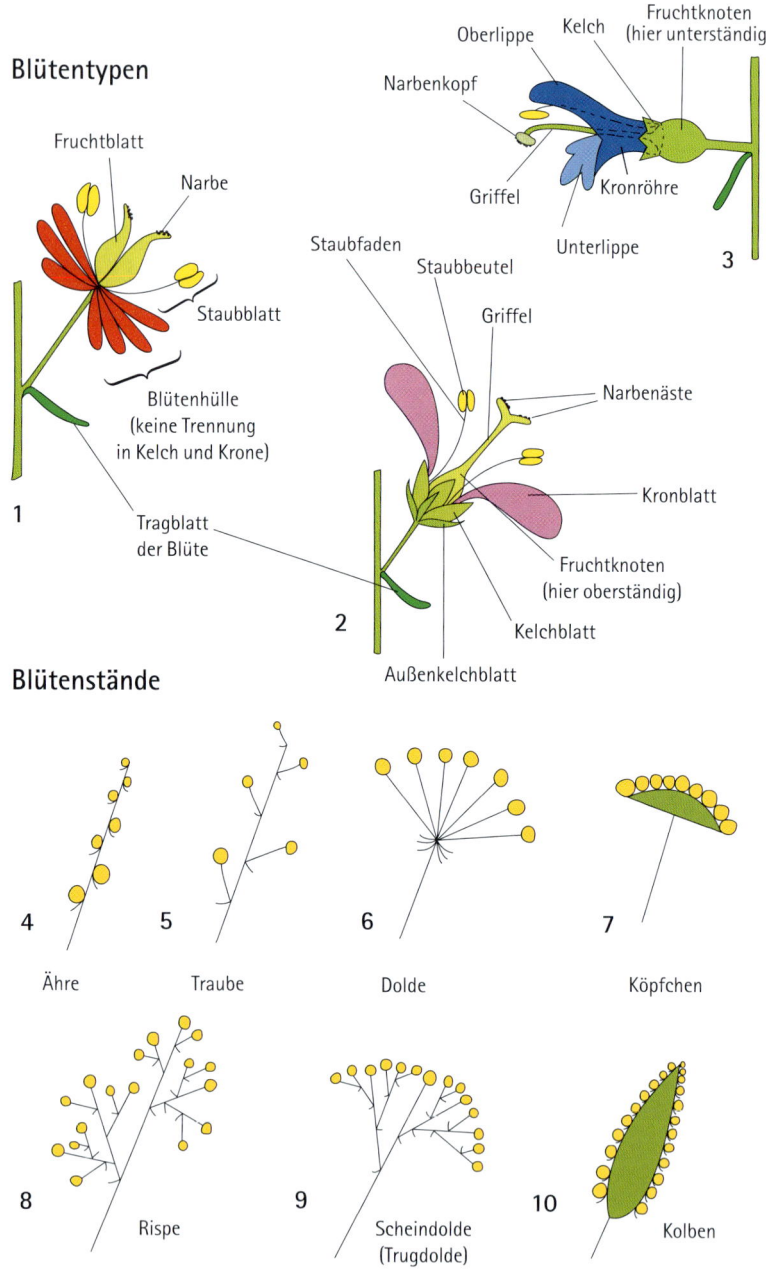

Blütenstände

4 Ähre
5 Traube
6 Dolde
7 Köpfchen
8 Rispe
9 Scheindolde (Trugdolde)
10 Kolben

Begriffserklärungen

Blattorgane und Blatttypen

11 einfach
12 gefiedert (hier unpaarig)
13 doppelt gefiedert (hier paarig)
14 gefingert
15 handförmig gelappt
16 fiedrig gelappt (fiederteilig)
17 gesägt
18 gezähnt
19 gekerbt
20 gebuchtet

Blattstellung

21 wechselständig
22 zweizeilig
23 gegenständig
24 quirlständig

Palmenartige — Baumfarne

Antarktischer Baumfarn

Dicksonia antarctica
Familie: Dicksoniengewächse, *Dicksoniaceae*

Wichtigste Kennzeichen: Stamm kräftig, dicht besetzt mit den Resten alter Blattstiele, dazwischen zahlreiche kurze Wurzeln; zumindest oberer Teil des Stammes und unterer Teil der Wedel dicht mit langen, braunen Haaren bedeckt. Wedel doppelt bis dreifach gefiedert, die jungen schneckenförmig eingerollt und dicht behaart, ohne Schuppen oder Stacheln. Sporenlager auf der Unterseite der Fiederblättchen direkt am Rand.
Wuchsform: Aufrecht, bis 15 m hoch, meist aber kleiner.
Blätter: Zahlreich, 2–4 m lang, anfangs in spitzem Winkel aufsteigend. Fiederblättchen breit sitzend, in der Mitte des Wedels am längsten, 30–40 cm lang, mit tief eingeschnittenem Rand, zur Spitze hin zusammenfließend.
Sporenlager: Als gelbliche oder braune Kügelchen auf der Blattunterseite erkennbar, unmittelbar am Blattrand.
Vorkommen: In den zentralen Tropen fast nur über 1000 m Höhe anzutreffen, weiter südlich häufiger; ursprünglich aus Tasmanien.
Weiterer Name: Englisch »Tasmanian Tree Fern«.
Wissenswertes: Nach *Cyathea* (siehe unten) ist *Dicksonia* die zweitwichtigste Gruppe von Baumfarnen, auch wenn sie nur etwa 25 Arten umfasst. Diese sind vor allem in Gebirgen und gemäßigten Gebieten der Südhalbkugel verbreitet, erreichen aber im Norden auch Mexiko und die Philippinen. Auch bei den Marattiengewächsen *(Marattiaceae)* gibt es einige baumartige Formen, allerdings mit nur kurzen, dicken Stämmen, dafür aber mit sehr großen, bis zu 7 m langen Wedeln. Marattiengewächse sind leicht erkennbar an zwei muschelförmigen Gebilden links und rechts der Wedelbasis.

Australischer Baumfarn

Cyathea australis
Familie: Cyatheagewächse, *Cyatheaceae*

Wichtigste Kennzeichen: Stamm schlank, dicht besetzt mit großen, elliptischen Blattnarben, oben kegelartig verdickt erscheinend durch einen Mantel aus alten Blattbasen und kurzen Wurzeln; bei jüngeren Pflanzen oft der ganze Stamm so. Junge Wedel schneckenförmig eingerollt, dicht mit braunen Schuppen besetzt. Sporenlager auf der Unterseite der Fiederblättchen nicht direkt am Rand.
Wuchsform: Aufrecht, bis 20 m hoch, meist aber viel kleiner.
Blätter: Etwa 1,5–3,5 m lang, schirmartig ausgebreitet, doppelt bis dreifach gefiedert. Fiederblättchen schmal und langgestreckt, am Rand oft tief eingeschnitten; Blätter und Fiederblättchen stets zur Basis hin stärker zerteilt, zur Spitze hin eher zusammenfließend. Wedelstiel und Mittelrippe mit Schuppen und Haaren besetzt, oft auch mit Warzen oder Stacheln.
Sporenlager: Als rundliche oder nierenförmige Punkte auf der Blattunterseite erkennbar, beidseits des Mittelnervs der Fiederchen, in mehr oder weniger gleich bleibendem Abstand vom Blattrand.
Vorkommen: Weltweit in tropischen bis warm-gemäßigten Gebieten, vor allem im Bereich feuchter Bergwälder; ursprünglich aus Australien und Tasmanien.
Weiterer Name: Englisch »Australian Tree Fern«.
Wissenswertes: Die Gattung *Cyathea* umfasst rund 650 einander oft sehr ähnliche und häufig verwechselte Arten, von denen viele nur ein sehr kleines natürliches Verbreitungsgebiet haben. Etwa die Hälfte der Arten besitzt ein Häutchen über den jungen Sporenlagern, die anderen – wie *Cyathea australis* – haben das nicht. Diese wurden früher als *Alsophila* abgetrennt, aber das ist kein natürlicher Verwandtschaftskreis.

Palmenartige
Palmfarne

Eingerollter Palmfarn

Cycas circinalis
Familie: Echte Palmfarne, *Cycadaceae*

Wichtigste Kennzeichen: Stamm meist kurz und dick, mit lang zugespitzten Schuppen. Blattfiedern an der Basis verschmälert, mit deutlichem Mittelnerv.
Wuchsform: Aufrecht, normalerweise unverzweigt, selten mehr als 3 m hoch.
Blätter: Etwa 1–2,5 m lang, die jüngsten mit eingerollten Blattfiedern. Ältere Blattfiedern 1–1,5 cm breit, steif, aber nicht stechend, die Reihe der Fiederblättchen am Blattstiel durch Dornen fortgesetzt.
Fortpflanzungsorgane: Bei männlichen Pflanzen in massiven Zapfen im Zentrum des Wedelschopfes. Bei weiblichen Pflanzen blattähnlich, hellbraun, mit rundlichen Samenanlagen an den Seiten, in Schüben abwechselnd mit Laubblättern an der Spitze des Stammes gebildet.
Früchte: Orangerote Samen, etwa 2–3 cm im Durchmesser.

Vorkommen: In allen frostfreien Gebieten; ursprünglich tropisches Asien.
Weitere Namen: Englisch »Cycad«, »Fern Palm«, »Sago Palm« (nicht zu verwechseln mit der echten Sagopalme, S. 40).
Wissenswertes: Samen und junge Blätter werden gekocht gegessen, und aus dem Mark des Stammes wird ein Sago-Ersatz gewonnen. Allerdings ist eine äußerst sorgfältige Zubereitung geradezu lebenswichtig, denn alle Palmfarne enthalten hochwirksame Nervengifte. Von den 17 Arten der Gattung wird auch der Japanische Palmfarn *(Cycas revoluta)* häufig kultiviert. Er stammt aus Ostasien und unterscheidet sich durch schmalere, etwa 5 mm breite Blattfiedern, die zur Blattbasis hin allmählich kleiner werden. Bei den Fruchtblättern ist der Unterschied noch deutlicher: Beim Eingerollten Palmfarn haben sie einen lanzettlichen, kaum eingeschnittenen Endabschnitt, beim Japanischen dagegen einen breiten und stark zerfransten.

Mexikanischer Palmfarn

Dioon edule
Familie: Zapfen-Palmfarne, *Zamiaceae*

Wichtigste Kennzeichen: Stamm kurz und dick, mit lang zugespitzten Schuppen. Blattfiedern an der Basis kaum schmaler als in der Mitte, ohne Mittelnerv.
Wuchsform: Fast stammlos oder aufrecht, aber keine 2 m Höhe erreichend.
Blätter: Bis 1,8 m lang, die jüngsten mit über der Mittelrippe zusammengefalteten Blattfiedern. Ältere Blattfiedern 5–6 mm breit, starr, mit stechender Spitze; Blattstiel ohne seitliche Dornen.
Fortpflanzungsorgane: In massiven Zapfen im Zentrum des Wedelschopfes. Zapfenschuppen mit nach oben gebogener Spitze, die männlichen mit zahlreichen Pollensäcken auf der Unterseite, die weiblichen mit je 2 nach innen gekehrten Samenanlagen.
Früchte: Eiförmige, gelbe Samen, etwa 10 bis 12 mm lang, erst bei Zerfall des zur Reifezeit orangeroten Zapfens sichtbar.
Vorkommen: In vielen frostfreien Gebieten; ursprünglich Mittelamerika.
Weiterer Name: Englisch »Chestnut Dioon«.
Wissenswertes: Aus den stärkereichen Samen dieser Art kann Mehl gewonnen werden (*edule* bedeutet „der Essbare", aber siehe oben). Auch einige weitere Palmfarne werden manchmal kultiviert. Im Gegensatz zu dieser Art sind bei ihnen allen die Fiederblättchen am Grund deutlich schmaler als in der Mitte. Weitere Merkmale liefern die Zapfenschuppen: Bei *Zamia* bilden sie ein Sechseck-Muster, bei *Ceratozamia* tragen sie zusätzlich 2 Dornen. Bei *Encephalartos* überlappen sie zwar wie hier, sind aber stumpfer und bilden meist rhombische Muster. Außerdem haben die meisten der etwa 35 Arten breitere Fiederblättchen, die zumindest einige Dornen am Rand tragen oder gar selbst mehrspitzig sind.

Palmenartige — Fiederpalmen

Pfirsichpalme

Bactris gasipaes
Familie: Palmen, *Arecaceae*

Wichtigste Kennzeichen: Stamm dicht mit langen Stacheln besetzt (manchmal nur noch oben), dazwischen schmale, stachellose Ringe; meist mehrere Stämme dicht zusammen. Blätter meist gelblichgrün, die Spitzen der Fiederblättchen nach unten abgeknickt.

Wuchsform: Aufrecht, bis etwa 20 m (selten bis 30 m) hoch.

Blätter: Gefiedert, bis etwa 3,5 m lang, bogig überhängend. Blattstiel und Mittelrippe stachelig, Blattfiedern sehr schmal, in unregelmäßigen Gruppen.

Blüten: Gelblichweiß, in verzweigten Blütenständen, die zwischen den Blättern entspringen, später aber herabhängen. Hüllblatt der Blütenstände stachelig.

Früchte: Meist dreifarbig, von grün über gelb bis orangerot, etwa 6 cm lang, schwach 3- oder 6-kantig.

Vorkommen: Vor allem im tropischen Amerika; echte Wildvorkommen und damit genaue Herkunft unbekannt.

Weitere Namen: Englisch »Peach Palm«, Spanisch »Chonta«, »Pejibaye«, Portugiesisch »Pupunha«.

Wissenswertes: Für viele Menschen des Amazonasbeckens und der angrenzenden Gebiete gehört die Pfirsichpalme zu den wichtigsten Nutzpflanzen. Das blassgelbe, mehlige Fruchtfleisch muss allerdings erst durch stundenlanges Kochen genießbar gemacht werden. Es enthält reichlich Stärke und eignet sich damit auch zur Herstellung von Mehl sowie zur Vergärung zu einem alkoholhaltigen Getränk, das meist bei rituellen Anlässen zubereitet wird. Die extrem harten Stacheln des Stamms dienen als Spitzen für Blasrohrpfeile, und aus den Fasern der Blattstiele lassen sich Seile herstellen. Auch viele andere der rund 240 Arten der Gattung *Bactris* werden in ähnlicher Weise genutzt.

Kokospalme

Cocos nucifera
Familie: Palmen, *Arecaceae*

Wichtigste Kennzeichen: Stamm durch Blattnarben dicht geringelt. Blätter sehr groß, fein gefiedert, in alle Richtungen abstehend. Früchte auffällig groß.

Wuchsform: Meist bogig aufsteigend, selten ganz gerade, bis 30 m hoch. In Kultur auch mit kürzerem, geradem Stamm.

Blätter: Bis etwa 6 m lang, mit kräftiger Mittelrippe und sehr zahlreichen, schmalen, bis knapp 1 m langen Fiedern.

Blüten: In großen, gelben Blütenständen im Zentrum der Krone.

Früchte: Grünlich- bis orangegelb, bis etwa 30 cm lang, meist eiförmig und angedeutet 3-kantig.

Vorkommen: Vor allem an Meeresküsten, im Binnenland oft gepflanzt; ursprünglich vermutlich vom Westrand des Pazifiks.

Weitere Namen: Englisch »Coconut Palm«, Spanisch »Coco«.

Wissenswertes: Die Kokospalme gehört zu den wichtigsten Nutzpflanzen überhaupt, und kein Teil bleibt ungenutzt. Der Stamm liefert Holz, die Blätter Dach- und Flechtmaterial, die Blütenstände süßen Saft für Zucker und Palmwein – und vieles mehr. Am wichtigsten sind jedoch die Früchte. Die bekannte Kokosnuss ist nur ihr Steinkern. Er ist umgeben von einer dicken, faserigen Hülle mit lediger Außenhaut, die den Früchten Auftrieb verleiht. Es wurden schon keimfähige Früchte gefunden, die 4 Monate oder 4500 km im Meer gedriftet sein müssen. Innen enthält die Nuss ein festes, weißes, fett- und zuckerreiches Nährgewebe, aus dem Kokosflocken und Öl gewonnen werden. Jüngere Nüsse enthalten außerdem eine klare, erfrischende Flüssigkeit, das Kokoswasser. Kokosmilch ist nicht in der Nuss; sie entsteht, wenn das zermahlene Nährgewebe mit heißem Wasser aufgegossen und ausgepresst wird.

Palmenartige — Fiederpalmen

Ölpalme

Elaeis guineensis
Familie: Palmen, *Arecaceae*

Wichtigste Kennzeichen: Kräftiger Stamm, lange bedeckt von den Resten alter Blattscheiden und -stiele. Blätter sehr groß, unterhalb der Fiedern mit kräftigen Dornen. Blütenstände zwischen den Blättern, Blüten und Früchte dicht gepackt.
Wuchsform: Aufrecht, bis 30 m hoch, in Kultur niedriger.
Blätter: Gefiedert, bis 7 m lang, meist an der Basis aufsteigend und dann in weitem Bogen überhängend, die einzelnen Blattfiedern nicht ganz gleichmäßig verteilt und nicht ganz in einer Ebene.
Blüten: Klein und schmutzig weiß, dicht gedrängt an Blütenstandszweigen, die jeweils in eine dornartige Spitze auslaufen.
Früchte: Überwiegend orangerot, oft gelb an der Basis und fast schwarz an der Spitze, länglich-eiförmig, meist schwach 3-kantig, bis zu 5 cm lang; zu Hunderten bis Tausenden in kompakten, bis zu 25 kg schweren Fruchtständen.
Vorkommen: Meist in riesigen Plantagen angebaut, vor allem in Südostasien; ursprünglich aus Westafrika.
Weiterer Name: Englisch »Oil Palm«.
Wissenswertes: Die Ölpalme gehört zu den wichtigsten Rohstofflieferanten der Nahrungsmittel- und Kosmetikindustrie. Aus ihrem Fruchtfleisch wird Palmöl gewonnen, das größtenteils in die Produktion von Margarine geht. Der Kern liefert das Palmkernöl, das vor allem zur Herstellung von Seife dient. Mit zu 6 Tonnen Öl pro Hektar und Jahr gehören Ölpalm-Plantagen zu den ertragreichsten tropischen Kulturen. Es ist daher kaum verwunderlich, dass alljährlich Tausende Hektar Regenwald der Anlage neuer Plantagen zum Opfer fallen. Besonders in Malaysia, das allein rund 2 Drittel der Weltproduktion liefert, sieht man oft über viele Quadratkilometer nichts anderes als Ölpalmen.

Zwergdattelpalme

Phoenix roebelenii
Familie: Palmen, *Arecaceae*

Wichtigste Kennzeichen: Zierliche kleine Palme mit V-förmig gefalteten Blattfiedern, d. h., ihre Mittelrippe zeigt zur Blattunterseite, die Ränder nach oben.
Wuchsform: Aufrecht, bis 2,5 m hoch. Stamm dicht bedeckt von den Basen alter Blätter.
Blätter: Fein gefiedert, bis etwa 1 m lang, bogig überhängend, die Fiedern schmal, am Ende zugespitzt.
Blüten: Klein und gelblich. Blütenstände zwischen den Blättern.
Früchte: Schwarz, länglich-elliptisch, bis etwa 12 mm lang.
Vorkommen: Verbreitete Garten- und Topfpflanze; ursprünglich aus Indochina.
Weitere Namen: Englisch »Pygmy Date Palm«, »Roebelen Date Palm«.
Wissenswertes: Die Gattung der Dattelpalmen *(Phoenix)* ist leicht daran zu erkennen, dass die Fiedern ihrer Blätter V-förmig gefaltet und am Ende zugespitzt sind. Die Blättchen aller übrigen Fiederpalmen sind dagegen entweder A-förmig gefaltet (mit der Mittelrippe nach oben) oder nicht spitz. 2 der insgesamt 17 Arten werden noch häufiger kultiviert als die Zwergdattelpalme, allerdings eher in subtropischen Gebieten. Ohne die Echte Dattelpalme *(Phoenix dactylifera)* wäre das Leben in vielen Wüstengebieten auch heute noch nicht vorstellbar. Ihr Stamm zeigt ein Rautenmuster aus alten Blattbasen, und ihre meist relativ lockere Wedelkrone besteht aus etwa 20–40 Blättern, die bis zu 5 m lang werden. Die Kanarische Dattelpalme *(Phoenix canariensis)* sieht der Echten Dattelpalme sehr ähnlich, hat aber einen noch kräftigeren Stamm und eine noch dichtere Wedelkrone mit bis zu etwa 100 Blättern. Ihre Früchte sind kleiner als echte Datteln und besitzen kaum Fruchtfleisch; sie gelten als ungenießbar.

Palmenartige — Fiederpalmen

Betelpalme

Areca catechu
Familie: Palmen, *Arecaceae*

Wichtigste Kennzeichen: Stamm schlank, mit undeutlichen Blattnarben. Blätter relativ klein, oft unordentlich aussehend, sehr dicht gefiedert. Blüten- und Fruchtstände unterhalb der Krone, kurz unterhalb des glatten, grünen Kronschafts.
Wuchsform: Aufrecht, meist 10–15 m hoch, soll 30 m erreichen können.
Blätter: Gefiedert, meist um 2 m lang, in alle Richtungen abstehend und an der Spitze etwas überhängend. Blattfläche nicht ganz gleichmäßig in Fiedern auseinander reißend, daher die einzelnen Fiedern oft mit unterschiedlich vielen Falten und mehreren Spitzen.
Blüten: Klein und hellgelb, in fein verzweigten, von weitem puderquastenartig wirkenden Blütenständen.
Früchte: Gelb bis orange, rundlich bis eiförmig, bis 6 cm Durchmesser.
Vorkommen: Vor allem in Südasien häufig kultiviert; ursprünglich aus der indomalaiischen Inselwelt.
Weitere Namen: Englisch »Betel Nut Palm«, Malaiisch »Pinang«.
Wissenswertes: Die Samen der Betelpalme dienen in Südostasien als Genussmittel. Dazu wird ihr Nährgewebe in Scheiben geschnitten und zusammen mit Kalk und Gewürzen in Blätter des Betelpfeffers (S. 268) gewickelt. Beim Kauen setzt dieser Betelbissen Wirkstoffe frei, vor allem das leicht betäubende Arecain und den Farbstoff Areca-Rot. Sie verstärken den Speichelfluss und färben ihn rot – der Ursprung mancher Kannibalengeschichte. Betelkauen unterdrückt den Hunger und soll Darmparasiten abtöten, färbt aber die Zähne schwarz und soll Mundkrebs verursachen. Obwohl heute nur noch selten Betel gekaut wird, hat sich in Thailand die Sitte erhalten, dass der Bräutigam den Eltern der Braut Betelnuss und Betelpfeffer schenkt.

Königspalme

Roystonea regia
Familie: Palmen, *Arecaceae*

Wichtigste Kennzeichen: Schlanker, fast glatter Stamm. Blattfiedern nicht ganz in einer Ebene. Blütenstände kurz unterhalb des glatten, grünen, an der Basis leicht verdickten Kronschafts.
Wuchsform: Aufrecht, bis 25 m hoch. Stamm oft nicht ganz gleichmäßig dick.
Blätter: Gefiedert, bis 3,5 m lang, steil aufsteigend bis leicht absteigend und überhängend. Kronschaft auffällig lang, oft etwa 2 m.
Blüten: Gelblichweiß, in großen, reich verzweigten Blütenständen.
Früchte: Rot bis schließlich schwarz, fast kugelig, etwa 1 cm im Durchmesser.
Vorkommen: Vor allem in Parks der neuweltlichen Tropen gern als Allee oder als Rahmen von Plätzen gepflanzt; ursprünglich aus Kuba.
Weiterer Name: Englisch »Royal Palm«.
Wissenswertes: Ihre ungewöhnlich glatten Stämme verdankt die Königspalme der Fähigkeit, ihre alten Blätter so sauber abzustoßen, dass keine Reste stehen bleiben. Das führt zwar einerseits zu einer stets gepflegt aussehenden Wedelkrone, andererseits aber auch zur Gefährdung von Passanten, wenn nämlich ein ganzes, bis zu 20 kg schweres Blatt herunterfällt. Die Königspalme gilt in ihrer Heimat als Anzeiger für guten Boden; ihr ursprüngliches Verbreitungsgebiet wurde daher fast vollständig in landwirtschaftliche Kultur genommen. Dennoch ist sie nicht selten geworden, da sie auf Grund ihrer eleganten Erscheinung meist geschont wird. Ebenfalls gern kultiviert wird die Westindische Kohlpalme *(Roystonea oleracea)*, die noch größer werden kann und deren Fiederblättchen ordentlich in einer Ebene von der Mittelrippe des Blattes abstehen. Ihre Sprossspitze mit den jüngsten Blättern wird als »Palmkohl« verzehrt (vgl. S. 44).

Palmenartige
Fiederpalmen

Flaschenpalme

Hyophorbe lagenicaulis
Familie: Palmen, *Arecaceae*

Wichtigste Kennzeichen: Kurzer, nahe der Basis oder (meist) nahe der Mitte tonnenförmig angeschwollener Stamm. Kronschaft viel dünner als die dickste Stelle des Stammes. Wedelkrone meist aus nur 5–8 Blättern.
Wuchsform: Aufrecht, bis 5 m hoch. Stamm mit ringförmigen Blattnarben.
Blätter: Gefiedert, meist unter 2 m lang, das jüngste aufrecht, die übrigen bogig überhängend. Die Blattbasen bilden einen relativ langen, grünen, nach oben schlanker werdenden Kronschaft.
Blüten: Klein und gelblich, in puderquastenartig herabhängenden Blütenständen kurz unterhalb des Kronschafts.
Früchte: Orange bis schwarz, länglich-rundlich, etwa 2 cm lang, mit erhalten bleibenden Blütenblättern.
Vorkommen: Vor allem in geschlossenen Park- und Hotelanlagen; ursprünglich von Mauritius und einer Nachbarinsel.
Weitere Namen: Englisch »Bottle Palm«, Französisch »Palmier Gargoulette«.
Wissenswertes: Ein Palmstamm bleibt normalerweise über seine ganze Länge nahezu gleich dick. Flaschenpalmen mittleren Alters zeigen jedoch ausgeprägt tonnenförmige Stämme. Im Alter wird der obere, schmale Teil dünner, sodass eine Flaschenform entsteht. Wegen dieser bizarren Gestalt, ihrer geringen Größe und großen Toleranz gegenüber Trockenheit und Salz ist die Flaschenpalme zu einer beliebten Zierpflanze geworden, für die hohe Preise gezahlt werden. Die Spindelpalme *Hyophorbe verschaffeltii* ist ebenfalls sehr beliebt, obwohl sie viel größer wird und einen nur schwach spindelförmigen Stamm besitzt. Alle 5 Arten der Gattung *Hyophorbe* sind in der Natur äußerst selten geworden. Von *Hyophorbe amaricaulis* soll nur noch ein einziges Exemplar am Leben sein.

Rotstielpalme

Cyrtostachys renda
Familie: Palmen, *Arecaceae*

Wichtigste Kennzeichen: Schlanker grüner Stamm mit ringförmigen grauen Blattnarben und leuchtend orange bis rot gefärbten Blattscheiden und -stielen.
Wuchsform: Aufrecht, bis 12 m hoch, in Kultur meist niedriger. Stets in dichten Gruppen zusammenstehend; jüngere Stämme wie grünes Bambusrohr, ältere grau.
Blätter: Fein gefiedert, bis etwa 1,5 m lang, überwiegend aufsteigend bis fast aufrecht, kaum überhängend.
Blüten: Klein und gelblichweiß, in großer Zahl an langen Seitenzweigen von Blütenständen, die unmittelbar unter dem roten Kronschaft entspringen.
Früchte: Kugelig bis elliptisch, etwa 1 cm im Durchmesser, bei Reife schwarz.
Vorkommen: Weltweit beliebte Zierpalme; ursprünglich von der Malaiischen Halbinsel, Sumatra und Borneo.
Weitere Namen: »Siegellackpalme«, Englisch »Sealing-Wax Palm«, Malaiisch »Pinang Rajah« (d. h. Königspalme).
Wissenswertes: Kultivierte Rotstielpalmen erreichen meist nur 4–8 m Höhe und haben oft besonders auffällig leuchtend rote Blattscheiden. Während dies früher zum Anlass genommen wurde, sie als eigene Art *(C. lakka)* von ihren größeren und blasseren wilden Verwandten abzutrennen, gilt es heute nur noch als Größen- und Farbvariante. Auch einige andere zierliche, in Gruppen stehende Fiederpalmen werden oft kultiviert, vor allem Bergpalmen *(Chamaedorea* spp.) und die Goldblattpalme *Chrysalidocarpus lutescens* (rechts). Bergpalmen werden meist nur daumendick und tragen oft bizarre rote Fruchtstände an ihren dünnen Stämmchen. Goldblattpalmen sind kräftiger und haben ihre Blütenstände zwischen den gelbgrünen, überhängenden Blättern.

Palmenartige — Fiederpalmen

Milde Fischschwanzpalme

Caryota mitis
Familie: Palmen, *Arecaceae*

Wichtigste Kennzeichen: Blätter doppelt gefiedert. Blüten- bzw. Fruchtstände am Stamm verteilt, von oben nach unten aufblühend bzw. reifend.
Wuchsform: Aufrecht, bis etwa 12 m hoch. Stamm schlank, grün oder grau, lange von Blattscheiden bedeckt. Meist mehrere Stämme zusammen.
Blätter: Bis etwa 3 m lang, mit fächerartigen, schief-dreieckigen und am Ende abgerissen aussehenden Fiederblättchen.
Blüten: Klein und grünlich; Blütenstände als große Quasten, perlschnurartig an Zweigen seitlich am Stamm.
Früchte: Kugelig, bis etwa 2 cm Durchmesser, sehr lange grün bleibend, dann kurze Zeit rotbraun, schließlich schwarz.
Vorkommen: Weltweit; ursprünglich von Indien bis zu den Philippinen.
Weiterer Name: Englisch »Fishtail Palm«.
Wissenswertes: Fischschwanzpalmen sind die einzigen Palmen mit doppelt gefiederten Blättern. Sie wachsen ohne zu blühen bis sie ihre endgültige Höhe erreicht haben. Dann brechen seitlich am Stamm Blütenstände hervor, zunächst oben, dann immer weiter nach unten fortschreitend. Wenn die Früchte des untersten Fruchtstandes reifen, stirbt die Pflanze. Die Zuckerpalme *(Arenga pinnata)* zeigt die gleiche Erscheinung, hat aber nur einfach gefiederte Blätter. Auch die Borneo-Fischschwanzpalme *(Caryota no)* und die Brennpalme *(Caryota urens)* sieht man häufig. Beide werden größer und haben schmalere Fiederblättchen. Die Brennpalme kann bei Berührung Juckreiz und beim Verzehr der Früchte ein Brennen im Mund verursachen. Die Fasern ihrer Blattscheiden werden zu Bürsten und Korbwaren verarbeitet. Die Blütenstände werden oft angezapft, um einen zuckerreichen Saft zu gewinnen, der sich zu Palmwein vergären lässt.

Sagopalme

Metroxylon sagu
Familie: Palmen, *Arecaceae*

Wichtigste Kennzeichen: Dicker Stamm, oben mit breit-dreieckigen Resten alter Blätter. Blattstiel etwa halb so lang wie der gefiederte Teil oder länger, manchmal mit dunkle Reihen bildenden Dornen (links). Blütenstand, wenn vorhanden, über der Wedelkrone, sehr groß.
Wuchsform: Aufrecht, bis 20 m hoch; in Kultur selten über 10 m.
Blätter: Gefiedert, bis 7 m lang, meist steil aufsteigend. Untere Fiederblättchen lockerer stehend und mehr ausgebreitet, obere dichter stehend und mehr zur Spitze gerichtet.
Blüten: Bis etwa 1 cm lang, zu vielen an den Seitenachsen zweiter Ordnung eines riesigen, sehr regelmäßig verzweigten Blütenstandes an der Spitze der Pflanze.
Früchte: Rundlich bis eiförmig, bis 8 cm lang, dicht mit gelblichbraunen Schuppen bedeckt.
Vorkommen: Südostasien und Pazifik, meist an sumpfigen Stellen; ursprünglich Molukken und Neuguinea.
Weiterer Name: Englisch »Sago Palm« (siehe auch S. 30).
Wissenswertes: Die Sagopalme wächst sehr rasch und speichert in ihrem Stamm reichlich Stärke. Das macht sie im westpazifischen Raum vielerorts zum Grundnahrungsmittel. Dazu werden die Stämme geschlagen, ihr Mark zerkleinert und die Stärke mit Wasser ausgeschwemmt. Lässt man den Stärkebrei durch ein Sieb auf ein heißes Blech tropfen, dann entsteht Perlsago. Geerntet wird in Abständen von etwa 10 Jahren, denn jeder einzelne Stamm ist recht kurzlebig. Nach nur 10–15 Jahren kommt er zur Blüte und stirbt danach ab (siehe oben). Die Pflanze überlebt jedoch durch basale Schösslinge. Die Blätter der Sagopalme werden zum Dachdecken geschätzt, denn sie halten etwa 7 Jahre, länger als die meisten anderen Materialien.

Palmenartige — Fächerpalmen

Breitfächrige Wachspalme

Copernicia macroglossa
Familie: Palmen, *Arecaceae*

Wichtigste Kennzeichen: Kleine Palme mit im Umriss nahezu kreisrunden, kaum gestielten Fächerblättern, von denen die ältesten noch grünen nahezu waagerecht abstehen. Stamm unterhalb der Krone von einem dichten Mantel aus abgestorbenen Blättern bedeckt.
Wuchsform: Aufrecht, meist nur 4–5 m, gelegentlich bis zu 8 m hoch.
Blätter: Fächerartig, bis etwa 2 m im Durchmesser, die einzelnen Fächerstrahlen nur im unteren Drittel verbunden. Blattstiel kaum erkennbar. Mantel aus abgestorbenen Blättern fast so breit wie die Krone, aber bei höheren Exemplaren manchmal nicht bis zum Boden reichend.
Blüten: Klein und grünlichgelblich, in mehrfach verzweigten, zwischen den Blättern entspringenden und diese meist überragenden Blütenständen.
Früchte: Nahezu kugelig, bis etwa 1,5 cm im Durchmesser.
Vorkommen: Meist in Parkanlagen; ursprünglich aus Kuba.
Weiterer Name: Englisch »Petticoat Palm« (aber siehe auch unten).
Wissenswertes: Wachspalmen haben ihren Namen von einem dünnen Wachsüberzug, die jungen Blätter vor Austrocknung schützt. Die meisten der 29 *Copernicia*-Arten sind auf Kuba beschränkt, nur 3 kommen auf dem südamerikanischen Kontinent vor. Die Carnauba-Palme *(Copernicia prunifera)* ist dort sogar weit verbreitet. Es ist die wirtschaftlich bedeutendste Art, denn sie liefert das begehrte Carnaubawachs, das in Lippenstiften, Schuhcreme und Autopolitur enthalten ist. Zur Wachsgewinnung werden die Blätter in der Sonne getrocknet, bis das Wachs abgeschlagen werden kann. Für hochwertige Qualitäten werden weit mehr als 1000 junge Blätter für 1 kg Wachs benötigt.

Washingtonie

Washingtonia filifera
Familie: Palmen, *Arecaceae*

Wichtigste Kennzeichen: Hohe Palme mit lang gestielten Fächerblättern. Stamm von einem dichten Mantel aus abgestorbenen Blättern bedeckt.
Wuchsform: Aufrecht, bis etwa 15 m hoch. Wenn die alten Blätter entfernt werden (siehe unten), wirkt die Palme ganz anders als mit ihrem Blattmantel.
Blätter: Fächerartig, bis etwa 1,5 m lang, in alle Richtungen abstehend. Die einzelnen Fächerstrahlen zur Hälfte bis 2 Dritteln ihrer Länge verbunden, V-förmig gefaltet, an der Spitze gespalten, meist teilweise in einzelne Fasern aufgelöst. Stiel etwa so lang wie die Blattfläche.
Blüten: Klein und rosaweiß, in mehrfach verzweigten, zwischen den Blättern entspringenden, diese aber überragenden Blütenständen.
Früchte: Nahezu kugelig, bis 1 cm lang.
Vorkommen: Ursprünglich an feuchteren Stellen in den Trockengebieten von Kalifornien und Arizona; auch in den feuchten Tropen oft in Parkanlagen.
Weitere Namen: Englisch »California Fan Palm«, »Petticoat Palm« (siehe auch oben).
Wissenswertes: Die Washingtonie ist zwar keine Tropenpflanze, wird aber wegen ihres ungewöhnlichen Aussehens auch in den Tropen kultiviert. In feuchten Gebieten kann es allerdings vorkommen, dass der Blattmantel teilweise verrottet und durch sein Eigengewicht abreißt. Dann bleibt ein relativ glatter Stamm mit nur undeutlichen Blattnarben zurück. In trockenen Gebieten dagegen werden die toten Blätter oft entfernt, weil sie ansonsten allzu leicht entflammbar wären. Zurück bleibt ein Dreiecksmuster aus alten Blattbasen. Als Pflanze relativ weit nördlich gelegener Gebiete verträgt die Washingtonie sogar leichten Frost; sie gedeiht daher auch im Mittelmeergebiet.

Palmenartige

Fächerpalmen

Palmyrapalme

Borassus flabellifer
Familie: Palmen, *Arecaceae*

Wichtigste Kennzeichen: Stamm zumindest oben von den Resten alter Blattbasen bedeckt, am Grund verdickt. Fächerkrone nahezu kugelig, untere Fächerstrahlen viel kürzer als obere. Blattstiel mit unregelmäßigen Zähnen.
Wuchsform: Aufrecht, bis 30 m hoch. Stamm älterer Palmen meist ungleichmäßig dick, manchmal in der Mitte leicht angeschwollen.
Blätter: Fächerartig, bis 3 m Durchmesser, mit rundlichem bis drachenförmigem Umriss; die einzelnen Fächerstrahlen etwa zur Hälfte getrennt, V-förmig gefaltet, an ihrer Spitze gespalten. Blattstiel etwas länger als die Fächerstrahlen, deutlich in die Blattspreite hineinreichend.
Blüten: In zwischen den Blättern verborgenen Blütenständen, sehr verschieden an männlichen und weiblichen Pflanzen.
Früchte: Etwas abgeflacht rundlich, 12–20 cm Durchmesser, meist mit 3 Steinkernen, an der Basis mit mehreren Schuppenblättern.
Vorkommen: Sehr verbreitet in den Tropen der Alten Welt, ursprünglich Indien bis Malaiische Halbinsel.
Weitere Namen: Englisch »Lontar Palm«, »Toddy Palm«, »Wine Palm«.
Wissenswertes: In Indien ist die Palmyrapalme die wichtigste Quelle eines Zuckersaftes, aus dem neben Zucker vor allem Palmwein (Toddy) gewonnen wird. Doch das ist bei weitem nicht alles: Über 800 verschiedene Nutzungen sollen überliefert sein, unter anderem als Wasserbauholz. Alte Exemplare zeigen manchmal eine leichte Anschwellung in der Mitte des Stammes; bei der afrikanischen *Borassus aethiopum* ist sie sehr viel ausgeprägter. Auch Dumpalmen *(Hyphaene)* können ähnlich aussehen, sind aber kleiner und durch regelmäßige, lange Stacheln am Blattstiel leicht zu unterscheiden.

Chinesische Livistonie

Livistona chinensis
Familie: Palmen, *Arecaceae*

Wichtigste Kennzeichen: Fächerpalme mit fast kugeliger Krone, die Fächerstrahlen nur im unteren Viertel bis Drittel verbunden, nach gut der Hälfte bis 2 Dritteln ihrer Länge scharf nach unten abgeknickt und fadenartig herabhängend.
Wuchsform: Aufrecht, bis 15 m hoch. Stamm graubraun, mit eher undeutlichen ringförmigen Blattnarben, allenfalls ganz oben auch mit den Resten alter Blätter.
Blätter: Fächerartig, einschließlich Stiel bis 4 m lang, dabei der Stiel stets kürzer als die Blattspreite, meist etwa so lang wie deren gerader, nicht nach unten geknickter Teil.
Blüten: Gelblich, klein, in reich verzweigten Blütenständen, die zeitlebens zwischen den Blättern verborgen bleiben.
Früchte: Blaugrün, elliptisch, etwa 2 cm lang.
Vorkommen: Vor allem in Parks; ursprünglich eine subtropische Art, aus Südchina und von den japanischen Riukiu-Inseln.
Weiterer Name: Englisch »Chinese Fan Palm«.
Wissenswertes: Die Gattung *Livistona* ist nach Baron Livistone benannt, der 1670 den Botanischen Garten von Edinburgh (Schottland) gegründet hat. Sie umfasst 27 Arten, verbreitet von Australien ostwärts bis zu den Salomon-Inseln und nordwärts bis zum Himalaja-Gebiet und Südjapan, außerdem 1 Art am Horn von Afrika und im Jemen. Auch die Australische Livistonie oder Kohlpalme (*Livistona australis*, englisch »Cabbage Palm«) wird häufig kultiviert. Sie wird größer als ihre chinesische Verwandte und hat längere Blattstiele, aber kleinere Blattspreiten. Ihren Namen verdankt sie der Tatsache, dass die Sprossspitze mit den jüngsten Blättern als »Palmkohl« gegessen werden kann (vgl. S. 36).

Palmenartige

Fächerpalmen

Talipotpalme

Corypha umbraculifera
Familie: Palmen, *Arecaceae*

Wichtigste Kennzeichen: Massiver Stamm mit ringförmigen Blattnarben. Riesige Fächerblätter. Blütenstand, wenn vorhanden, oberhalb der Wedelkrone und noch größer als diese.
Wuchsform: Aufrecht, bis 25 m hoch; zunächst viele Jahre stammlos.
Blätter: Fächerartig, mit rundlichem Umriss, bis 5 m Durchmesser; die einzelnen Fächerstrahlen etwa zur Hälfte getrennt, V-förmig gefaltet, an ihrer Spitze gespalten. Blattstiel sehr kräftig, bis 5 m lang. Blätter junger Pflanzen aufsteigend, zur Blütezeit herabhängend.
Blüten: Klein, weiß bis gelblich, zu Millionen in einem gewaltigen, 6–8 m hohen, reich verzweigten Blütenstand an der Spitze der Pflanze (Foto rechts).
Früchte: Nahezu kugelig, 2–4 cm im Durchmesser.

Vorkommen: Meist als Einzelexemplar in Parkanlagen; ursprünglich aus Südasien, besonders verbreitet in Südindien, Sri Lanka und Indonesien. Genaue Heimat nicht bekannt, da die Art schon sehr früh von Menschen ausgebreitet wurde.
Weiterer Name: Englisch »Talipot Palm«.
Wissenswertes: Die riesigen Blätter der Talipotpalme wurden früher als Schirme, aber auch zum Dachdecken, Flechten und als Schreibmaterial benutzt. Die Pflanze blüht nur einmal in ihrem Leben, nach etwa 50–60 Jahren. Dann aber bildet sie den größten Blütenstand im Pflanzenreich. Auf rund 10 Millionen wird die Zahl seiner Blüten geschätzt. Obwohl bei weitem nicht jede Blüte eine Frucht hervorbringt, können etwa 1 Jahr nach der Blüte doch bis zu 2 Tonnen Früchte an einer Palme reifen. Dafür verbraucht die Pflanze ihre letzten Reserven; mit der Fruchtreife stirbt sie ab. Auch Sago-, Zucker- und Fischschwanzpalmen (Seite 40) blühen nur einmal.

Großblättrige Strahlenpalme

Licuala grandis
Familie: Palmen, *Arecaceae*

Wichtigste Kennzeichen: Kleine Palme mit dünnem Stamm und großen, lang gestielten Fächerblättern. Blattrand sehr regelmäßig gezähnt, jeder Zahn durch einen kurzen Einschnitt zweigeteilt.
Wuchsform: Aufrecht, 2–3 m hoch, Stamm sehr dünn, zumindest oben bedeckt von den Resten alter Blattstiele.
Blätter: Fächerartig, etwas mehr als halb- bis gut dreiviertelkreisförmig, bis knapp 1 m im Durchmesser, überwiegend flach zur Seite ausgebreitet, die Fächerstrahlen nur auf den letzten Zentimetern getrennt und ganz an der Spitze noch einmal zweigeteilt. Stiel bis 1 m lang.
Blüten: Gelb, etwa 1 cm groß, in mehrfach verzweigten Blütenständen, die zwischen den Blättern entspringen und diese meist nur wenig überragen.

Früchte: Leuchtend hellrot, etwa 1 cm im Durchmesser. Fruchtstände hängend.
Vorkommen: In Gärten und Parks aller feuchttropischen Gebiete; ursprünglich von der Insel Neubritannien nordöstlich von Neuguinea.
Weiterer Name: Englisch »Fan Palm«.
Wissenswertes: Die Strahlenpalmen sind mit 108 bekannten Arten eine recht große Gruppe, verbreitet von Indien und Südchina bis nach Nordaustralien und in die pazifische Inselwelt hinein. Die meisten Arten finden sich auf Borneo und Neuguinea, überwiegend im Unterwuchs der Regenwälder. Diese Strahlenpalmen sind oft noch kleiner als die hier beschriebene Art, und ihre Blätter sind in der Regel bis zum Grund in Segmente von jeweils mehreren zusammenhängenden Strahlen aufgeteilt (z. B. *Licuala spinosa;* Foto rechts). Ungeteilte und sogar noch größere Blätter dagegen hat die nahe verwandte und ebenfalls gern kultivierte *L. peltata*, die sich außerdem durch nur einmal verzweigte, nahezu aufrechte Blütenstände unterscheidet.

Bäume

Schopfbäume

Wilde Aloe

Aloe ferox
Familie: Affodillgewächse, *Asphodelaceae*

Wichtigste Kennzeichen: Stamm mit einem Schopf großer, dickfleischiger, mit Dornen besetzter Blätter. Blüten orange bis scharlachrot, in einem Blütenstand aus mehreren aufrechten Ähren.
Wuchsform: Bis 3 m, selten bis 5 m hoch, in der Regel unverzweigt, der Stamm bis unten von vertrockneten Blättern bedeckt.
Blätter: Bis 1 m lang und 15 cm dick, mattgrün, am Rand mit scharfen, rötlichbraunen Stacheln, zusätzlich einzelne Stacheln auf der Blattfläche.
Blüten: Bis 3,5 cm lang, sechszählig, röhrenförmig, die Spitzen der 3 inneren Blütenblätter braun bis schwarz; Staubblätter weit aus der Röhre ragend. Blütenstand bis 80 cm hoch.
Früchte: Längliche, 3-fächrige Kapseln.
Vorkommen: In Parks und Gärten; ursprünglich aus Südafrika.

Weiterer Name: Englisch »Bitter Aloe«.
Wissenswertes: Während die Wilde Aloe andernorts nur als Zierpflanze dient, wird sie in ihrer Heimat auch genutzt. Dicht an dicht gepflanzt, bieten ihre Dornen Schutz vor Raubtieren. Entfernt man die Dornen, dann sind die Blätter auch als Viehfutter geeignet. Ihr schleimiger Saft wird frisch zu Gelee verarbeitet, auskristallisiert ist er als Abführmittel »Cape Aloes« im Handel. Auch viele andere der rund 370 *Aloe*-Arten sind in Kultur. Am bekanntesten ist die Echte Aloe (*A. vera*; Foto rechts), mit gelben Blüten und nur am Rand dornigen Blättern. Ihr Saft wird seit je zur Wundheilung und gegen Sonnenbrand eingesetzt und ist heute in vielen Kosmetika enthalten. Tatsächlich bietet der gelbe Saft der äußeren Blattschichten einen gewissen Schutz vor ultraviolettem Licht, während der klare Saft der inneren Schichten gut die Feuchtigkeit hält.

Riesenpalmlilie

Yucca guatemalensis
Familie: Agavengewächse, *Agavaceae*

Wichtigste Kennzeichen: Stamm am Grund knollenartig verdickt. Zweige dick, aufrecht, am Ende mit einem Schopf aus sehr großen, langgestreckten Blättern.
Wuchsform: Bis 15 m hoch, manchmal mehrstämmig, gabelig verzweigt, die Blattschöpfe sehr dicht zusammenstehend.
Blätter: Dolchförmig, 60–100 cm lang und 5 bis 10 cm breit, am Grund verschmälert, aber nicht gestielt, mit rauem Rand und kaum stechender Spitze, die jüngsten aufrecht, die ältesten hängend.
Blüten: Cremeweiß, hängend, glockenförmig, sechszählig, bis 8 cm lang; viele zusammen in einer aufrechten, bis zu 90 cm hohen Blütenrispe oberhalb des Blattschopfes.
Früchte: Bis 10 cm lange, 3-teilige Kapseln mit vielen schwarzen Samen.

Vorkommen: In Gärten, manchmal auch als Palisadenzaun gepflanzt; ursprünglich von Mexiko bis Guatemala verbreitet.
Weitere Namen: Englisch »Elephant Yucca«, »Spineless Yucca«, Spanisch »Isote«, »Itabo«.
Wissenswertes: Die Blüten der Riesenpalmlilie sind reich an Vitamin C. Sie werden roh in Salaten oder in Teig ausgebacken gegessen. Zur Bestäubung sind die meisten Palmlilien auf bestimmte Motten angewiesen, die gezielt Blütenstaub übertragen und ihre Eier in die Blüte ablegen. Die Raupen ernähren sich von einem Teil der heranwachsenden Samen, aber es bleiben genug übrig, um die Fortpflanzung der Palmlilie zu sichern. Auch andere, kleinere Arten werden oft kultiviert, vor allem die Schwertblättrige Palmlilie (*Y. aloifolia*) mit steifen, stechenden Blättern, häufig mit gelblich weißem Rand. Die Fädige Palmlilie (*Y. filamentosa*) ist winterhart und daher auch in unseren Gärten zu finden.

Bäume — Schopfbäume

Banane

Musa × paradisiaca
Familie: Bananengewächse, *Musaceae*

Wichtigste Kennzeichen: Stamm mit einem Schopf sehr großer, langgestreckter Blätter mit deutlichem Stiel und kräftiger, grüner Mittelrippe. Blüten- und Fruchtstand überhängend, meist schon mit Bananen an seiner Basis (oben) und noch Blüten an der Spitze (unten).

Wuchsform: Bis 10 m hoch, die meisten Sorten aber kleiner.

Blätter: Wechselständig, bis zu 4 m lang, mit fast senkrecht von der Mittelrippe abstehenden Seitennerven, dazwischen oft fiederartig eingerissen.

Blüten: Blütenstand bis zu 1,5 m lang, mit großen, dunkelroten bis braunvioletten Hüllblättern, in deren Achsel je 10–20 blass gelbliche, röhrenförmige Einzelblüten stehen.

Früchte: Je nach Sorte sehr unterschiedlich, grün bis orangerot, 10–35 cm lang, in Gruppen an der Basis des Fruchtstands, nach oben gekrümmt.

Vorkommen: Sehr verbreitet; ursprünglich aus Südostasien.

Weitere Namen: Englisch auch »Plantain« (für Kochbananen), Malaiisch »Pisang«, Spanisch »Plátano«.

Wissenswertes: Die Banane ist eine der wichtigsten tropischen Nahrungspflanzen und daher längst bis in die entlegensten Gebiete vorgedrungen. Von ihr gibt es unzählige Kultursorten, von kleinen süßen Obstbananen bis hin zu großen, mehligen Kochbananen. Eigentlich ist die Banane kein Baum, sondern eine Riesenstaude, deren Stamm aus zwiebelartig verschachtelten Blattscheiden besteht. Bei der Faserbanane *(M. textilis)* wird daraus Manilahanf für Schiffstaue gewonnen, aber auch feinere Fasern, etwa für Teebeutel und Geldscheine. Als Zierbanane wird oft *Ensete ventricosum* kultiviert, die an ungestielten Blättern mit rosa Mittelrippe leicht zu erkennen ist.

Baum der Reisenden

Ravenala madagascariensis
Familie: Strelitziengewächse, *Strelitziaceae*

Wichtigste Kennzeichen: Stamm mit einem Schopf sehr großer, in einer Ebene fächerartig ausgebreiteter Blätter.

Wuchsform: Bis zu 30 m hoch, zunächst aber lange Zeit ohne Stamm.

Blätter: Langgestreckt wie Bananenblätter, 1–4 m lang, mit langem Stiel und fast senkrecht von der Mittelrippe abstehenden Seitennerven, dazwischen meist fiederartig eingerissen.

Blüten: Blütenstand zwischen den Blattstielen, bis 85 cm lang, mit 5–15 kräftigen, grünen, bootförmigen Hochblättern, die jeweils bis zu 16 cremeweiße, bis zu 20 cm lange Blüten einschließen. 2 der 6 Kronblätter verwachsen, darin verborgen 6 Staubblätter.

Früchte: 3-fächrige, holzige Kapseln, darin Samen mit blauer Hülle.

Vorkommen: Einer der beliebtesten Parkbäume; ursprünglich aus Madagaskar.

Weitere Namen: Englisch »Travellers Tree«, Französisch »Arbre du Voyageur«, Spanisch »Arbol del Viajero«.

Wissenswertes: Der Name des Baumes geht auf die Legende zurück, dass er für die Reisenden stets eine Quelle frischen Trinkwassers sei. Tatsächlich sammelt sich in den Achseln der kräftigen, am Grund im Querschnitt U-förmigen Blattstiele reichlich Regenwasser, doch muss man schon kurz vor dem Verdursten sein, um das zu schätzen. Es ist nämlich voller vermodernder Blätter, Mückenlarven und ähnlich unappetitlicher Dinge. Auch die Behauptung, der Blattfächer sei in der Natur stets in Nord-Süd-Richtung ausgerichtet, ist nur ein Märchen. Die ungewöhnlich kräftigen Blüten können sich nicht von allein öffnen. Sie bedürfen dazu der Hilfe der Lemuren, der typischen Halbaffen Madagaskars, die dafür mit reichlich Nektar belohnt werden.

Bäume   Schopfbäume

Papaya

Carica papaya
Familie: Papayagewächse, *Caricaceae*

Wichtigste Kennzeichen: Meist unverzweigt, mit einem Schopf aus riesigen, handförmig geteilten Blättern, jeder Blattfinger wiederum mehrfach tief eingeschnitten. Früchte groß, am Grund des Blattschopfes. Alle Teile mit Milchsaft.
Wuchsform: Bis zu 10 m hoch, Stamm schlank, dicht von Blattnarben bedeckt.
Blätter: An der Spitze des Stammes gehäuft, Stiel bis zu 1 m lang, Spreite kaum kürzer, tief in 5–9 Lappen geteilt.
Blüten: Cremeweiß, meist getrennt: die männlichen (Foto links) mit schlanker Kronröhre, in langen, reich verzweigten Blütenständen, die weiblichen fast sitzend, viel dicker, mit nur sehr kurzer Röhre.
Früchte: Grünlich bis orangegelb, birnen- bis melonenförmig, bis 50 cm lang, meist aber nur halb so groß. Fruchtfleisch gelblich bis orangerot. Im Zentrum viele schwarze, glitschige Samen.
Vorkommen: Eine der häufigsten Pflanzen tropischer Hausgärten; ursprünglich tropisches Amerika.
Weitere Namen: »Melonenbaum«, Englisch auch »Pawpaw«, Spanisch auch »Lechosa«, Portugiesisch »Mamão«.
Wissenswertes: Die Papaya ist eher ein Riesenkraut als ein Baum; ihr hohler Stamm bildet nur wenig, sehr weiches Holz. Die Früchte gehören zu den größten Köstlichkeiten der Tropen; für den Export unreif geerntet, geben sie nur einen schwachen Eindruck davon. In Asien werden unreife Früchte als Gemüse gekocht. Die scharf schmeckenden Samen dienen manchmal als Pfeffer-Ersatz. Aus dem Milchsaft wird das eiweißspaltende Papain gewonnen, das unter anderem die Verdauung fördert, Fleisch weich macht und Wolle am Einlaufen hindert. Weniger häufig sieht man die Berg-Papaya *(C. pubescens)* mit behaarten Blättern und leicht fünfkantigen Früchten.

Duftender Schraubenbaum

Pandanus tectorius
Familie: Schraubenbaumgewächse, *Pandanaceae*

Wichtigste Kennzeichen: Viele dicke verzweigte Stelzwurzeln. Blätter am Ende der Zweige in 3 schraubenförmig verdrehten Reihen, grasartig langgestreckt, meist mit scharfen Dornen am Rand und unterseits auf der Mittelrippe.
Wuchsform: Bis 10 m hoch, mit hellgrauem, geringeltem Stamm; Verzweigung oft gabelig in 2 oder 3 fast gleich starke Äste.
Blätter: 80–180 cm lang (selten 3 m), 4–9 cm breit, bläulichgrün, sehr zäh, zur Spitze hin ganz allmählich schmaler.
Blüten: Männliche und weibliche Blütenstände auf getrennten Pflanzen; ♂ bis 60 cm lang, mit hellen Hochblättern, in deren Achsel je eine weiße Ähre steht; ♀ kugelig, ca. 5 cm groß, von Hüllblättern eingeschlossen.
Früchte: Fruchtstand rundlich, bis 25 cm groß, orange, aufgebaut aus 40–80 Gruppen zu je 5–11 Einzelfrüchten.
Vorkommen: Verbreitet angepflanzt; ursprünglich an Meeresküsten von Sri Lanka bis Hawaii.
Weitere Namen: Englisch »Seashore Screwpine«, Malaiisch »Pandang«, Polynesisch »Fara« (Tahiti), »Hala« (Hawaii), Spanisch »Palma de Cinta«.
Wissenswertes: Der Blütenstaub des Hala galt hawaiischen Mädchen als Mittel zum Anlocken junger Männer. Der Baum wird sonst vor allem wegen seiner Früchte geschätzt, die auf vielen Inseln des Pazifiks ein Grundnahrungsmittel sind. Entsprechend groß ist die Vielfalt der Sorten. Einigen davon fehlen die Dornen an den Blättern, die sonst entfernt werden müssen, um daraus Körbe und Matten zu flechten. Viele der rund 700 *Pandanus*-Arten sind ähnlich nutzbar, manche werden viel größer und einige wachsen auch in Trockengebieten.

Bäume — Sonderformen

Strandkasuarine

Casuarina equisetifolia
Familie: Kasuarinengewächse, *Casuarinaceae*

Wichtigste Kennzeichen: Feine, teils hängende Zweige, die feinsten an lange Kiefernnadeln erinnernd, aus der Nähe betrachtet an Schachtelhalm. Blätter nur als winzige Schuppen vorhanden.
Wuchsform: Bis 25 m hoch, Krone sehr locker, fein verzweigt; jüngere Zweige grün und fein längsrillig, zum Teil wie Blätter abgeworfen.
Blätter: In Quirlen angeordnete winzige Zähnchen (wie beim Schachtelhalm).
Blüten: Winzig, die männlichen in bis zu 4 cm langen, schlanken Ähren am Ende der Zweige, die weiblichen (Foto links) in 3–5 mm großen kugeligen Köpfchen an kurzen Seitenzweigen, mit roten Narben.
Früchte: Kugelige, holzige Zapfen, bis 15 mm groß, mit scharfkantigen Schuppen, dazwischen winzige geflügelte Nüsse.
Vorkommen: An vielen tropischen Küsten, im Binnenland gepflanzt; ursprünglich Australien bis Südasien und Pazifik.
Weitere Namen: Englisch »Australian Pine«, »Beach She-Oak«, »Horsetail Tree«, »Ironwood«, Spanisch »Pino Australiano«.
Wissenswertes: Die Strandkasuarine wächst rasch, erträgt Salz und starken Wind, und sie kommt mit ärmsten Böden zurecht, weil in ihren Wurzelknötchen ein Strahlenpilz lebt, der ihr Stickstoff aus der Luft zuführt. Damit ist sie ideal geeignet für den Küstenschutz und die Aufforstung ausgelaugter Flächen. In Florida wird sie als Schutzgürtel um Zitrusplantagen gepflanzt. Ihr hartes, schweres Holz gilt als bestes Brennholz, denn es brennt lange und fast rauchlos. Die Polynesier stellten vor allem Waffen daraus her; im roten Saft des Baumes erkannten sie das Blut gefallener Krieger. Wurzeln wurden vorsichtig ausgegraben, krumm gebogen und dann für Jahre wieder eingegraben, um Haken zum Haifang zu gewinnen.

Riesenbambus

Dendrocalamus giganteus
Familie: Gräser, *Poaceae*

Wichtigste Kennzeichen: Riesige, holzige Bambusrohre, meist stumpf grün, viele dicht beieinander stehend. Junge Sprosse (Foto links) spitzkegelig, mit zumindest am Rand bläulichschwarzen, dreieckigen Blättern.
Wuchsform: Bis zu 35 m hoch und 30 cm im Durchmesser, weit oben mit dünnen, fein verzweigten, zur Seite abstehenden Zweigen. Einige der unteren Knoten des Stamms oft mit Wurzeln.
Blätter: Langgestreckt, bis zu 60 cm lang und 10 cm breit, mit feinen, parallel verlaufenden Nerven und fast parallelen Kanten; stets hoch oben.
Blüten: In großen Rispen mit Gruppen von 12–20 mm langen Ähren, aus denen gelbe Staubbeutel oder violette Narben heraushängen; nur äußerst selten zu sehen.
Früchte: Wie Getreidekörner, bis 8 mm lang; äußerst selten zu sehen.
Vorkommen: Häufig in Parks; ursprünglich aus Südostasien.
Weitere Namen: Englisch »Giant Bamboo«, Französisch »Bambou Géant«.
Wissenswertes: Riesenbambus bildet die größten Grashalme der Welt, und das in Rekordgeschwindigkeit. Unter günstigen Umständen können sie bis zu 45 cm am Tag wachsen. Sie sind sehr stabil, mit harter, glatter Oberfläche, und sie verrotten nur langsam. Das macht sie sehr begehrt zum Bau von Brücken, Häusern und Gerüsten. Da sie zwischen den Knoten hohl sind, eignen sie sich auch gut für Flöße, Rohre, Musikinstrumente und Gefäße aller Art. Wie fast alle Bambusarten blüht auch diese nur im Abstand von mehreren Jahrzehnten und stirbt nach der Fruchtreife oberirdisch ab. Die jungen Sprosse vieler anderer Arten (auch des nahe verwandten *D. asper*) werden als Gemüse gegessen.

Bäume — Nadelbäume

Bunyatanne

Araucaria bidwillii
Familie: Schlangentannengewächse, *Araucariaceae*

Wichtigste Kennzeichen: Ein tannenartiger Baum mit oben meist gerundeter Krone. Äste großenteils fast waagerecht abstehend und kahl, nur am Ende mit Nadeln und vielen benadelten Seitenzweigen.
Wuchsform: Aufrecht, bis zu 50 m hoch.
Blätter: Breit nadelförmig, hart und spitz, bis zu 5 cm lang und 1 cm breit, bei Jungpflanzen und an Zapfen tragenden Zweigen kleiner.
Blüten: Männliche Zapfen schlank, bis 20 cm lang, nach der Blüte abfallend; die weiblichen eiförmig, kleiner, zu den großen Fruchtzapfen heranwachsend.
Früchte: Fruchtzapfen eiförmig, bis zu 30 cm lang und 5 kg schwer, aufgebaut aus vielen, dicht zusammenschließenden, holzigen Zapfenschuppen, jede davon mit einer kurzen, nach oben gerichteten Spitze.
Vorkommen: In Parks und Ziergärten; ursprünglich aus Queensland (Australien).
Weiterer Name: Englisch »Bunya Pine«.
Wissenswertes: Die bis zu 5 cm langen Samen der Bunyatanne werden von den australischen Aborigines roh oder geröstet gern gegessen. Das Recht zur Nutzung einzelner Bäume wird vom Vater auf den Sohn vererbt. In tropischen Gärten ist auch die Schlangentanne *(A. araucana)* oft zu sehen, die eigentlich gar keine Tropenpflanze ist. Sie stammt von der rauen Südspitze Südamerikas und kann sogar in wintermilden Gebieten Westeuropas ungeschützt im Freien kultiviert werden. Als Jungpflanze zeigt sie noch die typisch kegelige Nadelbaum-Gestalt, später aber bekommt sie eine breite, schirmförmige bis nahezu flache Krone. Ihren Namen verdankt die Schlangentanne ihren langen, gekrümmten, nur wenig verzweigten Ästen, deren breite, spitze Nadeln über viele Jahre erhalten bleiben.

Norfolktanne

Araucaria heterophylla
Familie: Schlangentannengewächse, *Araucariaceae*

Wichtigste Kennzeichen: Ein tannenartiger Baum mit spitzkegeliger Krone. Äste in regelmäßigen Quirlen, die ältesten bogig hängend, die jüngeren aufsteigend, die jüngsten steil nach oben gerichtet.
Wuchsform: Aufrecht, bis 70 m hoch.
Blätter: Nadelförmig, bei Jungpflanzen weich und bis 1,5 cm lang, bei den älteren Pflanzen (vor allem an Zapfen tragenden Zweigen) viel kürzer, eingekrümmt und mit harter Spitze.
Blüten: Männliche Zapfen schlank, kätzchenartig, nach der Blüte abfallend; weibliche Zapfen rundlicher, zu den großen Fruchtzapfen heranwachsend.
Früchte: Fruchtzapfen kugelig oder etwas dicker als lang, bis 12 cm Durchmesser, aufgebaut aus vielen, dicht zusammenschließenden, holzigen Zapfenschuppen; jede davon mit einer dünnen, etwa 1 cm langen, oft gekrümmten Spitze.
Vorkommen: In Parks und Ziergärten; ursprünglich von der Pazifikinsel Norfolk.
Weitere Namen: »Zimmertanne«, Englisch »Norfolk Island Pine«.
Wissenswertes: Die Norfolktanne ist einer der wenigen auch im tropischen Tiefland gut gedeihenden Nadelbäume. Heute wird sie wegen ihrer dekorativen Gestalt kultiviert, doch den ersten Anstoß zu ihrer weltweiten Ausbreitung gab der steigende Bedarf an Masten für Segelschiffe, den man durch diese rasch und gerade wachsende Art zu decken hoffte. Aus diesem Grund wurde sie, ebenso wie die sehr ähnliche Cook-Tanne *(A. columnaris)*, auch nach Hawaii gebracht, wo diese Arten heute mancherorts das Landschaftsbild bestimmen. Die meisten der 18 *Araucaria*-Arten stammen aus dem südwestpazifischen Raum, 2 aber auch aus dem südlichen Südamerika.

Bäume — Blätter gefiedert

Jacaranda

Jacaranda mimosifolia
Familie: Trompetenbaumgewächse, *Bignoniaceae*

Wichtigste Kennzeichen: Gegenständige, doppelt gefiederte Blätter. Hellblaue bis hellviolette, fingerhutartige Blüten.
Wuchsform: Bis 20 m hoch, mit kurzem hellgrauem Stamm und lockerer Krone.
Blätter: Etwa 20–40 cm lang, mit bis zu 20 Fiederpaaren, diese mit zahlreichen, etwa 0,5 bis 2 cm langen, schmalen, fein zugespitzten Blättchen; in der Trockenzeit abfallend.
Blüten: Mit dem Austrieb der Blätter erscheinend oder unmittelbar davor, in Rispen am Ende der Zweige, meist lavendelblau, bis 5 cm lang, mit fünflappiger Kronröhre, darin 4 Staubblätter.
Früchte: Hellbraune, holzige Kapseln, ovalrundlich, bis 8 cm groß, seitlich abgeflacht, oft mit welliger Kante, zwischen den 2 scheibenförmigen Teilen öffnend.
Vorkommen: Vor allem in wechselfeuchten tropischen und subtropischen Gebieten häufig gepflanzt, oft verwildert (z. B. in Hawaii und Simbabwe). Ursprünglich Südbrasilien und Nordwestargentinien.
Weitere Namen: Englisch auch »Fern Tree«, Spanisch auch »Guarupa«.
Wissenswertes: Der Jacaranda ist eine der wenigen Pflanzen, deren Volksname in fast alle Sprachen und als wissenschaftlicher Name übernommen wurde. Im Deutschen wird er auch als Palisander-Baum bezeichnet, doch dies ist irreführend, weil das als Palisander gehandelte Holz nicht von dieser Art stammt, sondern von einigen nahen Verwandten, vor allem aber von den Schmetterlingsblütlern *Dalbergia* und *Machaerium*. Zur Blütezeit bietet der Jacaranda ein überaus spektakuläres Bild. Nicht nur der Baum ist über und über mit Blüten bedeckt, sondern meist auch der Boden unter ihm. Selten gibt es auch Exemplare mit weißen Blüten.

Leberwurstbaum

Kigelia africana
Familie: Trompetenbaumgewächse, *Bignoniaceae*

Wichtigste Kennzeichen: Gegenständige, gefiederte Blätter. Sehr große, dunkel weinrot bis purpurn gefärbte Blüten, außen mit gelben Nerven. Riesige, wie Würste vom Baum hängende Früchte.
Wuchsform: Bis 18 m hoch, zunächst mit glatter grauer Rinde und rundlicher Krone, ältere Bäume mit in Schuppen abfallender Rinde und breiter Krone.
Blätter: Gegenständig oder in dreizähligen Quirlen, bis 50 cm lang, mit 7–11 Fiederblättchen; diese bis 15 cm lang, oval bis verkehrteiförmig, steif ledrig, rau behaart; in der Trockenzeit abfallend.
Blüten: In bis zu 1 m lang herabhängenden Blütenständen, bis 15 cm groß; Krone weit trichterförmig, leicht gekrümmt, mit zurückgeschlagenem, fünflappigem Saum, darin 4 Staubblätter.
Früchte: Graubraun, bis 1 m lang, 18 cm dick und 10 kg schwer, an oft meterlangen Stielen herabhängend.
Vorkommen: Als Zierbaum verbreitet, aber nicht häufig. Heimisch in wechselfeuchten Gebieten des tropischen und südlichen Afrika.
Weitere Namen: Englisch »Sausage Tree«, Spanisch »Arbol Salchicha«.
Wissenswertes: Die Blüten des Leberwurstbaums sind jeweils nur eine Nacht offen und verströmen dann einen unangenehmen Geruch. Sie locken damit Fledermäuse zur Bestäubung an. Die eigenartigen Früchte, denen der Baum seinen Namen verdankt, sind nicht essbar. Sie finden aber vielfältige Verwendung in der Volksmedizin und Magie. Von Rheuma über Schlangenbisse und Syphilis bis hin zu bösen Geistern und sogar Wirbelstürmen gibt es kaum etwas, wogegen sie nicht helfen sollen.

Bäume — Blätter gefiedert

Flamboyant

Delonix regia
Familie: Johannisbrotgewächse, *Caesalpiniaceae*

Wichtigste Kennzeichen: Breit schirmförmige Krone. Doppelt gefiederte Blätter. Große rote Blüten mit gestielten Kronblättern.
Wuchsform: Bis zu 15 m hoch, meist kleiner.
Blätter: Wechselständig, bis zu 50 cm lang, farnartig fein zerteilt, mit Hunderten von Fiederchen, jedes davon etwa 1 cm lang. Die Blätter können in der Trockenzeit abfallen, meist aber nur für kurze Zeit.
Blüten: Orangerot bis scharlachrot, 10–15 cm groß, mit 5 außen grünen, innen roten Kelchblättern und 5 Kronblättern, von denen das obere meist teilweise weiß oder gelb mit roten Flecken ist. Innen 10 lange rote Staubfäden und 1 Griffel. Die meisten Blüten erscheinen am Ende der Trockenzeit zusammen mit den neuen Blättern.
Früchte: Schwarzbraune, abgeflachte, holzige Hülsen, 30–60 cm lang, 4–7 cm breit, hängend, meist etwas gekrümmt und querrippig; bleiben am Baum bis zur nächsten Blüte.
Vorkommen: Einer der häufigsten Zierbäume; ursprünglich aus Madagaskar.
Weitere Namen: »Feuerbaum«, »Flammenbaum«, Englisch auch »Flame of the Forest«, »Flame Tree«, »Royal Poinciana«, Spanisch auch »Arbol de Fuego«, »Guacamaya«, »Tabuchin«.
Wissenswertes: Der Flamboyant – sein französischer Name wurde in fast alle Sprachen übernommen – ist zweifellos einer der auffälligsten tropischen Bäume. Obwohl er erst um die Mitte des vorigen Jahrhunderts seinen Siegeszug um die Welt antrat, wirkt er vielerorts bereits wie heimisch. Seine Blüten werden vor allem von Tagfaltern bestäubt, aber auch von anderen Insekten und sogar Vögeln aufgesucht. Die winzigen Fiederblättchen falten sich in der Abenddämmerung zusammen.

Tohabaum

Amherstia nobilis
Familie: Johannisbrotgewächse, *Caesalpiniaceae*

Wichtigste Kennzeichen: Große, gefiederte Blätter. Blütenstände hängend, bis 1 m lang. Blüten leuchtend rot, auffällig groß, bizarr geformt.
Wuchsform: Bis 18 m hoch, mit rundlicher Krone.
Blätter: Wechselständig, gefiedert, bis etwa 1 m lang. Junge Zweige mitsamt ihren Blättern zunächst schlaff herabhängend und leicht rötlich überlaufen, erst später ergrünend und sich aufrichtend (Laubschüttung, siehe S. 16/17).
Blüten: Leuchtend rot (selten rosa), etwa 20 cm lang, in bis zu 1 m lang herabhängenden Trauben. Blütenstiel mit 2 leuchtend roten, abgespreizten oder zurückgeschlagenen Blättern. Die Blüte selbst mit 4 kleineren Kelchblättern und 3 größeren Kronblättern; Letztere mit gelben Flecken nahe der Spitze, das mittlere breiter als die beiden seitlichen. 9 der 10 Staubblätter zu einer Röhre verwachsen, 5 davon viel länger als die Röhre und nach oben gekrümmt.
Früchte: Große Hülsen; selten zu sehen.
Vorkommen: Vor allem Südostasien; ursprünglich aus Burma.
Weitere Namen: Englisch »Orchid Tree«, »Pride of Burma«, »Flame Amherstia«.
Wissenswertes: In voller Blüte gehört der Tohabaum zu den prachtvollsten Tropenbäumen, dennoch wurde er erst 1826 für die europäische Wissenschaft entdeckt – in einem Tempelgarten. Wild wurde er bis heute nur zweimal gefunden. Der Tohabaum benötigt reichlich Niederschlag, hohe Luftfeuchtigkeit und guten Boden, verträgt aber keine Staunässe. Früchte werden in Kultur nur selten gebildet und auch die Vermehrung durch Stecklinge ist nicht einfach. Es ist also kaum verwunderlich, dass die Art trotz ihrer Pracht eher selten anzutreffen ist.

Bäume

Blätter gefiedert

Afrikanischer Tulpenbaum

Spathodea campanulata
Familie: Trompetenbaumgewächse, *Bignoniaceae*

Wichtigste Kennzeichen: Blätter gefiedert, gegenständig oder in Dreierquirlen. Sehr große, orangerote, gekrümmte Blüten in dichten, aufrechten, doldenähnlichen Trauben am Ende der Zweige.
Wuchsform: Bis 25 m hoch, mit dichter, meist etwa eiförmiger Krone.
Blätter: Bis 40 cm lang, mit 9–21 dunkelgrünen, elliptischen bis eiförmigen, bis zu 16 cm langen Blättchen.
Blüten: Knospen braun, behaart, krallenförmig zur Mitte des Blütenstands gekrümmt, vom Rand her öffnend; Krone seitlich aus dem Kelch hervortretend, bis 15 cm lang und 8 cm weit, mit 5 Kronlappen und dünnem, gelbem, welligem Saum, innen gelb mit roten Streifen, mit 4 spießförmigen Staubblättern und zweilappigem Griffel.
Früchte: Bootförmig, bis 25 cm lang, aufrecht, braun; spalten bei Reife in 2 Hälften, mit vielen geflügelten Samen.
Vorkommen: Einer der häufigsten Zierbäume; heimisch im tropischen Afrika.
Weitere Namen: Englisch »African Tulip Tree«, »Fire Tree«, »Flame of the Forest«, »Fountain Tree«, »Nandi Flame«, Französisch »Immortel Étranger«, »Bâton de Sorcier«, Spanisch »Caoba de Santo Domingo«, »Gallito«, »Tulipán Africano«, »Llamarada de Bosque«, »Arbol de Fuente«.
Wissenswertes: Der Afrikanische Tulpenbaum wächst sehr schnell und bildet ein weiches, brüchiges Holz. Seine Blütenknospen sind voll Wasser und werden von Kindern manchmal als Wasserpistole benutzt. Den bestäubenden Vögeln dienen sie als Landeplatz, denn anders als die Kolibris der Neuen Welt können die blütenbesuchenden Vögel Afrikas nicht im Schwirrflug Nektar trinken. Selten sieht man auch gelb blühende Formen.

Rose von Venezuela

Brownea grandiceps
Familie: Johannisbrotgewächse, *Caesalpiniaceae*

Wichtigste Kennzeichen: Kleiner Baum oder hoher Strauch mit Fiederblättern und bis zu 25 cm großen, roten, (fast) kugeligen Blütenköpfen.
Wuchsform: Bis 10 m hoch, entweder mit dünnem Stamm und dichter, schirmförmiger Krone oder breit strauchig.
Blätter: Wechselständig, bis 30 cm lang, paarig gefiedert, mit 7–11 Paaren von Fiederblättchen, jedes mit einer langen, schmalen Spitze. Junge Zweige mitsamt ihren Blättern zunächst schlaff herabhängend, blass oder rötlich, erst später ergrünend und sich aufrichtend (Laubschüttung, S. 16/17).
Blüten: Blass bis leuchtend rot, mehrere Dutzend pro Blütenstand, Staubblätter ein wenig länger als die Krone, Staubbeutel gelb.
Früchte: Bohnenähnlich, bis zu 25 cm lang.
Vorkommen: In Parks und Gärten; ursprünglich aus Venezuela.
Weitere Namen: Englisch »Rose of Venezuela«, Spanisch »Rosa de Montaña«.
Wissenswertes: Größe und Farbe der Blüten deuten auf Vögel als Bestäuber, doch weitaus häufiger sieht man zahlreiche schwarze Bienen, die sich als Pollen- und Nektarräuber betätigen. Auch die meisten anderen der 12 *Brownea*-Arten sind in Kultur, vor allem die Scharlach-Flammenbohne (*B. coccinea*, »Scarlet Flame Bean«) und der Großblättrige Nadelkissenbaum (*B. macrophylla*), die beide weitaus längere Staubfäden besitzen und oft stammblütig sind (S. 17). *B. coccinea* hat kleinere Köpfchen mit nur etwa 20–30 Blüten, *B. macrophylla* dagegen nur 3–6 Paare von bis zu 30 cm langen Fiederblättchen pro Blatt. Etwas seltener sieht man die weiß blühende *B. leucantha*.

63

Bäume

Blätter gefiedert

Regenbaum

Albizia saman
Familie: Mimosengewächse, *Mimosaceae*

Wichtigste Kennzeichen: Krone weit ausladend, deutlich breiter als hoch. Zweige fast immer voll Epiphyten (S. 18/19). Blütenstände puderquastenartig, außen rosa, innen weiß.

Wuchsform: Bis zu 30 m hoher Baum mit meist nur wenige Meter kurzem Stamm und in flachem Winkel aufsteigenden Ästen. Krone bis etwa 50 m im Durchmesser, schirmförmig, oberseits flach gewölbt.

Blätter: Wechselständig, doppelt gefiedert, mit kleinen, ganzrandigen, etwas schief-elliptischen Fiederblättchen, die sich nachts und bei starker Bewölkung zusammenfalten.

Blüten: Einzelblüten klein, vereinigt zu Puderquasten von etwa 5 cm Durchmesser; Quaste gebildet von zahlreichen Staubfäden und wenigen Griffeln, die übrigen Blütenorgane unscheinbar.

Früchte: Langgestreckt, bis 30 cm lang, oft leicht gekrümmt und etwas an große Bohnen erinnernd.

Vorkommen: Vielerorts eingebürgert; ursprünglich Mittelamerika bis Amazonien.

Weitere Namen: Englisch »Rain Tree«, »Monkey Pod Tree«, »Cow Tamarind«, Spanisch und Portugiesisch »Samán«.

Wissenswertes: Unter dem Regenbaum scheint es auch bei sonnigem Wetter zuweilen zu regnen. Schuld daran ist eine Schaumzikade, die den Baum ansticht und von seinem zuckerhaltigen Saft lebt. Überschüssiges Wasser scheidet sie wieder aus. Einzeln sind diese Tröpfchen kaum zu bemerken, aber wenn es zu einer massenhaften Vermehrung der Insekten kommt, dann entsteht dadurch eine Art Regen im Schatten des Baumes. Da der Regenbaum imposante Ausmaße erreicht, wird er auf Plätzen meist einzeln gepflanzt.

Asokabaum

Saraca indica
Familie: Johannisbrotgewächse, *Caesalpiniaceae*

Wichtigste Kennzeichen: Blätter gefiedert. Blüten überwiegend orange, die jüngsten großenteils gelb, die ältesten immer dunkler, mit langen Staubfäden.

Wuchsform: Bis zu 24 m hoch, mit sehr dichter Krone, meist deutlich kleiner, manchmal nur strauchig.

Blätter: Wechselständig, Mittelrippe 7–50 cm lang, mit 2–7 Paar länglicher, zugespitzter, meist kurz gestielter, bis zu 20 cm langer und 6 cm breiter Blättchen (selten bis 30 x 10 cm), das unterste Paar kleiner als die oberen.

Blüten: In schirmförmigen bis fast kugeligen Rispen von meist bis zu 10 cm (selten 20 cm) Durchmesser; die Einzelblüten lang gestielt, mit 4 leuchtend gefärbten, bis 12 mm langen Kelchblättern und 6–10 bis 3,5 cm langen Staubfäden. Fruchtknoten am Rand der engen Blütenröhre, einschließlich Griffel etwa ebenso lang wie die Staubblätter.

Früchte: Abgeflacht, 6–25 cm lang, 2–6 cm breit und 1 cm dick, dunkelrot, die beiden Hälften bei Reife auseinanderfallend und sich aufdrehend, mit meist 4–8 bis zu 4 cm großen Samen.

Vorkommen: Beliebter Zierbaum; ursprünglich Indien bis Südostasien.

Weitere Namen: Englisch »Asoka Tree«, »Sorrowless Tree«.

Wissenswertes: Der Name »Asoka« wird gleichermaßen für diese Art und die sehr ähnliche *S. asoca* benutzt; vielleicht sind sie auch gar nicht trennbar. Unter einem Asokabaum jedenfalls soll Buddha geboren worden sein, weshalb man diese Bäume sehr häufig in Tempelanlagen findet. Auch im Hinduismus spielen die duftenden Asoka-Blüten als Opfergaben eine Rolle. Die Rote Saraca *(S. declinata)* mit Blütenständen an stärkeren Zweigen und die Gelbe Saraca *(S. thaipingensis)* werden ebenfalls gelegentlich gepflanzt.

65

Bäume

Blätter gefiedert

Australische Silbereiche

Grevillea robusta
Familie: Proteusgewächse, *Proteaceae*

Wichtigste Kennzeichen: Blätter farnähnlich geteilt, unterseits silbergrau behaart. Blütenstände bürstenartig, gelb-orange.
Wuchsform: Bis 30 m hoch, mit gerade durchgehendem Stamm und lockerer, schmal aufrechter Krone.
Blätter: Wechselständig, bis 25 cm lang, mit 11–23 Fiedern, die selbst wieder tief eingeschnitten bis gefiedert sind.
Blüten: Gelb mit Orange oder selten rot, in bis zu 13 cm langen, einseitigen Trauben (wie große Zahnbürsten), diese meist in Gruppen an älteren Zweigen. Einzelblüten etwa 2 cm lang, an 2 cm langen Stielen; Griffel lange Zeit im Bogen aus der Blütenhülle herausgekrümmt, später gerade, mit kopfig verdickter Narbe.
Früchte: Bootförmige, braune Bälge, etwa 2 cm lang, mit langem Schnabel und 1 oder 2 geflügelten Samen.
Vorkommen: In vielen tropischen und subtropischen Gebieten gepflanzt und oft verwildert; ursprünglich aus Australien.
Weitere Namen: Englisch »Silky Oak«, Spanisch »Pino Australiano«.
Wissenswertes: Die Australische Silbereiche ist der in den Tropen häufigste Vertreter der Proteusgewächse; mit unseren Eichen ist sie nicht verwandt. Da sie Trockenheit, Wind und pralle Sonne gut erträgt, wird sie gern zur Aufforstung entwaldeter Gebiete sowie als Schutz für empfindlichere Kulturen wie Kaffee und Tee eingesetzt. Nicht selten verwildert sie und prägt dann stellenweise (z. B. auf Hawaii) sogar das Landschaftsbild. In ihrer Heimat allerdings sind große Bäume selten geworden, denn ihr Holz ist für Tischlerarbeiten sehr begehrt. Zur gleichen Familie gehören auch die Queenslandnuss *(Macadamia integrifolia)*, die einfache Blätter und unauffälligere Blüten besitzt, und die südafrikanischen Proteen *(Protea* spp.*)*, die man zuweilen in Blumenläden findet.

Jerusalemdorn

Parkinsonia aculeata
Familie: Johannisbrotgewächse, *Caesalpiniaceae*

Wichtigste Kennzeichen: Zweige mit paarweise am Blattgrund stehenden Dornen. Blätter mit winzigen, weit auseinander stehenden Fiederblättchen. Blüten gelb, das oberste Kronblatt bei älteren Blüten bräunlichorange.
Wuchsform: Bis 10 m hoch, mit kurzem Stamm, grünlicher Rinde und breiter, lockerer Krone; Zweige meist wie bei einer Trauerweide überhängend.
Blätter: Wechselständig, je 2–6 von einem Punkt ausgehend (eigentlich doppelt gefiedert mit extrem verkürzter Mittelrippe); jeweils mit einer bis zu 40 cm langen, etwas abgeflachten Mittelrippe und 40–60 länglichen, bis zu 8 mm langen Blättchen, die zur Spitze hin immer kleiner werden und am Endabschnitt ganz fehlen.
Blüten: In bis zu 20 cm langen Trauben, etwa 2,5 cm groß, mit 5 Kronblättern, von denen das oberste deutlich gestielt ist und zumindest rötliche Flecken zeigt.
Früchte: Bohnenähnlich, bis zu 15 cm lang und 8 mm dick, hängend, dunkelbraun, ledrig, zwischen den wenigen Samen etwas eingezogen.
Vorkommen: Ursprünglich aus warmen Gebieten Amerikas; vor allem an trockenen Standorten gern gepflanzt, im südlichen Afrika verbreitet eingebürgert.
Weitere Namen: Englisch »Horsebean«, »Jerusalem Thorn«, »Mexican Palo Verde«, Spanisch »Espina de Jerusalem«, »Espinillo«, »Flor de Mayo«.
Wissenswertes: Der Jerusalemdorn wird häufig auch als Heckenstrauch gepflanzt. Er ist anspruchslos und verträgt starken Wind. Bei Trockenheit wirft er erst die Blättchen und später die Mittelrippen ab, nimmt aber keinen Schaden. Der verwandte »Palo Verde« *(P. microphylla)* kommt jahrelang ohne Wasser aus.

 # Bäume

Blätter gefiedert

Indischer Goldregen

Cassia fistula
Familie: Johannisbrotgewächse, *Caesalpiniaceae*

Wichtigste Kennzeichen: Große, paarig gefiederte Blätter. Blüten gelb, in langen, hängenden Trauben. Früchte stabförmig.
Wuchsform: Selten mehr als 10 m hoch, Stamm kurz, Krone breit und locker.
Blätter: Wechselständig, bis 50 cm lang, mit 4–8 Paaren von Fiederblättchen, diese bis zu 20 cm lang. Blätter zur Blütezeit oft teilweise abfallend, aber Baum nie ganz blattlos.
Blüten: In etwa 30 cm (selten bis 80 cm) langen Trauben, etwa 4 cm groß, mit 5 kurz gestielten, blass bis kräftig gelben Kronblättern. Fruchtknoten und untere 3 Staubblätter nach oben gekrümmt.
Früchte: Bis zu 60 cm lang, stabförmig, braunschwarz; mit geldrollenartig gestapelten Samen, umgeben von einem klebrigen, braunen Mark.
Vorkommen: In allen Tropengebieten; ursprünglich aus Indien und Sri Lanka.
Weitere Namen: »Mannabaum«, »Röhrenkassie«, Englisch »Golden Shower«, »Indian Laburnum«, »Pudding Pipe Tree«, »Purging Cassia«, Spanisch »Lluvia de Oro«.
Wissenswertes: Die Früchte des Indischen Goldregens sind als Manna im Handel. Ihr süßliches Fruchtfleisch ist ein mildes Abführmittel. Der Mannabaum ist als Straßenbaum beliebt, doch die in großer Zahl herunterfallenden Früchte gelten als lästig. Daher wird neuerdings immer häufiger der Regenbogenbaum *(Cassia × nealea)* gepflanzt. Als Hybrid mit der rosa blühenden *C. javanica* zeigen seine Blüten alle Schattierungen zwischen Gelb und Rosa, vor allem aber ist er steril und bildet keine Früchte. Unzählige weitere Arten werden ebenfalls kultiviert, die meisten davon mit gelben Blüten in kleineren Rispen am Ende der Zweige (siehe auch S. 128).

Gelber Flamboyant

Peltophorum pterocarpum
Familie: Johannisbrotgewächse, *Caesalpiniaceae*

Wichtigste Kennzeichen: Blätter doppelt gefiedert. Blütenstände und Knospen dicht rotbraun behaart. Blüten gelb. Früchte flach, rotbraun.
Wuchsform: Bis zu 35 m hoch, in Kultur meist etwa 10 m, mit breiter, schirmförmiger Krone.
Blätter: Wechselständig, bis 60 cm lang, mit 4–14 Fiederpaaren 1. Ordnung, die etwa 20 bis 40 längliche, 1–2 cm lange Blättchen mit gerundeter oder eingekerbter Spitze tragen.
Blüten: In 20–40 cm langen Rispen, bis 4,5 cm groß, mit 5 Kelchblättern, 5 am Grund behaarten, verknittert aussehenden Kronblättern, 10 Staubblättern und einem kurz gestielten Fruchtknoten.
Früchte: Bis zu 14 cm lang und 2,5 cm breit, kurz zugespitzt, längsstreifig, mit 3–4 länglichen Samen, dazwischen oft ein wenig eingezogen.
Vorkommen: Häufig als Zierbaum und als Schattenbaum für Plantagen; ursprünglich von Sri Lanka über Südostasien bis Nordaustralien verbreitet.
Weitere Namen: Englisch »Copperpod Tree«, »Yellow Flame Tree«, »Yellow Poinciana«, Spanisch »San Francisco«.
Wissenswertes: Der Gelbe Flamboyant bietet das ganze Jahr ein attraktives Bild. Er blüht monatelang und bringt dabei immer wieder neue, leuchtend kupferrote Früchte hervor, die selbst dann am Baum bleiben, wenn er während der Trockenzeit für kurze Zeit seine Blüten und Blätter abwirft. Aus seiner Rinde wird auf Java eine dunkelbraune Batik-Farbe gewonnen. Seine ebenfalls gern gepflanzte südafrikanische Schwesterart *P. africanum* wird ähnlich wie der Regenbaum (S. 64) von Zikaden angezapft und daher auch als »Weinender Baum« (Englisch »Weeping Wattle«) bezeichnet.

Bäume — Blätter gefiedert

Süßdorn

Acacia karroo
Familie: Mimosengewächse, *Mimosaceae*

Wichtigste Kennzeichen: Zweige mit bis zu 7 cm langen, weißen Dornen. Blätter doppelt gefiedert. Blütenstände kugelig, gelb. Frucht bohnenähnlich, leicht sichelförmig gekrümmt.
Wuchsform: Bis zu 15 m hoher Baum mit rundlicher Krone, selten strauchig.
Blätter: Wechselständig, bis 18 cm lang, mit je einer kleinen Drüse auf dem Stiel und der Mittelrippe zwischen den 2–6 Fiedern 1. Ordnung, die je 5–20 längliche, bis 7 mm lange Blättchen tragen.
Blüten: In dichten, puderquastenartigen, etwa 1 cm großen Blütenständen; von den vielen Einzelblüten nur die Staubfäden erkennbar.
Früchte: Bis 16 cm lang und 1 cm dick, schwach holzig, kahl, zwischen den Samen leicht eingezogen, bei Reife braun und in 2 Teile zerfallend.

Vorkommen: Einer der häufigsten Bäume Afrikas; außerhalb Afrikas meist andere, ähnliche Arten.
Weiterer Name: Englisch »Sweet Thorn«.
Wissenswertes: Der Süßdorn ist die häufigste der etwa 300 fiederblättrigen Akazien-Arten (vgl. S. 102). Im Gegensatz zu vielen anderen Akazien ist er nicht giftig und wird von Wild- und Haustieren abgefressen. Weil er dann aber Wurzelschösslinge bildet, breitet er sich dennoch in überweideten Gebieten stark aus. Seine Rinde wird zum Gerben und zur Herstellung von Seilen genutzt. Die afrikanische Flötenakazie (*A. drepanolobium*) und einige mittelamerikanische Arten (z. B. *A. sphaerocephala*, rechtes Bild) beherbergen in ihren geschwollenen Dornen aggressive Ameisen. Die Pflanze füttert die Tiere mit dem Nektar der Blattdrüsen und zuweilen mit speziellen, an der Spitze der Fiederblättchen gebildeten Futterkörpern. Dafür greifen die Ameisen alles an, was der Akazie zu nahe kommt.

Petebohne

Parkia speciosa
Familie: Mimosengewächse, *Mimosaceae*

Wichtigste Kennzeichen: Blätter doppelt gefiedert. Blüten gelblich, in birnenförmigen, an langen Stielen herabhängenden Köpfchen. (Foto links) Früchte grün, langgestreckt, jeweils mehrere an einem holzigen, an der Spitze verdickten Stiel.
Wuchsform: Bis 30 m hoch, mit breit ausladender Krone, junge Zweige meist weich behaart.
Blätter: Wechselständig, bis 36 cm lang, mit 14–18 Fiederpaaren 1. Ordnung, die etwa 60 bis 70 längliche, 6–9 mm lange und 2 mm breite Blättchen tragen.
Blüten: Blütenköpfchen bis zu 6 cm lang, an langen, oft verzweigten Stielen aus der Krone heraushängend; Einzelblüten klein, gelblich, mit röhrenförmiger Krone.
Früchte: Meist 4–10 zusammen an einem Stiel, die Einzelfrüchte noch einmal gestielt, flach,

bis 45 cm lang und 5 cm breit, meist in sich verdreht, mit 12–18 ovalen, bis 25 mm großen Samen, die sich deutlich nach außen durchdrücken.
Vorkommen: Ursprünglich aus Südostasien und dort auch häufig gepflanzt. Außerhalb Asiens eher selten.
Weitere Namen: Englisch »Nitta Tree«, »Pete Bean«, Malaiisch »Petai« (auch ins Französische und Spanische übernommen), Thailändisch »Sato«.
Wissenswertes: Die Blüten der Petebohne werden von Fledermäusen bestäubt und müssen deshalb frei zugänglich im Luftraum hängen. Daher fallen die Früchte am Baum sofort ins Auge. Die Samen sind aus der südostasiatischen Küche kaum wegzudenken. Sie können sowohl roh als auch gekocht oder geröstet verzehrt werden, meist in scharfer Soße. Im Geschmack erinnern sie etwas an Knoblauch, und sie übertragen auch einen ähnlichen Geruch auf den Esser. Die jungen Blätter werden ebenfalls als Gemüse gegessen.

 # Bäume

Blätter gefiedert

Paternosterbaum

Melia azedarach
Familie: Zedrachgewächse, *Meliaceae*

Wichtigste Kennzeichen: Blätter doppelt gefiedert. Blüten klein, zahlreich, violett. Früchte gelb, kugelig.
Wuchsform: Bis 15 m hoch, mit lockerer Krone aus kräftigen Zweigen.
Blätter: Wechselständig, 20–40 cm lang, die Fiederblättchen bis 8 cm lang, mit grob gesägtem Rand.
Blüten: In lockeren, bis 30 cm langen Rispen, bis 2 cm groß, mit 5 blass fliederfarbenen Kronblättern und einer dunkleren, purpur bis violett gefärbten Staubblattröhre. Blüht meist gleichzeitig mit der Entfaltung der Blätter.
Früchte: Bis 15 mm groß, mit Steinkern; bleiben während der blattlosen Zeit am Baum und werden schließlich runzelig.
Vorkommen: Ursprünglich Asien und Australien; in vielen tropischen bis warm-gemäßigten Gebieten eingebürgert.
Weitere Namen: »Chinesischer Holunder«, »Indischer Zedrachbaum«, »Paradiesbaum«, »Perlenbaum«, »Persischer Flieder«, Englisch »Chinaberry«, »Indian Lilac«, »Persian Lilac«, »Pride of India«, »Seringa«, »White Cedar«, Französisch »Lilas des Indes«, Spanisch »Alelí«, »Arbol Paraíso«, »Lilayo«, »Jacinto«, »Pasilla«.
Wissenswertes: Die große Zahl der Volksnamen lässt bereits erkennen, dass dies eine häufig gepflanzte Art ist. Fast alle Teile finden in der Volksmedizin Verwendung, und das rötliche Holz dient zum Bau von Möbeln und Musikinstrumenten. Die gelben Früchte sehen zwar attraktiv aus, sind jedoch gefährlich giftig. Ihre Steinkerne werden zu Perlen für Schmuck und Gebetsketten verarbeitet. Ein Extrakt der Blätter vertreibt Heuschrecken. Der verwandte Nimbaum *(Azadirachta indica)* liefert neben Viehfutter, Holz und Samenöl sogar das stärkste bekannte Insektengift pflanzlicher Herkunft.

Sternfruchtbaum

Averrhoa carambola
Familie: Sauerkleegewächse, *Oxalidaceae*

Wichtigste Kennzeichen: Kleiner Baum oder hoher Strauch mit gefiederten Blättern. Blüten rosa bis violett, in roten, büschelartigen Rispen. Früchte gelb, im Querschnitt sternförmig.
Wuchsform: Bis zu 12 m hoch, meist aber viel kleiner, mit sehr kurzem Stamm.
Blätter: Wechselständig, bis 20 cm lang, mit 5–11 Fiederblättchen, diese gegenständig, bis 8 cm lang, an der Blattspitze etwas größer als an der Basis.
Blüten: Bis etwa 25 mm Durchmesser, fünfzählig, Kronblätter rosaweiß bis violett; Blütenstände viel kürzer als die Blätter, auch an stärkeren Zweigen.
Früchte: Im Umriss eiförmig bis elliptisch, bis 15 cm lang, mit 4–6 ausgeprägten Längsrippen; Fruchtfleisch fest und glasig, süßsauer bis sehr streng; oft samenlos.
Vorkommen: Tropen und frostfreie Subtropen; ursprünglich aus Südostasien.
Weitere Namen: Englisch »Carambola«, »Chinese Gooseberry«, Spanisch »Tamarindo Chino«.
Wissenswertes: In Europa kennen wir die Sternfrucht vorwiegend in Scheiben geschnitten als dekorative Beilage an Fruchtsalaten oder kalten Platten. In Asien wird sie vielfältiger genutzt. Leicht gesalzen gilt sie als hervorragender Durstlöscher, sie wird aber auch mit Zucker, roh oder gekocht, kandiert oder als Gelee verzehrt. Ihr Saft gibt Cocktails eine säuerliche Note. Auch die Blüten finden in Salaten Verwendung. Weniger häufig kultiviert wird der nahe verwandte Gurkenbaum oder Bilimbi *(Averrhoa bilimbi)*. Seine Blätter werden bis zu 60 cm lang, mit entsprechend mehr Fiederblättchen. Die Blütenstände brechen meist direkt aus dem Stamm hervor; mit dunkelroten Blüten und grünen, nur ganz flach längs gefurchten, sehr sauren Früchten.

Bäume Blätter gefiedert

Peruanischer Pfefferbaum

Schinus molle
Familie: Sumachgewächse, *Anacardiaceae*

Wichtigste Kennzeichen: Zweige hängend wie bei einer Trauerweide. Blätter ebenfalls hängend, gefiedert, hell graugrün.
Wuchsform: Bis 15 m hoch, meist mit krummem Stamm, aus dem bei Verletzung ein duftendes Harz austritt.
Blätter: Wechselständig, bis 20 cm lang, mit 11–41 relativ weit auseinander stehenden, 3–7 cm langen, schmalen, ledrigen Fiederblättchen.
Blüten: Sehr klein, blass gelblich, fünfzählig, in hängenden, bis 20 cm langen Rispen. Männliche und weibliche Blüten auf getrennten Pflanzen.
Früchte: Kugelige, etwa 5 mm große Steinfrüchte, rosa bis rot, mit dünnem, rasch eintrocknendem Fruchtfleisch.
Vorkommen: Vor allem in Gebieten mit einer heißen Trockenzeit häufig eingebürgert, auch im Mittelmeergebiet und in Südafrika; ursprünglich aus dem südlichen Südamerika.
Weitere Namen: Englisch »Pepper Tree«, Spanisch »Arbol de Pimienta«, »Pirú«.
Wissenswertes: Die Frucht des Pfefferbaums hat etwa die gleiche Größe wie die des Echten Pfeffers (S. 268) und einen scharfen Geschmack. Es ist also kaum verwunderlich, dass sie oft verwendet wurde, um dieses früher sehr teure Gewürz zu strecken. In bunten Pfeffermischungen ist sie auch heute noch zu finden. Ebenfalls häufig in Kultur und oft verwildert ist der Brasilianische Pfefferbaum *(S. terebinthifolius)*, dessen Zweige nicht hängen und dessen Fiederblättchen breiter und dunkelgrün sind. Seine leuchtend roten Früchte sind giftig, bleiben aber lange am Zweig. Deshalb wird er in den Tropen gern statt der in Nordamerika üblichen Stechpalmen (*Ilex* spp.) als Weihnachtsschmuck benutzt und daher auch als »Christmas Berry« oder »Cerezo de Navidad« bezeichnet.

Meerrettichbaum

Moringa oleifera
Familie: Bennussgewächse, *Moringaceae*

Wichtigste Kennzeichen: Doppelt bis dreifach gefiederte Blätter. Blüten cremeweiß, mit 1 größeren aufrechten und 4 kleineren, mehr nach unten gerichteten Kronblättern. Früchte sehr langgestreckt, leicht dreikantig.
Wuchsform: Bis 10 m hoch, mit hellgrauer, glatter Rinde und lockerer, unregelmäßiger Krone.
Blätter: Wechselständig, bis 60 cm lang; die Fiederblättchen nur 1–2 cm lang, elliptisch, an der Spitze gerundet, hellgrün, leicht einzeln abfallend.
Blüten: Bis 2 cm groß, in bis zu 30 cm großen Rispen. Staubblätter etwas gekrümmt, 5 mit gelben Staubbeuteln, 3–5 ohne Staubbeutel. Fruchtknoten kurz gestielt.
Früchte: Hängend, bis 60 cm lang und 2,5 cm dick, mit 9 Längsrippen, davon 3 stärker; lange Zeit grün, schließlich braun und mit 3 Klappen öffnend. Samen mit 3 dünnen Flügeln.
Vorkommen: Ursprünglich aus Nordwestindien; in vielen tropischen Gebieten angepflanzt und nicht selten verwildert.
Weitere Namen: Englisch »Drumstick Tree«, »Horseradish Tree«, Französisch »Ben Ailée«, Spanisch »Ben«, »Maranga«, Portugiesisch »Muringueiro«.
Wissenswertes: Der Meerrettichbaum verdankt seinen Namen den nach Meerrettich schmeckenden Wurzeln. Sie werden manchmal auch ähnlich genutzt, vor allem aber – wie auch Blatt- und Rindenextrakte – gegen Entzündungen eingesetzt. Tatsächlich zeigt ihr Aromastoff eine antibiotische Wirkung. In Asien dienen junge Zweige, Blätter und Früchte auch als Gemüse. Aus den Samen wird Ben-Öl gewonnen, das nicht ranzig wird und daher vielfältige Verwendung findet, von Speiseöl über Seife und Salben bis hin zu hochwertigen Ölfarben.

Bäume

Blätter gefingert oder fingerteilig

Indischer Korallenbaum

Erythrina variegata
Familie: Schmetterlingsblütler, *Fabaceae*

Wichtigste Kennzeichen: Zweige stachelig. Blätter mit je 3 großen Blättchen, oft gelb gemustert. Blüten leuchtend rot, in dichten Trauben am Ende der Zweige.
Wuchsform: Bis zu 20 m hoch und oft ebenso breit (aber siehe unten).
Blätter: Wechselständig, in der Trockenzeit oft abfallend. Blättchen breit-rhombisch bis breit-eiförmig, bis 20 cm lang und breit, zugespitzt, ohne Dornen; junge Blätter auf der Unterseite behaart.
Blüten: In bis zu 20 cm langen Rispen, meist am fast blattlosen Baum. Ein großes, bis 7 cm langes Kronblatt umschließt lange die 10 Staubfäden, die übrigen 4 Kronblätter viel kürzer.
Früchte: Wurstförmig, bis 40 cm lang und 3 cm dick, zwischen den bis 3 cm großen, rötlichen Samen leicht eingezogen und netznervig wie eine Erdnuss.

Vorkommen: In allen Tropengebieten; schon die natürliche Verbreitung reicht von Ostafrika über Asien bis zum Pazifik.
Weitere Namen: Englisch »Indian Coral Tree«, »Tiger's Claw«.
Wissenswertes: Vom Indischen Korallenbaum gibt es zahlreiche Kulturformen, etwa mit weißen Blüten oder schmaler Krone. Am beliebtesten aber ist eine Form, deren Blätter entlang der Hauptnerven gelb gefärbt sind. Auch viele der übrigen rund 100 *Eyrthrina*-Arten werden kultiviert (siehe auch S. 122). *E. abyssinica* (»Red Hot Poker Tree«) unterscheidet sich durch gekrümmte Dornen, oft auch auf der Blattunterseite, gerundete Blattspitzen und nur etwa halb so große, heller rote Blüten mit langen, schmalen Zipfeln. Der Kaffernbaum (*E. caffra*) hat kahle, zugespitzte Blättchen und noch kleinere Blüten. Im Gegensatz zu den meisten anderen Arten hat *E. fusca* nicht rote, sondern orange bis blass bräunlichgelb gefärbte Blüten.

Asiatischer Kapokbaum

Bombax ceiba
Familie: Wollbaumgewächse, *Bombacaceae*

Wichtigste Kennzeichen: Stamm mit dicken Dornen. Blätter gefingert. Blüten auffallend groß, leuchtend rot.
Wuchsform: Bis 40 m hoher Baum mit dicken Ästen. Große Exemplare oft mit angeschwollenem Stamm und kräftigen Brettwurzeln; in Gärten oft strauchig.
Blätter: In der Trockenzeit abfallend, lang gestielt, mit 5–7 Fingerblättchen, das mittlere am größten, bis 30 cm lang.
Blüten: Einzeln oder wenige zusammen, 7 bis 15 cm groß, mit becherförmigem Kelch, 5 glänzenden Kronblättern und vielen Staubblättern, oft randvoll mit Nektar, manchmal vor Austrieb des Laubes erscheinend.
Früchte: Längliche Kapseln, 10–17 cm lang, mit 5 Klappen aufspringend, gefüllt mit weißlicher Wolle, darin die bis 8 mm großen Samen.

Vorkommen: In allen Tropengebieten; ursprünglich aus Südindien und Sri Lanka.
Weitere Namen: »Indischer Seidenwollbaum«, Englisch »Red Silk Cotton Tree«, Spanisch »Malabarico«.
Wissenswertes: Der Asiatische Kapokbaum liefert fast die Hälfte der Weltproduktion an Kapok. Seine Kapselwolle ist zwar weniger hochwertig als die des Echten Kapokbaumes (S. 84), dafür ist die Ausbeute größer. Vom Holz bis zu den Staubblättern, die thailändische Gerichte rot färben, wird jeder Teil der Pflanze genutzt. Die Wurzeln sollen harntreibend sein, die Rinde gegen Durchfall, das Harz blutstillend und vieles mehr. Mehrere verwandte Arten sind ebenfalls in Kultur. Die meisten von ihnen blühen weiß, haben stark eingerollte Kronblätter und ein Büschel von Staubblättern, das an einen Rasierpinsel erinnert. *Pseudobombax ellipticum* aus Mexiko heißt geradezu Rasierpinselbaum (»Shaving Brush Tree«); seine Blüten sind meist rosa.

Bäume — Blätter gefingert oder fingerteilig

Chorisie

Ceiba speciosa
Familie: Wollbaumgewächse, *Bombacaceae*

Wichtigste Kennzeichen: Breitkroniger Baum mit dickem Stamm. Blätter gefingert. Im blattlosen Zustand von großen rosa Blüten bedeckt. Zur Zeit des Blattaustriebs Kapselwolle wie Wattestreifen herabhängend.

Wuchsform: Bis 15 m hoch. Stamm junger Bäume grün, mit spitzen Stacheln; bei alten Bäumen grau und leicht tonnenförmig angeschwollen.

Blätter: In der Trockenzeit abfallend, lang gestielt, mit 5–7 gestielten, bis zu 12 cm langen Fingerblättchen.

Blüten: In Büscheln an kurzen, dicken Zweigen, bis zu 16 cm im Durchmesser; mit 5 Kronblättern, überwiegend rosa bis purpurn, am Grund gelblichweiß, dazwischen gefleckt. Staubblätter zu einer 8 cm langen Mittelsäule verbunden.

Früchte: Birnenförmige, bis 20 cm lange und 5 cm dicke Kapseln, deren Klappen abfallen, sodass die glänzend weiße Kapselwolle heraushängt.

Vorkommen: Häufig in Parks; ursprünglich aus Südbrasilien und Argentinien.

Weitere Namen: »Brasilianischer Florettseidenbaum«, Englisch »Floss Silk Tree«, Spanisch »Ceiba del Brasil«.

Wissenswertes: Die Chorisie stammt aus Halbtrockenwäldern und ist daher oft für Monate blattlos. Zweimal jährlich bietet sie ein spektakuläres Bild. In voller Blüte erscheint der ganze Baum rosa, und zur Fruchtzeit glänzen die Wattebollen weithin sichtbar in der Sonne, bis der Wind sie zerpflückt und davonträgt. Weniger häufig gepflanzt wird die weiße Chorisie (*C. insignis*, »White Floss Silk Tree«), deren Blüten zunächst gelblich mit purpurnen Flecken sind, aber rasch ausbleichen. Wegen ihres dicken, Wasser speichernden Stammes heißt sie auf Spanisch auch »Palo Borracho«, Betrunkener Baum.

Rosa Trompetenbaum

Tabebuia rosea
Familie: Trompetenbaumgewächse, *Bignoniaceae*

Wichtigste Kennzeichen: Gegenständige Blätter mit 5 Fingerblättchen. Blüten mit 5 etwas knittrigen, meist rosa Kronlappen und gelblicher Röhre.

Wuchsform: Bis 25 m hoch, meist kleiner, mit längsrissiger Rinde.

Blätter: Blättchen elliptisch bis länglich, das mittlere bis 35 cm lang, 18 cm breit und 11 cm lang gestielt, die seitlichen kleiner und kürzer gestielt.

Blüten: In Rispen am Ende der Zweige, bis 10 cm groß, Kelch zweiteilig, Krone fast weiß bis rotviolett, darin 2 längere und 2 kürzere Staubblätter.

Früchte: Stabförmige Kapseln, bis 40 cm lang und 1,5 cm dick, mit 2 Klappen aufspringend, mit vielen geflügelten Samen.

Vorkommen: Einer der häufigsten Zierbäume; ursprünglich tropisches Amerika.

Weitere Namen: »Rosa Ipé-Baum«, Englisch »Pink Poui«, »Pink Tecoma«, »Pink Trumpet Tree«, Französisch »Poirier Rouge«, Spanisch u. a. »Amapa Rosa«, »Apamate«, »Mano de León«, »Macuelizo«, »Palo de Rosa«, »Roble Colorado«.

Wissenswertes: Der Rosa Trompetenbaum wächst wild in wechselfeuchten Gebieten und blüht dort überaus reich im blattlosen Zustand. Wird er in immerfeuchten Gebieten gepflanzt, dann wirft er seine Blätter nicht alle gleichzeitig ab und blüht spärlicher. Er dient auch als Schattenbaum für Kaffee- und Kakaoplantagen und liefert hartes, schweres, sehr dauerhaftes, graubraunes Holz, das etwas an Eiche erinnert und vor allem für hochwertige Möbel verwendet wird. Seinen deutschen Namen teilt er mit anderen rosa blühenden *Tabebuia*-Arten (Foto rechts), darunter der mehr subtropische Echte Ipé-Baum *(T. impetiginosa)*. Weitere Arten blühen gelb (S. 82).

Bäume — Blätter gefingert oder fingerteilig

Strahlenaralie

Schefflera actinophylla
Familie: Efeugewächse, *Araliaceae*

Wichtigste Kennzeichen: Blätter sehr groß, gefingert. Blüten und Früchte oberhalb der Blätter, in kurz gestielten Knäueln an bis zu 1 m langen, strahlenförmig spreizenden Blütenstandszweigen.
Wuchsform: Selten mehr als 10 m hoch, soll in der Natur 30 m erreichen können; meist mit nur wenigen, steil nach oben wachsenden Zweigen; in Kultur oft als Strauch gehalten.
Blätter: Am Ende der Zweige gehäuft, lang gestielt, mit 7–18 glänzend dunkelgrünen, speichenähnlich gestielten, etwas hängenden, bis zu 30 cm langen und 10 cm breiten Fingerblättchen.
Blüten: Klein, rosa bis rot, drei- bis neunzählig.
Früchte: Kleine, purpurn bis fast schwarz gefärbte Steinfrüchte mit 4–9 Kernen.
Vorkommen: Häufige Zierpflanze; stammt aus Neuguinea und Nordaustralien.
Weitere Namen: »Regenschirmbaum«, »Tintenfischbaum«, Englisch »Octopus Tree«, »Umbrella Tree«, Spanisch »Arbol Paraguas«, »Pulpo«.
Wissenswertes: Wie viele andere der rund 650 *Schefflera*-Arten kann auch die Strahlenaralie auf anderen Bäumen keimen und heranwachsen, dann Luftwurzeln nach unten senden und schließlich ihren Wirt überwachsen (vgl. Banyan, S. 120). Die Jungpflanzen müssen also sehr genügsam sein, und das macht sie geeignet als Zimmerpflanzen. Auch viele andere Mitglieder der Efeu-Familie werden als dekorative Grünpflanzen gehalten. Wirtschaftliche Bedeutung haben vor allem der Reispapier-Strauch *(Tetrapanax papyrifer)*, aus dessen Mark das so genannte chinesische Reispapier hergestellt wird (nicht etwa aus Reis), und die als Ginseng gehandelten Arten (*Panax ginseng*, *P. pseudoginseng*, *P. quinquefolius* und *Eleutherococcus senticosus*), die als Stärkungsmittel gelten.

Wasserkastanie

Pachira aquatica
Familie: Wollbaumgewächse, *Bombacaceae*

Wichtigste Kennzeichen: Blätter gefingert. Blüten sehr groß, hell, mit 5 langen, schmalen Kronblättern und einem Pinsel aus sehr vielen, im oberen Teil rot gefärbten Staubblättern. Früchte groß, hellbraun, kurz behaart.
Wuchsform: Bis 20 m hoch, mit glatter, graubrauner Rinde und meist kleiner Krone, manchmal mit Brettwurzeln.
Blätter: Wechselständig, bis zu 25 cm lang gestielt, mit 5–9 kurz gestielten, länglichen, bis zu 30 cm langen Fingerblättchen.
Blüten: Einzeln oder bis zu 3 zusammen, 20 bis 35 cm groß, Kronblätter bis 2 cm breit, cremeweiß bis grünlich- oder bräunlichgelb, selten mit roter Spitze; die über 200 fadenförmigen Staubblätter unten weiß oder gelb, oben rot.
Früchte: Fast kugelig bis länglich-elliptisch, 20–40 cm lang, mit 5 flachen Längsfurchen, an denen die Kapsel bei Reife öffnet; innen wenige, meist längliche, bis zu 6 cm lange, braune Samen.
Vorkommen: Häufig als Straßenbaum gepflanzt; ursprünglich tropisches Amerika.
Weitere Namen: Englisch »Guiana Chestnut«, »Provision Tree«, »Saba Nut«, Französisch »Cacao Sauvage«, »Châtaignier Marron«, Spanisch »Amapola«, »Castaño de Agua«, »Oje«, »Palo de Boya«, »Tetón«, »Zapote de Agua«.
Wissenswertes: Die Wasserkastanie wächst wild vor allem in regelmäßig überschwemmten Bereichen. Ihre Samen sind schwimmfähig und keimen oft schon im Wasser. Wenn sie an Land gespült werden, kann die Jungpflanze sofort weiterwachsen. Die auch als »Sabanüsse« bezeichneten Samen sind gekocht oder geröstet essbar. Ebenfalls häufig gepflanzt wird *P. insignis*, mit roten Kronblättern und weißen Staubblättern.

81

Bäume — Blätter gefingert oder fingerteilig

Butterblumenbaum

Cochlospermum vitifolium
Familie: Annatogewächse, *Bixaceae*

Wichtigste Kennzeichen: Tief handförmig gelappte Blätter. Gelber Milchsaft. Im blattlosen Zustand von großen gelben Blüten bedeckt. Kompliziert öffnende Kapseln mit wollig behaarten Samen.

Wuchsform: Meist kleiner, wenig verzweigter Baum, selten bis 20 m hoch und 50 cm dick. Rinde an jungen Ästen rotbraun, an alten silbrig.

Blätter: Wechselständig, lang gestielt, tief 5 bis 7-lappig, mit herzförmiger Basis, bis zu 40 cm lang, Rand meist mit Zähnchen; in der Trockenzeit abfallend.

Blüten: In Rispen am Ende der Zweige, bis 12 cm groß, mit derben Kelchblättern, 5 goldgelben, an der Spitze etwas eingebuchteten Kronblättern und zahlreichen Staubblättern.

Früchte: Eiförmige, etwa 10 cm lange Kapseln, mit 3–5 Klappen. Bei Reife trennt sich der äußere Teil der Fruchtwand vom inneren. Innen zahlreiche Samen mit wolligen, weißen Haaren.

Vorkommen: Vor allem in wechselfeuchten Gebieten; ursprünglich von Mexiko bis Peru und Brasilien.

Weitere Namen: Englisch »Buttercup Tree«, »Wild Cotton«, Spanisch »Bototo«, »Carnestolenda«, »Poro Poro«, »Rosa Amarilla«.

Wissenswertes: In der Trockenzeit leuchten die »Butterblumen« weithin von den kahlen Bäumen. In Kultur findet man häufig Formen mit rosenähnlich gefüllten Blüten. Extrakte der Rinde dienen der Landbevölkerung für eine Vielzahl medizinischer Zwecke. Die Samenhaare können wie Kapok (S. 84) genutzt werden. In Asien sieht man häufiger die dort heimische Art (*C. religiosum*), die ebenfalls als »Buttercup Tree« bezeichnet wird. Sie hat etwas dickere, knotige Zweige und etwas kleinere, 3–5-lappige Blätter mit glattem Rand.

Goldbaum

Tabebuia chrysantha
Familie: Trompetenbaumgewächse, *Bignoniaceae*

Wichtigste Kennzeichen: Gegenständige Blätter mit 5 Fingerblättchen. Blüten gelb, mit 5 etwas knittrigen Kronlappen.

Wuchsform: Bis 20 m hoch, mit dunkelgrauer, schuppiger Rinde.

Blätter: In der Trockenzeit abfallend; Blättchen länglich, unterseits behaart, das mittlere bis 17 cm lang, 9 cm breit und 3 cm lang gestielt, die seitlichen kleiner und kürzer gestielt.

Blüten: In dichten Büscheln am Ende der zur Blütezeit blattlosen Zweige, bis 6,5 cm groß, Kelch 5-lappig; Kronröhre oft mit feinen roten Streifen im Eingang, innen behaart, darin 2 längere und 2 kürzere Staubblätter.

Früchte: Stabförmige Kapseln, bis 50 cm lang und 2 cm dick, mit 2 Klappen aufspringend, mit vielen geflügelten Samen.

Vorkommen: Einer der häufigsten Zierbäume; ursprünglich tropisches Amerika.

Weitere Namen: »Gelber Ipé-Baum«, Englisch »Gold Tree«, »Yellow Poui«, Spanisch »Amapa Prieta«, »Araguaney«, »Cortez Amarillo«, »Guayacán«, »Matasilisguate«, »Primavera«, »Roble Amarillo«, »Verdecillo«.

Wissenswertes: Der Goldbaum steht hier stellvertretend für eine ganze Reihe gelb blühender *Tabebuia*-Arten (rosa siehe S. 78), die alle die gleichen Volksnamen tragen und häufig als Zierbäume kultiviert werden. Auch ihr hartes, schweres Holz ist sehr begehrt, zumal es in allen Schattierungen von Gelb bis dunkel Olivbraun mit feinen gelben Punkten vorkommt. Das Holz von *T. guayacan* gilt als das dauerhafteste im tropischen Amerika, denn die Stämme dieser Art stehen noch heute dort im Wasser, wo beim Bau des Panamakanals der Wald überflutet wurde. Die Rinde mehrerer *Tabebuia*-Arten ist als Lapacho-Tee im Handel.

Bäume — Blätter gefingert oder fingerteilig

Kapokbaum

Ceiba pentandra
Familie: Wollbaumgewächse, *Bombacaceae*

Wichtigste Kennzeichen: Mächtiger Baum mit dickem Stamm. Blätter gefingert. Blüten weißlich, mit 5 Staubblättern. Früchte mit Wolle gefüllt.

Wuchsform: Bis zu 70 m hoch. Junge Bäume mit kegeligen Stacheln am Stamm und fast rechtwinklig abstehenden Ästen in regelmäßigen Abständen; alte Bäume mit gewaltigen Brettwurzeln und schirmförmiger Krone.

Blätter: In der Trockenzeit abfallend, lang gestielt, mit 5–9 Fingerblättchen, jeweils etwa 10–20 cm lang.

Blüten: In Dolden, mit grünem, becherförmigem Kelch, 5 rötlich- bis grünlichweißen, etwa 2,5 cm langen, behaarten Kronblättern und 5 langen Staubblättern mit gelben Staubbeuteln. Meist im blattlosen Zustand blühend.

Früchte: Längliche Kapseln, bis 15 cm lang, mit 5 Klappen aufspringend, dicht gefüllt mit bräunlichweißer Wolle, darin bis zu 100 dunkelbraune Samen.

Vorkommen: In allen Tropengebieten; ursprünglich aus Mittel- und Südamerika.

Weitere Namen: »Wollbaum«, Englisch auch »Silk Cotton Tree«, Portugiesisch »Sumaúma«, Spanisch »Ceiba«.

Wissenswertes: Im tropischen Amerika überragt der Kapokbaum den Regenwald. Den Ureinwohnern schien er deshalb den Himmel zu tragen. Seine Blüten riechen nach saurer Milch und werden von Fledermäusen bestäubt. Die aus der Innenwand der Früchte hervorgehende Wolle ist als Kapok im Handel (siehe auch S. 78). Die Fasern sind zu glatt zum Verspinnen, aber wasserabweisend und luftgefüllt. Sie eignen sich daher gut als Füllung für Outdoor-Jacken und Schwimmwesten. Aus den Samen wird ein Öl gepresst, das wegen seines hohen Gehalts an Linolsäure für Speiseöl geschätzt wird.

Affenbrotbaum

Adansonia digitata
Familie: Wollbaumgewächse, *Bombacaceae*

Wichtigste Kennzeichen: Kurzer, auffällig dicker Stamm, die wenigen Hauptäste oft scheinbar herablaufend. Blätter gefingert, in der Trockenzeit abfallend. Blüten auffällig groß, weiß, hängend.

Wuchsform: Baum mit breit ausladender Krone, Stamm meist kaum mehr als doppelt so lang wie dick, manchmal sogar dicker als lang und bizarr geformt.

Blätter: Wechselständig, mit meist 5–7 länglichen, bis 15 cm langen Fingerblättchen.

Blüten: Einzeln, hängend, weiß, bis 20 cm Durchmesser, mit 5 Kelchblättern und 5 etwas fleischigen, gewellten, oft zurückgeschlagenen Kronblättern. Staubfäden zahlreich, etwa zur Hälfte ihrer Länge zu einer Mittelsäule verbunden, die nach der Blüte zusammen mit den Kronblättern abfällt. Griffel etwas länger als die Staubfäden, meist zurückgekrümmt.

Früchte: Eiförmig oder länglicher, 12–20 cm lang, graufilzig, mit holziger Schale, mehligem, weißlichem Fruchtfleisch und zahlreichen Samen.

Vorkommen: Zuweilen in Parks gepflanzt; beheimatet im Savannengürtel des südlichen Afrika (Namibia, Botswana, Simbabwe, Mozambique, Südafrika).

Weiterer Name: »Baobab«.

Wissenswertes: Die Blüten verströmen nachts einen unangenehmen Geruch und werden von Fledermäusen bestäubt. Der mächtige Stamm besitzt ein sehr weiches Holz, das große Mengen Wasser speichern kann. Dennoch ist der Baum oft monatelang kahl. Alte Exemplare erreichen 9 m Durchmesser, sind oft hohl und dienen zuweilen sogar als Hütte. Manche der zahlreichen traditionellen Nutzungen des Affenbrotbaums haben einen magischen Hintergrund, der sicher auf dessen bizarre Gestalt zurückzuführen ist.

Bäume — Blätter gefingert oder fingerteilig

Kürbis-Kerzenbaum

Parmentiera aculeata
Familie: Trompetenbaumgewächse, *Bignoniaceae*

Wichtigste Kennzeichen: Zweige mit kurzen, dicken Dornen. Blätter mit 3 Fingerblättchen. Blüten runzelig, grünlichweiß, meist rötlich geadert. Früchte gurkenähnlich.
Wuchsform: Bis 10 m hoch, mit kurzem Stamm und breiter Krone.
Blätter: Gegenständig oder in Büscheln, mit verbreitertem Stiel und 3 elliptischen, 1,5 bis 7 cm langen und 0,5–3 cm breiten Blättchen, das mittlere größer als die seitlichen, am Rand meist gesägt.
Blüten: Einzeln oder in Büscheln am Stamm und am Ende der Zweige. Kelch auf der Unterseite gespalten, 2,5–4 cm lang. Kronröhre 5 bis 7 cm lang, leicht gekrümmt, mit 4-lappigem Saum. Griffel und die 2 längeren der 4 Staubblätter etwas aus der Röhre ragend.
Früchte: Langgestreckt, gelblichgrün, 10 bis 25 cm lang, 3–5 cm dick, mit deutlichen Längsrippen, am Ansatz des Stiels mit einem Wulst.
Vorkommen: Vor allem im tropischen Amerika häufig gepflanzt, in Australien eingebürgert; stammt aus Mittelamerika.
Weitere Namen: Englisch »Food Candle Tree«, Spanisch »Chote«, »Cuajilote«.
Wissenswertes: Die Blüten des Kürbis-Kerzenbaums verströmen nachts einen süßlichen Geruch und werden von Fledermäusen bestäubt. Seine Früchte sind roh oder gekocht essbar. Ihr glasiges Fruchtfleisch mit vielen flachen Samen erinnert etwas an Gurken, doch ihr Geschmack ist eher erbsenähnlich. Im tropischen Amerika sieht man noch öfter den Echten Kerzenbaum *(P. cereifera)*. Er hat keine Dornen und 30–130 cm lange, aber nur bis 2,5 cm dicke Früchte, die glatt und wachsartig, wie handgezogene Kerzen aussehen. Sie sind ebenfalls essbar, aber von minderer Qualität.

Kautschukbaum

Hevea brasiliensis
Familie: Wolfsmilchgewächse, *Euphorbiaceae*

Wichtigste Kennzeichen: Glatte hellgraue Rinde, meist mit diagonalen Einschnitten. Reichlich Milchsaft. Blätter dreizählig gefingert. Samen groß, braun gefleckt.
Wuchsform: Bis 30 m hoch, reich verzweigt, meist mit schlanker Krone.
Blätter: Wechselständig, lang gestielt, in der Trockenzeit abfallend. Fingerblättchen langgestreckt, meist um 15 cm lang, unterseits bläulich bewachst.
Blüten: Grünlichweiß, etwa 5 mm groß, in Rispen am Ende der Zweige.
Früchte: Dreifächrige Kapseln, bis 5 cm groß, öffnen mit lautem Knall und schleudern die Samen (1 pro Fach, bis zu 3,5 cm groß) bis zu 15 m weit (Foto rechts).
Vorkommen: In allen feucht-tropischen Gebieten, meist in Plantagen; ursprünglich südliches Amazonasgebiet.
Weitere Namen: Englisch »Pará Rubber«, Französisch »Caouchouc«, Portugiesisch »Seringa«, Spanisch »Caucho«.
Wissenswertes: Der Kautschukbaum ist die wichtigste technische Nutzpflanze. Er liefert rund 95% des Naturkautschuks, und die Zahl der daraus gefertigten Produkte wird auf etwa 50 000 geschätzt. Der latexhaltige Milchsaft wird durch diagonales Einschneiden der Rinde gewonnen. Rohgummi ist bei Hitze klebrig und bei Kälte brüchig; erst die Erfindung der Vulkanisation (1839) machte es vielseitig nutzbar und löste einen Kautschukboom in Brasilien aus. 1876 brachte Henry Wickham 70 000 Samen nach England, wo 2397 davon in den Orchideenhäusern von Kew Gardens keimten. Die meisten Sämlinge wurden in die britischen Kolonien verschifft, wobei sie fast alle zu Grunde gingen. Nur 22 überlebten im Botanischen Garten Singapur; ihre Nachkommen zählen nach Millionen Hektar, vor allem in Malaysia und Indonesien.

Bäume — Blätter einfach, gegenständig

Pohutukawa

Metrosideros excelsa
Familie: Myrtengewächse, *Myrtaceae*

Wichtigste Kennzeichen: Blätter gegenständig. Zweige, Blattunterseiten und Kelche dicht weißgrau behaart. Blütenstände puderquastenartig, karminrot.
Wuchsform: Bis 20 m hoch, mit breiter Krone aus krummen, gewundenen Zweigen; in Kultur oft als Strauch gehalten.
Blätter: Elliptisch bis länglich, bis 10 cm lang, dunkelgrün, ledrig, meist mit nach unten umgerolltem Rand, etwas zugespitzt, aber meist eher stumpf.
Blüten: In dichten Büscheln, mit 5 wollig behaarten Kelchblättern, 5 winzigen roten Kronblättern, sehr vielen, bis zu 4 cm langen, karminroten Staubfäden, gelben Staubbeuteln und einem gelbgrün glänzenden Nektarring um den Griffel.
Früchte: Dreiklappige Kapseln, bis 1 cm groß, gekrönt von den Kelchblättern.

Vorkommen: Als Zierstrauch in Gärten; ursprünglich aus Neuseeland.
Weitere Namen: »Eisenholz«, Englisch auch »Christmas Tree«
Wissenswertes: Der Pohutukawa – sein Volksname stammt aus der Maori-Sprache – ist eine der 5 baumförmigen *Metrosideros*-Arten Neuseelands. Sie alle werden auch als »Eisenholz« bezeichnet, doch dieser Name gilt für fast alle Bäume, deren Holz extrem hart oder schwerer als Wasser ist. Den Namen »Christmas Tree« erhielt er, weil er meist um die Weihnachtszeit zur Blüte kommt. Häufig wird der Pohutukawa mit *M. robusta* verwechselt, doch diese Art wird nur selten gepflanzt, da sie allzu rasch wächst. Sie unterscheidet sich durch kahle, meist kleinere Blätter. Der häufigste Baum auf Hawaii ist *M. polymorpha*. Sein Artname bedeutet »die Vielgestaltige« und trifft für diese Art wie für kaum eine andere: Wuchsform, Blattform und Behaarung sind außerordentlich variabel.

Malayenapfel

Syzygium malaccense
Familie: Myrtengewächse, *Myrtaceae*

Wichtigste Kennzeichen: Blätter gegenständig. Blüten rosa bis rotviolett, mit je 4 Kelch- und Kronblättern und Hunderten von Staubblättern. Früchte rosaweiß bis rot, fleischig, mit den Resten von 4 Kelchblättern am etwas eingesenkten Ende.
Wuchsform: Bis zu 25 m hoch, mit sehr dichter, oft kegelförmiger Krone.
Blätter: Bis 35 cm lang, länglich-elliptisch, etwas zugespitzt, ledrig, oberseits dunkelgrün, unterseits heller.
Blüten: In Gruppen von bis zu 12, überwiegend an älteren Zweigen, unter dem Laub verborgen, an Rasierpinsel erinnernd, bis 5 cm groß; Kronblätter bis 2 cm groß, aber dennoch unscheinbar im Vergleich zu den Staubblättern.
Früchte: Ei- bis birnenförmig, 5–12 cm lang, mit weißem Fruchtfleisch und 1 großen Samen.

Vorkommen: Vor allem in Gärten; heimisch in der malaiischen Inselwelt.
Weitere Namen: »Apfeljambuse«, Englisch »Malay Apple«, »Mountain Apple«, »Ohia«, »Otaheite Apple«, »Pomerac«, Französisch »Jamelac«, »Pomme de Tahiti«, »Pomme de Malaisie«, »Pomme Malac«, Portugiesisch »Jambo«, Spanisch »Manzana Malaya«, »Marañon Japonés«, »Pera de Agua«, »Pomagás«, »Pomalaca«, »Pomarosa de Malaca«.
Wissenswertes: Der Malayenapfel wird als Zier- und Fruchtbaum gepflanzt. Seine Früchte schmecken ähnlich wie wenig aromatische Apfelsorten. Meist fügt man deshalb Gewürze hinzu, wenn sie zu Desserts oder Marmelade verarbeitet werden. Ähnliches gilt für die Früchte der übrigen Arten. Beim Wachsapfel *(S. samarangense)* und beim sehr ähnlichen Wasserapfel *(S. aqueum)* sind sie wachsartig weiß bis rosa, etwas kleiner und kreiselförmig, bei der Javapflaume *(S. cumini)* dagegen pflaumenartig oval und purpurn.

 # Bäume Blätter einfach, gegenständig

Rose von Indien

Lagerstroemia speciosa
Familie: Weiderichgewächse, *Lythraceae*

Wichtigste Kennzeichen: Blätter gegenständig. Blütenblätter meist 6, hellviolett bis rosa, etwas zerknittert aussehend.
Wuchsform: Bis 30 m hoch, in Kultur meist nur bis 10 m, mit breiter Krone.
Blätter: Länglich, bis 25 cm lang, zugespitzt, in der Trockenzeit abfallend, kurz davor dunkelrot verfärbt.
Blüten: In bis zu 35 cm langen, aufrechten Blütenständen am Ende der Zweige, bis 8 cm groß, mit etwas gestielten, meist pink gefärbten (selten weißen) Kronblättern und vielen gelben Staubblättern.
Früchte: Kugelig bis eiförmig, 3–6 cm lang, braun, mit meist 6 Klappen öffnend.
Vorkommen: Häufig als Straßen- und Parkbaum; ursprünglich von Indien bis China und Nordaustralien verbreitet, in den amerikanischen Tropen eingebürgert.

Weitere Namen: Englisch »Crepe Myrtle«, »Pride of India«, »Queen Flower«, »Rose of India«, Spanisch »Astromelia«, »Astromero«, »Flor de la Reina«.
Wissenswertes: Die Rose von Indien ist nicht nur ein beliebter Zierbaum, auch ihr rötliches Holz ist sehr begehrt. Da es sogar im tropischen Klima sehr dauerhaft ist, wird es gern für Eisenbahnschwellen und zum Bau von Häusern und Booten benutzt. Von den rund 50 *Lagerstroemia*-Arten wird auch die Indische Lagerstroemie (*L. indica*) oft kultiviert. Trotz ihres Namens kommt sie nicht aus Indien, sondern aus Ostasien. Sie bleibt niedriger und hat nur bis 6 cm lange, rundlichere Blätter und etwas kleinere Blüten, deren Kronblätter noch stärker zerknittert aussehen. Meist sind sie ähnlich gefärbt wie bei der Rose von Indien, sie können aber auch hellrot sein. Da diese Art bis –10 °C winterhart ist und heiße Sommer braucht, wächst sie auch gut am Mittelmeer und in manchen Gebieten der USA.

Klusie

Clusia major
Familie: Klusiengewächse, *Clusiaceae*

Wichtigste Kennzeichen: Blätter groß, dick ledrig, verkehrt-eiförmig. Blüten groß, rosa bis weiß, eingeschlechtig.
Wuchsform: Bis zu 20 m hoher Baum mit glatter Rinde, in Kultur oft strauchig gehalten, mit klebrigem Harz in allen Teilen; oft mit Luftwurzeln.
Blätter: Gegenständig, bis 20 cm lang und 11 cm breit, am Ende breit gerundet, sehr steif, mit kräftiger Mittelrippe und unscheinbaren Seitennerven.
Blüten: Einzeln oder 2 zusammen, 5–8 cm groß, mit 4–6 breiten Kelchblättern und 4–8 Kronblättern. Männliche Blüten mit vielen Staubblättern, weibliche mit 6–16 Narben auf dem kugeligen Fruchtknoten.
Früchte: Fast kugelig, 4–6 cm groß, grün oder rötlich überlaufen, mit bleibenden, rotbraunen Kelchblättern, bei Reife sternförmig mit 6–16 Klappen öffnend; Samen weiß, mit roter Hülle.
Vorkommen: Heimisch in Mittelamerika, der Karibik und im nördlichen Südamerika; anderswo eher selten kultiviert.
Weitere Namen: Englisch »Autograph Tree«, »Scottish Attorney«, Spanisch »Copey«, »Tampaco«.
Wissenswertes: Die zähen Blätter der Klusie bleiben selbst dann jahrelang am Baum, wenn sie verletzt werden. Auf diese Eigenschaft gehen die beiden englischen Namen zurück, denn nicht selten sieht man Blätter mit eingeritzten Namen. Da die Klusie, ähnlich wie viele Feigen (S. 120), als Baumwürger wachsen kann, wird sie manchmal auch als »Matapalo« (Baumtöter) bezeichnet. Auch andere der rund 150 *Clusia*-Arten werden gelegentlich gepflanzt. *C. grandiflora* blüht größer, aber meist spärlicher, *C. minor* dagegen kleiner, aber reichlicher. Das Harz aller Arten kann zum Abdichten von Booten verwendet werden.

Bäume   Blätter einfach, gegenständig

Teakbaum

Tectona grandis
Familie: Lippenblütler, *Lamiaceae*

Wichtigste Kennzeichen: Junge Zweige vierkantig. Blätter groß, gegenständig, oberseits rau, unterseits behaart. Blüten klein, in reich verzweigten Rispen.
Wuchsform: Bis 45 m hoch, mit grauer, längsrissiger Borke und meist schlanker, oft etwa kegelförmiger Krone.
Blätter: Elliptisch bis breit-eiförmig, etwas zugespitzt, mit unterseits stark hervortretenden Nerven, bis 40 cm lang und 25 cm breit (bei jungen Bäumen bis 80 cm lang und 40 cm breit), in der Trockenzeit abfallend.
Blüten: Bis 1 cm groß, 5-7-zählig, in bis zu 50 cm langen, insgesamt cremefarbenen Rispen.
Früchte: Bis 1,5 cm groß, fleischig, mit bis zu 4 Steinkernen; in einer trockenen, etwa 2,5 cm großen, unregelmäßig rundlichen, gelbgrünen bis beigebraunen Hülle (Foto rechts).
Vorkommen: Heimisch von Indien bis Thailand, in Wäldern mit ausgeprägter Trockenzeit; in allen Tropengebieten häufig gepflanzt, auch in Plantagen.
Weitere Namen: Englisch »Indian Oak«, »Teak«, Französisch »Teck«, Indonesisch »Djati«, Spanisch »Teca«.
Wissenswertes: Der Teakbaum liefert eines der wertvollsten Tropenhölzer. Es widersteht Seewasser, Termiten und Pilzen, ist aber im Gegensatz zu anderen, ähnlich resistenten Hölzern relativ leicht zu bearbeiten und attraktiv gefärbt. Bis zur Mitte des 19. Jahrhunderts gingen große Mengen Teakholz in den Schiffbau, und noch heute ist es begehrt für hochwertige Möbel und Furniere. Der Baum wurde bisher zu den Eisenkrautgewächsen *(Verbenaceae)* gestellt, doch das hat sich kürzlich als Irrtum erwiesen. Der indonesische Name »Djati« wird hier genannt, weil er in ganz Südostasien sowohl für den Teakbaum als auch für ganze Teakwälder gebräuchlich ist.

Rosenapfel

Syzygium jambos
Familie: Myrtengewächse, *Myrtaceae*

Wichtigste Kennzeichen: Blätter gegenständig. Blüten cremeweiß, mit je 4 Kelch- und Kronblättern und Hunderten von Staubblättern. Früchte fleischig, gekrönt von 4 grünlichen Kelchblättern.
Wuchsform: Bis zu 12 m hoch, mit breiter, dichter Krone, in Kultur oft als Strauch gehalten.
Blätter: Bis 20 cm lang, langgestreckt und fein zugespitzt, ledrig, oberseits dunkelgrün und glänzend, unterseits heller und matt.
Blüten: Meist in Gruppen von 3-5, an Rasierpinsel erinnernd, bis 6 cm groß, Kronblätter bis 2 cm groß, aber dennoch unscheinbar im Vergleich zu den Staubblättern.
Früchte: Rundlich bis birnenförmig, 3-5 cm groß, grün bis blass gelblich, mit 1 oder 2 großen rundlichen Samen.
Vorkommen: Ursprünglich aus dem tropischen Asien; häufig in Gärten gepflanzt und in vielen Gebieten verwildert.
Weitere Namen: »Aprikosenjambuse«, Englisch »Plum Rose«, »Rose Apple«, Französisch »Jambosier«, »Pomme Rose«, Portugiesisch »Jambeiro«, »Jambo Amarelo«, Spanisch »Jambo«, »Manzanito«, »Pomarosa«.
Wissenswertes: Das feste, blass gelbliche Fruchtfleisch des Rosenapfels duftet nach Rosen und schmeckt schwach süß-säuerlich. Die Früchte werden als Obst gegessen oder zu Marmelade verarbeitet. Sie sind nur wenig lagerfähig und werden daher kaum exportiert. Mehrere nahe verwandte Arten werden ähnlich genutzt (siehe Malayenapfel, S. 88). Wirtschaftlich wichtiger ist die Gewürznelke *(S. aromaticum)*. Ihre Blütenknospen dienen nicht nur als Gewürz, aus ihnen wird auch ein Öl destilliert, das in Zahnpasta und zur Herstellung von Vanillearoma Verwendung findet.

Bäume — Blätter einfach, wechselständig

Flammenbaum

Brachychiton acerifolius
Familie: Kakaogewächse, *Sterculiaceae*

Wichtigste Kennzeichen: Meist sowohl gelappte als auch einfache Blätter an einem Baum. Korallenrote Blüten, zu vielen in großen Blütenständen.
Wuchsform: Bis 35 m hoch, Stamm bis oben durchgehend, Rinde glatt oder leicht längsrissig.
Blätter: Wechselständig, lang gestielt, glänzend dunkelgrün, bis 20 cm lang; an jüngeren Bäumen mit 3–5(–7) langen Lappen, der mittlere am größten und oft oberhalb seiner Basis wieder etwas verbreitert; an älteren Bäumen immer mehr Blätter immer einfacher, schließlich eiförmig, mit 3 Nerven von der Basis aus. Blätter zur Blütezeit abfallend, oft aber nur an den blühenden Zweigen.
Blüten: Bis 3 cm groß, in bis zu 40 cm langen Rispen. Kelch glockenförmig, kurz 5-lappig; keine Kronblätter. Mittelsäule entweder mit 15 gelben Staubbeuteln oder 5 gelben Fruchtblättern.
Früchte: Dick bohnenartig, 10–20 cm lang, jeweils bis zu 5 zusammen, an langen Stielen hängend. Samen leuchtend gelb, Samenhaare hautreizend.
Vorkommen: Vor allem im südlichen Afrika und in Australien, seiner Heimat.
Weiterer Name: Englisch »Australian Flame Tree«.
Wissenswertes: Große Flammenbäume klingen hohl, wenn man dagegen schlägt. Die Ursache dafür ist ihr sehr leichtes, weiches Holz, das manchmal als Ersatz für Balsaholz verwendet wird. Der Baum ist ausreichend frosthart, um im Mittelmeergebiet gepflanzt zu werden. Die übrigen 30 *Brachychiton*-Arten stammen aus trockeneren Wäldern, und manche können zu Flaschenbäumen heranwachsen. Der »Kurrajong« *(B. populneus)* mit kleineren, außen blassgrünen, innen rot gesprenkelten Blüten ist ein beliebter Straßenbaum in Australien.

Scharlachkordie

Cordia sebestena
Familie: Raublattgewächse, *Boraginaceae*

Wichtigste Kennzeichen: Blätter rau wie Sandpapier und ziemlich steif. Blüten leuchtend (orange)rot, Kronblätter verknittert aussehend.
Wuchsform: Bis zu 10 m hoch, meist kleiner, oft nur strauchig.
Blätter: Wechselständig, breit-elliptisch bis herz- oder eiförmig, bis 20 cm lang.
Blüten: Fast das ganze Jahr vorhanden, in doldenähnlichen Rispen am Ende der Zweige, etwa 2,5 cm groß, mit kurzer grüner Kelchröhre, langer Kronröhre und ausgebreitetem Saum aus 5–7 Kronblättern. Die kleinen, gelblichen Staubblätter kaum länger als die Röhre.
Früchte: Eiförmige, weißliche Steinfrüchte, bis 3 cm lang, mit großem Kern. Fruchtfleisch nur sehr dünn, süß und schleimig. Kelch etwas fleischig.
Vorkommen: Häufige Zierpflanze; ursprünglich aus dem karibischen Raum von Florida bis Venezuela.
Weitere Namen: »Sebestene«, Englisch »Geiger Tree«, »Scarlet Cordia«, Spanisch »Vomitel«, »No-me-olvides«.
Wissenswertes: Die Gattung *Cordia* ist mit rund 320 Arten überall in den Tropen vertreten. Die meisten haben allerdings weiße, eher unscheinbare Blüten. Wegen ihrer sehr rauen Blätter werden sie auch als »Sandpapierbäume« bezeichnet. Der ursprünglich südostasiatische, aber schon von den Polynesiern nach Hawaii gebrachte »Kou« *(C. subcordata)* sieht der Scharlachkordie recht ähnlich, hat aber glänzende Blätter und heller orange Blüten. Sein Holz wird für Drechslerarbeiten sehr geschätzt. Die Früchte der Scharlachkordie werden als Mittel gegen Husten gelutscht. Noch besser eignet sich dazu die etwas größere Myxapflaume *(C. myxa, »Sebesten Plum«)*, die schon den alten Ägyptern bekannt war.

Bäume — Blätter einfach, wechselständig

Sandbüchsenbaum

Hura crepitans
Familie: Wolfsmilchgewächse, *Euphorbiaceae*

Wichtigste Kennzeichen: Alle Teile mit Milchsaft. Stamm mit kegeligen Dornen. Blätter herz- bis eiförmig, mit kräftigen Seitennerven. Blüten purpurn, bizarr geformt. Frucht aus holzigen, wie Orangenscheiben angeordneten Segmenten.
Wuchsform: Bis 25 m hoch, mit kurzem Stamm und breiter Krone.
Blätter: Wechselständig, 20 cm lang gestielt, Spreite bis 25 cm lang, hellgrün, kurz zugespitzt, mit gezähntem Rand.
Blüten: Männliche Blüten (Foto links) knopfartig, etwa 2–5 mm groß, jeweils 60–80 zusammen in bis zu 5 cm langen, kegelförmigen, an bis zu 10 cm langem Stiel herabhängenden Ähren. Weibliche Blüten einzeln, fast nur aus dem flaschenförmigen Fruchtknoten bestehend, bis 6 cm lang, mit 14–20 Narbenstrahlen.
Früchte: Dunkelbraun, abgeflacht-kugelig, bis 5 cm lang und 8 cm dick, aus 14–20 Teilen, explosionsartig aufspringend und dabei die abgeflachten, bis 2 cm großen Samen ausschleudernd.
Vorkommen: Heimisch im tropischen Amerika und dort oft als Straßenbaum oder lebende Zaunpfähle gepflanzt; in Asien stellenweise eingebürgert.
Weitere Namen: Englisch »Sandbox Tree«, Französisch »Sablier«, »Arbre au Diable«, Spanisch »Jabillo«.
Wissenswertes: Der Sandbüchsenbaum verdankt seinen Namen der Tatsache, dass seine Früchte vor der Erfindung des Löschpapiers als Löschsandbehälter benutzt wurden. Wie auch viele andere Wolfsmilchgewächse enthält er einen giftigen Milchsaft, der schon bei Berührung Hautreizungen hervorrufen kann und sogar zur Erblindung führen soll. Der Saft dient auch zum Fischfang: Lässt man ihn in stehende Gewässer tropfen, braucht man die Fische nur noch einzusammeln.

Kanonenkugelbaum

Couroupita guianensis
Familie: Deckeltopfbäume, *Lecythidaceae*

Wichtigste Kennzeichen: Stamm unterhalb der Krone mit vielen, kurzen blattlosen Seitenzweigen, daran große rosarote Blüten und an Kanonenkugeln erinnernde Früchte.
Wuchsform: Bis 35 m hoch, mit rundlicher Krone.
Blätter: Wechselständig, bis 30 cm lang, langgestreckt-elliptisch bis verkehrt-eiförmig, am Ende der Zweige gehäuft; mehrmals im Jahr abfallend.
Blüten: Nahezu das ganze Jahr vorhanden, fast nur an den kahlen Zweigen unterhalb der Krone, 6–10 cm groß, mit 6 tiefroten bis rosa und gelblich gefärbten Kronblättern. In der Mitte ein aus Hunderten von Staubblättern verwachsenes, meist weiß-(rosa-)gelbes Gebilde, dessen obere und untere Seite deutlich verschieden sind.
Früchte: Kugelig, braun, 15–24 cm im Durchmesser, hartschalig, mit angedeutetem Deckel, aber nicht öffnend. Fruchtfleisch breiig, übel riechend, darin viele Samen.
Vorkommen: Meist in Parks; ursprünglich nördliches Südamerika.
Weitere Namen: Englisch »Cannonball Tree«, Französisch »Arbre à Bombes«, Portugiesisch »Castanha de Macaco«, Spanisch »Bala de Cañón«, »Coco del Mono«, »Taparon«.
Wissenswertes: Die Blüten des Kanonenkugelbaums verströmen bei Nacht einen intensiven süßlichen Geruch, der Fledermäuse zur Bestäubung anlockt. Deshalb müssen auch die Blüten außerhalb der Krone präsentiert werden. In Südamerika trägt der Baum fast immer Blüten und Früchte, in Asien dagegen fruchtet er eher selten – vielleicht, weil die richtigen Bestäuber fehlen. Die harte Schale der Früchte wird von Wildschweinen aufgebrochen, die das Fruchtfleisch fressen.

Bäume

Blätter einfach, wechselständig

Orchideenbaum

Bauhinia variegata
Familie: Johannisbrotgewächse, *Caesalpiniaceae*

Wichtigste Kennzeichen: Blätter rundlich-zweilappig. Blüten groß, das obere Kronblatt dunkler als die 4 anderen.
Wuchsform: Bis 12 m hoch, meist kleiner, mit langen, oft etwas überhängenden Zweigen; selten strauchig.
Blätter: Wechselständig, 5–20 cm lang, am Grund rundlich bis herzförmig, an der Spitze breit eingekerbt, bis etwa 1 Drittel der Länge.
Blüten: Einzeln oder in wenigblütigen Rispen am Ende der Zweige, 8–12 cm groß, meist rosa oder blassviolett, mit 5 nach oben gebogenen Staubblättern.
Früchte: Bis 30 cm lang und 2 cm breit, abgeflacht, holzig, glatt, braun, bei Reife in zwei Teile zerspringend.
Vorkommen: Häufig in Gärten; ursprünglich von Indien bis Südchina verbreitet.
Weitere Namen: Englisch »Buddhist Bauhinia«, »Bull Hoof«, »Orchid Tree«, Französisch »Deux Jumelles«, Spanisch »Arbol Orquidea«, »Calzoncillo«, »Pata de Cabra«, »Pata de Vaca«, »Urape Morado«, »Urape Orquidea«.
Wissenswertes: Die Blüten des Orchideenbaums erinnern an große Orchideen (*Cattleya*, S. 246), mit denen er jedoch nicht verwandt ist. Sie können hell rotviolett, zartrosa oder weiß sein, mit rosa Streifen oder einem violetten Fleck auf dem oberen Kronblatt, oder nur mit gelbgrünen Nerven ('Candida'). Auch viele andere der rund 300 *Bauhinia*-Arten werden kultiviert (S.172, 202). In Asien ist der Hongkong-Orchideenbaum (*B. blakeana*; Foto rechts) besonders häufig, der nie Früchte trägt. Vermutlich ist er ein Mischling zwischen *B. variegata* und der sehr ähnlichen *B. purpurea*, die meist etwas dunklere Blüten mit helleren Nerven hat. Rot gepunktete Kronblätter und nur 1 Staubblatt kennzeichnen *B. monandra*.

Hortensienbaum

Dombeya wallichii
Familie: Kakaogewächse, *Sterculiaceae*

Wichtigste Kennzeichen: Große, herzförmige bis schwach gelappte Blätter mit meist 7 Hauptnerven, die strahlenförmig vom Ansatzpunkt des Blattstiels ausgehen. Blüten rosarot, in an langen Stielen herabhängenden Blütenköpfen.
Wuchsform: Kleiner Baum, selten 10 m Höhe erreichend, gelegentlich strauchig.
Blätter: Wechselständig, bis 25 cm lang gestielt, mit großen Nebenblättern. Blattfläche bis 30 cm breit, oberseits rau, unten weich behaart. Blattrand gezähnt.
Blüten: Dicht gedrängt in halbkugeligen, kopfartigen Dolden von bis zu 15 cm Durchmesser, anfangs von großen grünen Hüllblättern eingeschlossen. Einzelblüten bis 2,5 cm lang, ihre zahlreichen Staubblätter zu einer Säule verbunden, die gelben Staubbeutel frei.
Früchte: Kleine Kapseln mit vielen Samen, fast bis zur Reife von den verwelkten Resten der Blüten umschlossen.
Vorkommen: In Parks und Gärten; ursprünglich auf Madagaskar.
Weitere Namen: Englisch »Hydrangea Tree«, »African Mallow«, »Mexican Rose«, »Pink Ball Tree«.
Wissenswertes: Trotz seines deutschen (und eines englischen) Namens ist der Hortensienbaum nicht etwa mit der Hortensie *(Hydrangea)*, sondern eher mit dem Kakao verwandt. Die Gattung *Dombeya* umfasst insgesamt rund 230 Arten, davon fast 190 aus Madagaskar. Die übrigen Arten stammen aus Afrika und von den Maskarenen. Die meisten haben kleinere Blütenstände ohne Hüllblätter, und nur wenige sind ähnlich attraktiv wie der Hortensienbaum, doch weitaus seltener zu sehen. Manche Arten, vor allem aus Südafrika, ertragen allerdings leichten Frost, sodass sie auch im Mittelmeergebiet noch kultiviert werden können.

Bäume

Blätter einfach, wechselständig

Kalebassenbaum

Crescentia cujete
Familie: Trompetenbaumgewächse, *Bignoniaceae*

Wichtigste Kennzeichen: Kleiner, selten gerader Baum. Blätter in Büscheln. Blüten mit gekrümmter Röhre und 5 runzeligen Zipfeln. Früchte sehr groß.
Wuchsform: Bis 10 m hoch, oft schräg oder mit Zweigen vom Grund an; Zweige lang überhängend, die jungen vierkantig.
Blätter: Wechselständig, in Büscheln an kurzen Seitentrieben, langgestreckt verkehrteiförmig, bis 12 cm lang.
Blüten: Am Stamm und an den Zweigen, kurz gestielt, bis 7,5 cm groß; Kelch grün, 2-lappig; Krone breit-röhrenförmig, nach unten gekrümmt, meist braunrot (von cremeweiß über gelb und grünlich bis dunkelviolett).
Früchte: Kugelig bis elliptisch, 10–40 cm lang, grün bis gelb, nach dem Abfallen braun; Schale holzig, etwa 5 mm dick; Fruchtfleisch breiig, weißlich bis leicht bläulich, darin viele flache, schwarze Samen.
Vorkommen: In Parks und Gärten, vor allem in wechselfeuchten Gebieten; ursprünglich aus dem karibischen Raum.
Weitere Namen: Englisch »Calabash Tree«, »Gourd Tree«, Französisch »Calebassier«, Spanisch »Calabasa«, »Cujete«, »Higüero«, »Taparo«, »Totumo«.
Wissenswertes: Die holzige Schale der Früchte des Kalebassenbaums wird zu Rhythmusinstrumenten und zu Gefäßen aller Art verarbeitet. Nicht selten werden die Früchte dazu schon beim Heranwachsen abgebunden, um andere Formen zu erzielen. Selten werden in der Karibik auch Fruchtfleisch und Samen gegessen, doch ist dabei größte Vorsicht geboten, denn roh sind sie giftig. In Asien sieht man häufiger die nahe verwandte *Crescentia alata*. Sie unterscheidet sich durch dreizählig gefingerte Blätter mit blattartig verbreitertem Stiel. Beide Arten werden von Fledermäusen bestäubt.

Kalebassen-Muskatnuss

Monodora myristica
Familie: Schuppenapfelgewächse, *Annonaceae*

Wichtigste Kennzeichen: Blätter meist etwas blaugrau bewachst, die jüngsten rötlich. Blüten groß, dreizählig, mit gebogenen und am Rand gewellten äußeren Kronblättern, blassgelb mit dunkelroten Flecken.
Wuchsform: Bis zu 35 m hoch, mit dichter Krone; in Kultur oft als Strauch.
Blätter: Wechselständig, länglich, bis 50 cm lang und 20 cm breit, mit kurzer Spitze, am Grund gerundet bis herzförmig.
Blüten: Einzeln an bis zu 25 cm langen Stielen hängend, mit 3 Kelchblättern und 6 Kronblättern, die 3 äußeren bis 10 cm lang, stark gebogen und gewellt, die 3 inneren bis 5 cm lang, blasser, zu einem Kegel zusammenneigend, innen viele winzige Staubblätter und 1 Fruchtblätter.
Früchte: Fast kugelig, bis 15 cm groß, grün bis schwarzbraun, mit holziger Schale und weißem Fruchtfleisch, darin viele 1–2 cm große Samen.
Vorkommen: Stammt aus dem tropischen Afrika; dort und in der Karibik häufig, sonst seltener anzutreffen.
Weitere Namen: Englisch »African (false) Nutmeg«, »Calabash Nutmeg«, »Jamaica Nutmeg«, in Zentralafrika »Mbende«.
Wissenswertes: Als »African Nutmeg« werden mehrere *Monodora*-Arten gehandelt, deren Samen einen ähnlichen Geruch haben und ähnlich verwendet werden wie die echte Muskatnuss *(Myristica fragrans)*, mit der sie jedoch nicht näher verwandt sind. Wegen ihrer bizarren Blüten werden sie auch als Orchideenbäume bezeichnet. Neben der Kalebassen-Muskatnuss wird auch die nahe verwandte *Monodora tenuifolia* häufiger gepflanzt. Sie besitzt zierlichere Blüten mit ausgebreiteten äußeren und kleinen, einander mit den Spitzen berührenden inneren Kronblättern.

Bäume   Blätter einfach, wechselständig

Öhrchen-Akazie

Acacia auriculaeformis
Familie: Mimosengewächse, *Mimosaceae*

Wichtigste Kennzeichen: Blätter schmal und langgestreckt, meist etwas sichelförmig gekrümmt, mit 3 feinen, etwa gleich starken Nerven. Blütenstände wie gelbe Pfeifenreiniger. Früchte stark gekrümmt und gewellt.
Wuchsform: Bis 25 m hoch, reich verzweigt; seltener strauchig.
Blätter: Wechselständig, bis 16 cm lang und 3 cm breit, Ober- und Unterseite kaum zu unterscheiden.
Blüten: Viele zusammen in bis zu 8 cm langen Ähren, die meist paarweise in den Blattachseln sitzen. Einzelblüten bis zu 5 mm groß, Kelch und Krone winzig, nur die vielen gelben Staubfäden fallen auf.
Früchte: Flache, holzige, bei Reife braune, in zwei Teile zerfallende Hülsen, bis 7 cm lang und 1,5 cm breit, oft in Gruppen miteinander verknäult.
Vorkommen: Ursprünglich aus Neuguinea und Nordaustralien; im tropischen Asien und Afrika häufig eingebürgert.
Weitere Namen: Englisch »Ear-pod Wattle«, »Northern Black Wattle«.
Wissenswertes: Weil die Öhrchen-Akazie rasch wächst und ein hartes, dunkelrotes Kernholz liefert, wird sie oft in Plantagen angebaut. In Teilen Südostasiens verdrängt sie nach den Feuern von 1997/98 aggressiv die ursprüngliche Vegetation. Von den rund 1200 Arten der Gattung *Acacia* haben etwa 1 Viertel Fiederblätter (siehe auch S. 70), während die übrigen einfache, meist noch schmalere Blätter haben. Jungpflanzen lassen erkennen, dass diese »Blätter« eigentlich abgeflachte und verbreiterte Stiele und Mittelrippen ehemaliger Fiederblätter sind. Die Blütenstände der meisten Akazien sind gelb, kugelig und 1–2 cm groß, doch auch an Flaschenbürsten erinnernde Blütenstände und weiße Blüten gibt es häufig. Selten dagegen sind rosa Blüten.

Pappelblättriger Eibisch

Thespesia populnea
Familie: Malvengewächse, *Malvaceae*

Wichtigste Kennzeichen: Blätter herzförmig. Blüten groß, gelb bis orange, mit einem dunkel purpurnen Fleck am Grund jedes Kronblatts. Nur kleine, schmale Blättchen außen am Kelch.
Wuchsform: Bis zu 9 m hoch, mit kurzem, meist krummem Stamm und rundlicher Krone. Junge Zweige mit winzigen, nur unter der Lupe erkennbaren Schüppchen.
Blätter: Wechselständig, bis 15 cm lang, meist lang zugespitzt, mit herzförmiger Basis und 5 sehr hellen Hauptnerven, oberseits etwas glänzend. Nebenblätter bis 7 mm groß.
Blüten: Bis 8 cm groß, mit tassenförmigem Kelch und einer bis 3 cm langen Mittelsäule, von der in den oberen 2 Dritteln zahlreiche Staubfäden abzweigen. Griffel wenig länger als die Mittelsäule, Narben weiß oder gelb.
Früchte: Abgeflacht-kugelig, bis 2 cm lang und 4,5 cm dick, bei Reife schwarz und nicht öffnend. Samen bis 1 cm lang.
Vorkommen: Meist im Küstenbereich, oft an der Landseite von Mangrovenwäldern; auch als Straßenbaum gepflanzt.
Weitere Namen: Englisch »Corktree«, »Milo«, »Pacific Rosewood«, »Portia Tree«, Spanisch »Cremón«.
Wissenswertes: Die Samen des Pappelblättrigen Eibischs können 1 Jahr im Meerwasser überleben und an heißen Stränden keimen. Sie haben daher fast alle tropischen Küsten erreicht. Nach Hawaii allerdings wurde der Baum erst von den Polynesiern gebracht. Aus seinem gut polierfähigen, von cremefarben über kastanienbraun bis fast schwarz gemaserten Holz werden Gefäße aller Art gedrechselt. Der sehr ähnliche Lindenblättrige Eibisch (S. 170) ist durch ein insgesamt dunkles Blütenzentrum, einen stark zerteilten Außenkelch und purpur gefärbte Narben zu unterscheiden.

103

Bäume Blätter einfach, wechselständig

Kartoffelbaum

Solanum wrightii
Familie: Nachtschattengewächse, *Solanaceae*

Wichtigste Kennzeichen: Blätter gelappt, ihre Mittelrippe auf der Unterseite meist mit Stacheln. Blüten anfangs kräftig violett, rasch ausbleichend, schließlich fast weiß, mit gelbem Staubblattkegel.
Wuchsform: Meist kleiner, selten bis 12 m hoher Baum, meist mit Stacheln an Stamm und Zweigen.
Blätter: Wechselständig, 9–37 cm lang, 5 bis 32 cm breit, eiförmig bis elliptisch, mit 5–9 mehr oder weniger ausgeprägten Lappen, unterseits heller und stärker behaart.
Blüten: In aufrechten Rispen, 5–7,5 cm breit, mit 5 grünen, behaarten Kelchblättern und 5 größtenteils verwachsenen, am Rand welligen Kronblättern, auf der Außenseite entlang der Mittelrippe behaart.
Früchte: Grünlichgelb bis orange gefärbte, kugelige, 3–5 cm große Beeren.
Vorkommen: Als Zierbaum in Parks, in Südamerika auch in wildem Buschland; stammt aus Brasilien.
Weitere Namen: Englisch »Potato Tree«, Spanisch »Azulillo«, »Arbol de Papa«.
Wissenswertes: Ältere, schon fast weiße Blüten des Kartoffelbaums sehen aus wie zu große Kartoffelblüten. Tatsächlich ist der Baum mit der Kartoffel verwandt (siehe auch S. 150, 198), bildet aber keine Knollen. Er wächst rasch und erreicht seine endgültige Höhe oft schon nach 2–4 Jahren. Die meisten anderen Arten von *Solanum* bleiben krautig und viel kleiner, haben aber manchmal ähnliche Blätter. So auch die Quitotomate (*S. quitoense*, Spanisch »Lulo« oder »Naranjilla«), die vor allem durch ihre violette Behaarung auffällt. Ihre orangefarbenen Beeren sind essbar, wie die Früchte der ebenfalls verwandten Aubergine (*S. melongena*) und Pepino (*S. muricatum*). Ansonsten ist bei Nachtschatten-Früchten Vorsicht geboten, denn manche sind tödlich giftig.

Gustavia

Gustavia augusta
Familie: Deckeltopfbäume, *Lecythidaceae*

Wichtigste Kennzeichen: Blätter groß, an der Spitze der Zweige gehäuft. Blüten groß, mit 6–9 weißen Kronblättern und sehr vielen an der Basis verbundenen und dort weißen, weiter oben rosa bis blasslila gefärbten Staubblättern mit gelben Staubbeuteln.
Wuchsform: Bis zu 20 m hoch, meist kleiner, mit kräftigen Zweigen, oft fast vom Grund an reich verzweigt.
Blätter: Wechselständig, bis 50 cm lang, 4-mal länger als breit, in sich oft etwas wellig, mit vielen Seitennerven, oberhalb der Mitte am breitesten und dort auch meist mit schwach gezähntem Rand.
Blüten: In meist wenigblütigen Trauben, 10 bis 20 cm groß, weiß bis leicht rosa, duftend, mit kräftigem Stiel, der in einen schalenförmigen, schwach 4-lappigen Kelch übergeht.
Früchte: Braun, nahezu kugelig, bis 8 cm groß, an der Spitze stumpf bis konkav.
Vorkommen: Vor allem im tropischen Amerika, gelegentlich auch in Asien; ursprünglich nördliches Südamerika.
Weitere Namen: Spanisch »Guatoso«, »Matamatá«, Portugiesisch »Geniparaná«.
Wissenswertes: Die Gustavia ist nicht sehr häufig als Zierbaum, aber in voller Blüte recht eindrucksvoll. Von den 41 Arten der Gattung sind mehrere in Kultur; manche sind nur schwer zu unterscheiden. Bemerkenswert ist vor allem der Membrillo (*G. superba*). Seine natürliche Verbreitung reicht von Costa Rica bis ins nördliche Kolumbien, doch auch in Ostasien ist er manchmal zu sehen. Er ist nur wenig verzweigt und hat noch größere, bis zu 1,3 m lange Blätter. Er wird auch als Stinkholz bezeichnet, ist aber nicht mit dem südafrikanischen Stinkholz (*Ocotea bullata*) verwandt, das durch den Bedarf der Kunsttischlerei an den Rand der Ausrottung gebracht wurde.

105

Bäume — Blätter einfach, wechselständig

Indischer Rosenapfel

Dillenia indica
Familie: Rosenapfelgewächse, *Dilleniaceae*

Wichtigste Kennzeichen: Rotbrauner Stamm. Blätter mit sehr vielen kräftigen Seitennerven, die fast gerade und parallel zueinander in die Zähne des Blattrands laufen. Blüten weiß, sehr groß.
Wuchsform: Bis zu 15 m hoch, mit kurzem Stamm und breiter, dichter Krone.
Blätter: Wechselständig, länglich, bis 35 cm lang, mit glänzender Oberseite und bis zu 40 Nervenpaaren.
Blüten: Bis 20 cm groß, mit 5 dicken, rundlichen, grünen Kelchblättern, 5 großen, asymmetrischen, am Rand etwas welligen Kronblättern, sehr vielen gelben Staubblättern und 12–17 weißen Narbenstrahlen. Die Blüten halten nur 1 Tag.
Früchte: Apfelförmig, bis 15 cm groß, grün, aufgebaut aus den überlappenden, dick-fleischig gewordenen Kelchblättern, darin verborgen die einzelnen, glasig-schleimigen Fruchtblätter.
Vorkommen: Ursprünglich aus Südostasien und dort nach wie vor am häufigsten; in anderen Gebieten eher selten.
Weitere Namen: Englisch »Elephant Apple«, »Indian Roseapple«.
Wissenswertes: Der Indische Rosenapfel (nicht zu verwechseln mit dem Rosenapfel, S. 92) riecht angenehm apfelähnlich und wird daher von vielen Säugetieren gern gefressen. Aus den fleischigen Kelchblättern lässt sich mit Wasser und Zucker ein erfrischendes Getränk bereiten, sie werden aber auch als Gemüse gekocht oder in Curries verarbeitet. Ähnlich wird auch der Philippinische Rosenapfel (*D. philippinensis*, linkes Bild) genutzt, der ebenso große Blüten mit rotvioletten Staubblättern und (auch an der Frucht erkennbaren) Narbenstrahlen besitzt. Bei ihm ist der Anteil der Kelchblätter an der Frucht kleiner, dafür sind die fleischigen Fruchtblätter größer.

Durian

Durio zibethinus
Familie: Wollbaumgewächse, *Bombacaceae*

Wichtigste Kennzeichen: Blüten groß, cremefarben, in dichten Büscheln vom Stamm und von stärkeren Zweigen herabhängend. Riesige, mit breiten, eckigen Stacheln bedeckte Früchte.
Wuchsform: Bis zu 40 m hoher Baum mit fast waagerechten Zweigen.
Blätter: Wechselständig, bis 30 cm lang und 15 cm breit, länglich-elliptisch, zugespitzt, oberseits stark glänzend, unterseits mit haarfeinen Schüppchen.
Blüten: Bis zu 10 cm lang, Kelch glockenförmig, 4–6-zähnig, Kronblätter 4 oder 5; Staubblätter zahlreich, weit aus der Blüte ragend, am Grund zu 4 oder 5 Büscheln verbunden, Griffel noch länger.
Früchte: Graugrün bis gelbbraun, rundlich, bis 30 cm groß und 8 kg schwer, fünffächrig, innen fast weiß, je Fach mit 2–6 großen Samen, jeweils umgeben von einem Samenmantel, dessen Farbe und Beschaffenheit bei Reife an Camembert erinnert.
Vorkommen: In Südostasien in vielen Gärten, sonst eher selten.
Weitere Namen: »Stinkfrucht«; Englisch auch »Doorian«, Portugiesisch »Durião«, Spanisch »Durión« geschrieben.
Wissenswertes: Keine andere Frucht spaltet die Menschheit so sehr wie der Durian. Die Früchte stinken derart durchdringend, dass sie in öffentlichen Verkehrsmitteln nicht oder nur in luftdichten Behältnissen mitgeführt werden dürfen. Vielen Menschen wird allein vom Geruch übel. Andererseits gilt der Samenmantel als eine der größten Delikatessen Südostasiens. Meist wird er – bevorzugt im Freien – roh verzehrt, doch gibt es auch eine ganze Reihe von Zubereitungen, bis hin zu Durian-Eiskrem. Frische Früchte sind nur wenige Tage haltbar und daher bei uns nur selten zu haben.

Bäume — Blätter einfach, wechselständig

Limette

Citrus aurantiifolia
Familie: Rautengewächse, *Rutaceae*

Wichtigste Kennzeichen: Zweige mit spitzen Dornen. Blätter mit deutlichem Absatz zwischen der Spreite und dem etwas verbreiterten Stiel, Blattrand leicht eingekerbt. Weiße Blüten und grüne, kugelige Früchte.
Wuchsform: Kleiner Baum oder hoher Strauch, bis 5 m hoch, mit dichter, meist rundlicher Krone.
Blätter: Wechselständig, elliptisch, bis etwa 10 cm lang, mit durchscheinenden Punkten.
Blüten: Einzeln oder in Gruppen, etwa 3–4 cm im Durchmesser, duftend, mit grünem Kelch, 4–6 weißen Kronblättern, zahlreichen Staubblättern und einer kopfigen Narbe.
Früchte: Kugelig, 3–7 cm groß, bei Reife grün oder grünlichgelb, innen wie eine Zitrone gebaut.
Vorkommen: Meist in Hausgärten; ursprünglich aus dem indomalaiischen Raum.
Weitere Namen: »Limone«, Englisch »Lime«, Spanisch »Lima«, »Limón Criollo«, auch Portugiesisch »Lima«.
Wissenswertes: Von allen Zitrusfrüchten wird die Limette wohl am häufigsten in tropischen Gärten angetroffen. Der Saft ihrer Früchte und manchmal auch das Öl der Fruchtschale werden nicht nur zum Aromatisieren zahlreicher Gerichte und Getränke, sondern auch in der Medizin eingesetzt. Der Saft ist wesentlich aromatischer als der einer Zitrone; ohne ihn wäre die brasilianische Caipirinha unvorstellbar. Allenfalls die Pampelmuse *(C. maxima)* wird in den feuchten Tropen ähnlich häufig kultiviert. Sie besitzt blattartig verbreiterte Blattstiele und viel größere, oft birnenförmige Früchte. (Mehr über Zitrusfrüchte und viele andere Arten finden Sie im BLV Bestimmungsbuch »Tropische Früchte«.)

Blauer Eucalyptus

Eucalyptus globulus
Familie: Myrtengewächse, *Myrtaceae*

Wichtigste Kennzeichen: Blätter riechen bei Verletzung nach Hustenbonbons, anfangs bläulich bewachst. Blütenhülle als Deckel abfallend, sehr viele cremeweiße Staubblätter.
Wuchsform: Bis etwa 20 m hoch, in seiner Heimat bis 70 m; mit geradem grauem Stamm, von dem sich die Rinde in braunen Längsstreifen ablöst.
Blätter: Sehr variabel, an Jungpflanzen (links) gegenständig sitzend, herzförmig, bis 15 cm lang und 10 cm breit; später (rechts) wechselständig, gestielt und sehr langgestreckt, bis 35 cm lang und nur 3 cm breit.
Blüten: Bis 2,5 cm groß, mit konischer Basis, einzeln oder bis zu 7 zusammen.
Früchte: Kapseln mit etwa halbkugeliger Basis, bis 2,5 cm groß, oft mit 4 Längsrippen. »Deckel« flach gewölbt, mit 3–5-fünfstrahliger Öffnung.
Vorkommen: Tropen und Subtropen; ursprünglich Südaustralien und Tasmanien.
Weitere Namen: »Fieberbaum«, Englisch »Blue Gum«, »Tasmanian Blue Gum«.
Wissenswertes: Der Blaue Eucalyptus steht hier stellvertretend für über 600 *Eucalyptus*-Arten, die fast alle aus Australien stammen und selbst von Fachleuten oft nur mit Mühe auseinander gehalten werden können. Die meisten Arten blühen weiß, doch auch gelbe und rote Blüten kommen vor. Da viele Arten rasch wachsen, werden sie weltweit zur Holzgewinnung, vor allem aber für die Papierindustrie angepflanzt. Oft verdrängen sie die heimische Vegetation. Die robusteren Arten gedeihen auch in wintermilden Gebieten Europas. Sehr häufig gepflanzt werden auch *E. camaldulensis*, mit weißer Rinde, dessen rotes Kernholz Termiten widersteht, sowie die einzige Art der Philippinen, *E. deglupta* (»Mindanao Gum«), dessen Rinde rötliche Längsstreifen auf grünem Grund zeigt.

Bäume — Blätter einfach, wechselständig

Cashewnuss

Anacardium occidentale
Familie: Sumachgewächse, *Anacardiaceae*

Wichtigste Kennzeichen: Blätter verkehrt-eiförmig, mit hellen, relativ stumpf abzweigenden Seitennerven. Blüten klein, weißlich und rosa in einem Blütenstand. Früchte zweiteilig (siehe unten).
Wuchsform: Meist kleiner Baum, selten bis 15 m hoch, häufiger nur strauchig.
Blätter: Wechselständig, bis 20 cm lang, gut doppelt so lang wie breit, ledrig, ganzrandig und kahl.
Blüten: In reich verzweigten Blütenständen am Ende der Zweige, mit 5 Kronblättern, die während der Blütezeit ihre Farbe von Grünlichweiß nach Rosa verändern.
Früchte: Hängend, gegliedert in zwei Teile: einen bis etwa 10 cm großen, fleischigen, apfel- bis birnenförmigen, bei Reife gelben bis roten Teil, der aus dem Blütenstiel hervorgeht, und einen sehr viel kleineren (bis 2,5 cm), nierenförmig gekrümmten, braunen, hartschaligen Teil, der den Samen umschließt.
Vorkommen: In allen Tropengebieten; ursprünglich Mittelamerika, Karibik und nördliches Südamerika.
Weitere Namen: »Kaschubaum«, Englisch »Cashew Nut«, »Cashew Apple«, Französisch »Acajou«, Portugiesisch »Cajú«, Spanisch »Merey«, »Marañon«.
Wissenswertes: Die Cashewnuss ist eine vielseitige Nutzpflanze. Früher wurde vor allem der fleischige Fruchtstiel (Kaschuapfel) als Obst geschätzt. Die Nuss fand weniger Beachtung, denn ihre Schale enthält ein giftiges, hautreizendes Öl, das vor allem in der Volksmedizin verwendet wurde. Heute wird es industriell gewonnen und zur Herstellung von Farben, Lacken, Klebstoffen und sogar Brems- und Kupplungsbelägen eingesetzt. Der Kern der Frucht wird erst durch Rösten zur handelsüblichen, essbaren Cashewnuss. Sie enthält bis zu 45% Fett und 20% Eiweiß.

Mango

Mangifera indica
Familie: Sumachgewächse, *Anacardiaceae*

Wichtigste Kennzeichen: Blätter schmal, dunkelgrün, mit bis zu 30 Paar gelber, relativ stumpf abzweigender Seitennerven. Blüten klein, zahlreich, in reich verzweigten Rispen. Früchte groß, an langen Stielen herabhängend.
Wuchsform: Bis 30 m hoch, mit dichter, rundlicher Krone.
Blätter: Wechselständig, bis 30 cm lang, glänzend. Junge Triebe anfangs mit blassen oder rötlichen, schlaff herabhängenden Blättern (Blattschüttung, S. 16/17).
Blüten: Bis 6 mm groß, vier- bis fünfzählig, meist gelblich (cremeweiß bis rosa), oft zu Tausenden in Blütenständen, deren Zweige oft rötlich überlaufen sind.
Früchte: Je nach Sorte sehr unterschiedlich, aber immer etwas schief, meist um 10 cm lang (selten bis 40 cm), fast kugelig bis länglich oder nierenförmig, anfangs bläulichgrün, später gelb, orange, rötlich oder violett. Fruchtfleisch faserig, gelb bis orange, darin ein großer Steinkern.
Vorkommen: In vielen tropischen Gebieten eingebürgert und auch im Mittelmeergebiet in Kultur; ursprünglich aus Indien.
Wissenswertes: Die Mango (so heißt sie in fast allen Sprachen) gehört zu den wichtigsten tropischen Obstsorten. In über 4000 Jahre alten indischen Schriften wird sie bereits erwähnt. Da sie nicht nur zucker- und vitaminreich ist, sondern auch Eiweiß enthält, ist sie ein hochwertiges Nahrungsmittel. Dennoch bleiben viele Früchte unbeachtet liegen, denn es sind minderwertige Sorten mit starkem Terpentingeschmack. Das Harz der Mango wirkt auf manche Menschen allergieauslösend. In Südostasien werden auch weitere Arten genutzt, vor allem die Stinkmango *(M. foetida)*, deren Früchte angenehm säuerlich schmecken, aber etwas faulig riechen.

Bäume — Blätter einfach, wechselständig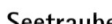

Seetraube

Coccoloba uvifera
Familie: Knöterichgewächse, *Polygonaceae*

Wichtigste Kennzeichen: Stamm krumm. Blätter breit-rundlich, mit einer kurzen, häutigen Röhre am Ansatz des Blattstiels. Blüten und Früchte in langen, schmalen Trauben.
Wuchsform: Bis zu 15 m hoch, mit sehr kurzem Stamm und breiter Krone aus meist etwas geschlängelten Zweigen.
Blätter: Wechselständig, kurz gestielt, sehr breit gerundet, bis 25 cm Durchmesser, mit herzförmiger Basis, ledrig, Nervatur und alte Blätter meist rötlich.
Blüten: Klein, cremeweiß, zu vielen in bis zu 30 cm langen, anfangs aufrechten Trauben.
Früchte: Rundlich, bis 2 cm Durchmesser, rot bis dunkel purpurn, bewachst, in bis zu 40 cm langen, hängenden Trauben. Das glasige, süßsaure Fruchtfleisch wird von der Blütenhülle gebildet, deren Zipfel noch erkennbar sind. Im Inneren eine helle, harte eiförmige Nuss.
Vorkommen: Vor allem an Stränden, aber auch in Gärten; ursprünglich Küsten des tropischen Amerika.
Weitere Namen: »Meertraube«, »Strandtraube«, Englisch »Sea Grape«, Französisch »Raisin Bord de Mer«, Spanisch »Uvero de Playa«.
Wissenswertes: Die Seetraube verträgt Salz und starken Wind. An Sandstränden findet man sie meist gerade so hoch über der Wasserlinie, dass ihre oberen Wurzeln immer wieder durch Regen vom Salz befreit werden. Ihre Früchte sind roh oder gekocht essbar. Auch Saft, Gelee und sogar Wein wird daraus hergestellt. Mit rund 120 Arten ist die Gattung *Coccoloba* fast überall in den neuweltlichen Tropen zu finden. Wegen seiner riesigen Blätter von oft über 1 m Durchmesser wird auch der »Moralin« *(C. pubescens)* gern kultiviert.

Kakao

Theobroma cacao
Familie: Kakaogewächse, *Sterculiaceae*

Wichtigste Kennzeichen: Blüten an Stamm und dickeren Ästen, klein, fünfzählig, cremeweiß mit Purpur. Früchte groß, mit Längswülsten.
Wuchsform: Bis 15 m hoch, mit kurzem Stamm, in Kultur niedriger gehalten.
Blätter: Wechselständig, bis 40 cm lang, oval bis länglich, zugespitzt, dunkelgrün, junge Blätter blassgrün oder rosa.
Blüten: Bis 15 mm groß, Kelchblätter bis 7 mm lang, weiß, Kronblätter gegliedert in einen kapuzenförmigen, rosa überlaufenen unteren Teil und einen gestielten, cremefarbenen oberen Teil; um die Mitte herum 5 lange, spitz zulaufende, purpurn gefärbte sterile Staubfäden.
Früchte: Bis 30 cm lang, rundlich bis langgestreckt eiförmig, mit stumpfer Basis, meist zugespitzt, bei Reife gelb bis braunrot, mit etwa 2 cm dicker Schale und weißem Fruchtfleisch, darin zahlreiche, bis zu 3 cm große Samen.
Vorkommen: Oft in Plantagen kultiviert; stammt aus dem Amazonasgebiet.
Weitere Namen: Englisch »Cocoa«, Französisch und Spanisch »Cacao«, Portugiesisch »Cacau«.
Wissenswertes: Kakao wurde in Mittel- und Südamerika schon lange vor Ankunft der Europäer kultiviert. Für die Azteken war er Speise des gefiederten Schlangengotts Quetzalcoatl, Zahlungsmittel und Aufputschmittel für den Krieg. Casanova hielt ihn für einen Liebestrank. Tatsächlich enthält Kakao aufmunternde Inhaltsstoffe, die mitunter sogar eine Art Sucht auslösen können. Nach der Ernte sind die Samen (Kakaobohnen) zunächst ungenießbar; sie müssen fermentiert werden, um Bitterstoffe ab- und die typischen Aromastoffe aufzubauen. Das bei der Herstellung von Kakaopulver anfallende Fett (Kakaobutter) findet u. a. in Kosmetik und Pharmazie Verwendung.

Bäume — Blätter einfach, wechselständig

Breiapfel

Manilkara zapota
Familie: Breiapfelgewächse, *Sapotaceae*

Wichtigste Kennzeichen: Milchsaft in allen Teilen. Blätter am Ende der Zweige gehäuft. Blüten klein, weiß, mit braun behaartem Kelch, meist etwas versteckt. Früchte matt braun, rundlich.
Wuchsform: Bis zu 30 m hoch, meist viel kleiner, mit kurzem Stamm und dichter Krone.
Blätter: Wechselständig bis fast gegenständig, länglich, bis 15 cm lang, dunkelgrün, mit undeutlichen Seitennerven.
Blüten: Jeweils einzeln in den Blattachseln, bis zu 1,5 cm groß, sechszählig (in der Knospe von den 3 äußeren Kelchblättern bedeckt), mit dickem Griffel.
Früchte: Kugelig bis oval, etwas rau, meist etwa 5 cm groß, selten bis 10 cm. Fruchtfleisch glasig gelbbraun, mit bis zu 12 (meist 3) schwarzen, abgeflachten Samen.
Vorkommen: In allen Tropengebieten kultiviert und häufig verwildert; ursprünglich aus Mexiko und Mittelamerika.
Weitere Namen: »Sapote«, Englisch »Chicle«, »Naseberry«, »Sapodilla«, Portugiesisch »Sapoti«, Spanisch »Chicozapote«, »Níspero«.
Wissenswertes: Das Fruchtfleisch des Breiapfels ist süß-aromatisch und breiig, mit Körnchen darin, wie eine weiche Birne. Meist wird es aus der ungenießbaren Schale herausgelöffelt. Ähnlich verfährt man mit dem Sternapfel *(Chrysophyllum cainito)*, dessen Früchte glatt und grün oder violett sind. Früher wurde der Breiapfel auch in großem Umfang angebaut, um aus seiner angeritzten Rinde den Milchsaft zu gewinnen, der die Grundmasse für Kaugummi lieferte. Heute wird diese großenteils synthetisch hergestellt. Die nahe verwandte Balata *(Manilkara bidentata)* liefert einen stärker härtenden Latex, der vor allem als Überzug für Golfbälle sehr geschätzt wird.

Strandmandel

Terminalia catappa
Familie: Strandmandelgewächse, *Combretaceae*

Wichtigste Kennzeichen: Krone aus deutlich getrennten Stockwerken waagerechter Zweige. Früchte mandelförmig.
Wuchsform: Bis 25 m hoch, meist kleiner, mit durchgehendem Hauptstamm.
Blätter: In dichten Büscheln an kurzen, nach oben gebogenen Zweigstücken, bis 35 cm lang und 25 cm breit, verkehrt-eiförmig, breit gerundet mit kleinem Spitzchen, steif ledrig, mit kräftigen hellgrünen Nerven, vorm Abfallen rot werdend.
Blüten: Klein, weiß, mit fünfzähliger sternförmiger Krone und 10 Staubfäden, in bis zu 25 cm langen Ähren.
Früchte: Ovale, abgeflachte Steinfrüchte, bis 7 cm lang, 5 cm breit und 2,5 cm dick, mit deutlichem, schmalem Saum; lange bläulichgrün, bei Reife manchmal gelblich bis weinrot.
Vorkommen: Häufig als Straßenbaum, vor allem in Küstennähe; heimisch an den Küsten des Indischen bis westlichen Pazifischen Ozeans.
Weitere Namen: »Indischer Mandelbaum«, »Katappenbaum«, Englisch »Barbados Almond«, »False Kamani«, »Indian Almond«, »Tropical Almond«, Französisch »Amandier des Indes«, »Amandier Tropical«, Spanisch »Alconorque«, »Almendra de India, Almendrón«.
Wissenswertes: Die Früchte der Strandmandel sind schwimmfähig und werden durch das Meer ausgebreitet. Ihr säuerliches Fruchtfleisch und der mandelartige Inhalt des Kerns sind essbar. Die Früchte der nahe verwandten australischen »Billygoat Plum« *(T. ferdinandiana)* enthalten etwa 50-mal mehr Vitamin C als Orangen. Weniger schmackhaft sind die als »Myrobalanen« bezeichneten Früchte von Arten wie *T. chebula*; sie werden zum Gerben benutzt. *Terminalia superba* liefert das im Innenausbau beliebte Limba-Holz.

Bäume — Blätter einfach, wechselständig

Stachelannone

Annona muricata
Familie: Schuppenapfelgewächse, *Annonaceae*

Wichtigste Kennzeichen: Blätter zweizeilig, dunkelgrün, oberseits glänzend, unterseits matt. Blüten mit dickfleischigen, herzförmigen Kronblättern. Früchte sehr groß, grün, mit vielen weichen Stacheln.
Wuchsform: Kleiner Baum, nur selten 10 m Höhe erreichend.
Blätter: Wechselständig, länglich, bis 20 cm lang, ganzrandig, immergrün, kahl.
Blüten: Einzeln oder wenige zusammen, grünlichgelb, Kronblätter bis zu 5 cm lang und fast ebenso breit, zu jeweils 3 in zwei Kreisen. Staub- und Fruchtblätter klein, zahlreich, dicht gedrängt.
Früchte: Rundlich bis länglich, bis zu 35 cm lang und 6 kg schwer, meist aber kleiner, mit rautenförmigen Feldern, von denen jedes einen etwa 1 cm langen Stachel trägt. Fruchtfleisch weiß, mehr oder weniger sauer; Samen schwarz, bis zu 2 cm lang.
Vorkommen: Verbreitet kultiviert; ursprünglich aus dem tropischen Amerika.
Weitere Namen: »Sauersack«, Englisch »Soursop«, Spanisch »Guanábana«.
Wissenswertes: Die Annonen gehören zu den wohlschmeckendsten tropischen Obstsorten. 137 Arten sind derzeit bekannt, von denen aber nur wenige in Kultur sind. Leider sind die Früchte sehr druckempfindlich und kaum lagerfähig, sodass ihr Export große Probleme bereitet. Die Stachelannone hat von allen Arten die größten Früchte; um deren Gewicht tragen zu können, gehen ihre Blüten direkt aus dem Stamm oder stärkeren Ästen hervor. Die Samen der Annonen sind giftig, aber glücklicherweise so groß, dass sie kaum versehentlich verschluckt werden können. (Mehr über Annonen und viele andere Arten finden Sie im BLV Bestimmungsbuch »Tropische Früchte«.)

Schuppenannone

Annona squamosa
Familie: Schuppenapfelgewächse, *Annonaceae*

Wichtigste Kennzeichen: Blätter zweizeilig, hellgrün, unterseits noch blasser. Blüten mit 3 langgestreckten Kronblättern. Früchte orangengroß, tief gefeldert, meist bläulichgrün.
Wuchsform: Strauch oder kleiner Baum, meist 5–7 m (selten bis 12 m) hoch.
Blätter: Wechselständig, länglich, bis 17 cm lang, ganzrandig, matt grün, leicht behaart, in der Trockenzeit abfallend.
Blüten: Einzeln oder wenige zusammen, grünlichgelb, Kronblätter schmal, bis 3 cm lang. Staub- und Fruchtblätter klein, zahlreich und dicht gedrängt.
Früchte: Rundlich, aus vieleckigen Teilen zusammengesetzt, meist grün (selten violett), bläulich bewachst, mit weißlichem, süßem Fruchtfleisch. Samen schwarz, etwa 1 cm lang.
Vorkommen: Verbreitet kultiviert; ursprünglich aus dem tropischen Amerika.
Weitere Namen: »Süßsack«, »Rahmapfel«, Englisch »Sugar Apple«, »Sweetsop«, Portugiesisch »Fruta do Conde«, Spanisch »Riñon«.
Wissenswertes: Von allen Annonen sieht man diese wohl am häufigsten und in den meisten Sorten, darunter solche mit violetten Früchten oder ohne Samen. Als die edelste unter den Annonen gilt jedoch die Chirimoya *(Annona cherimola)*. Ihre Frucht bleibt grün und ist nicht tief geteilt, sondern nur flach schuppig oder gefeldert. Sie ist ebenfalls sehr süß, hat aber zusätzlich eine säuerliche Note. Da sie aus kühlen Hochlagen kommt, kann sie auch in Spanien noch kultiviert werden. Die Netzannone *(Annona reticulata)* dagegen stammt aus dem heißen Tiefland. Die Pflanze sieht der Stachelannone ähnlich, ihre Frucht jedoch wird bei Reife rot und ist nur ganz schwach wellig oder undeutlich gefeldert.

117

Bäume — Blätter einfach, wechselständig

Brotfruchtbaum

Artocarpus altilis
Familie: Maulbeergewächse, *Moraceae*

Wichtigste Kennzeichen: Baum mit wenigen, kräftigen Ästen. Blätter sehr groß, tief geteilt. Milchsaft in allen Teilen. Früchte groß, warzig bis weich-stachelig.
Wuchsform: Meist kleiner Baum um 10 m Höhe; soll 30 m erreichen können. Krone breit, im Umriss meist unregelmäßig.
Blätter: Wechselständig, bis 90 cm lang und 50 cm breit, glänzend grün, mit gelben Nerven, auf beiden Seiten in 5–10 spitz zulaufende Lappen geteilt.
Blüten: Winzig, in großen Blütenständen. Männliche Blütenstände kolbenförmig, bis 20 cm lang, mehr oder weniger hängend; weibliche kugelig, anfangs eher aufrecht.
Früchte: Fruchtstand kugelig bis länglich, bis 30 cm lang, grün, bei Reife gelblich; entweder weichstachelig, mit bis zu 3 cm großen Samen, oder warzig und ohne Samen.
Vorkommen: In allen Tropengebieten; ursprünglich wahrscheinlich aus Malaysia.
Weitere Namen: Englisch »Bread Fruit«, Spanisch »Arbol de Pan«.
Wissenswertes: Die Brotfrucht enthält etwa 20% Stärke und 1–2% Eiweiß. Die unreife Frucht kann gekocht, gebraten, geschmort, gebacken oder durch Trocknen haltbar gemacht werden. Die Samen reifer Früchte (Brotnüsse) werden geröstet verzehrt. Vor allem im pazifischen Raum gehört die Brotfrucht zu den Grundnahrungsmitteln; in Südamerika ist sie (wie die Banane, S. 50) längst zu Ureinwohnern vorgedrungen, die noch nie Kontakt mit Europäern hatten. Dabei kam sie erst relativ spät in die Neue Welt. Im Jahre 1789 holte Kapitän Bligh mit der »Bounty« 1000 junge Brotfruchtbäume von Tahiti, um sie als Sklavennahrung nach Südamerika zu bringen. Dieser erste Versuch endete in der berühmten Meuterei, aber Bligh's zweiter Versuch (1793) gelang.

Chempedak

Artocarpus integer
Familie: Maulbeergewächse, *Moraceae*

Wichtigste Kennzeichen: Blätter dunkelgrün, mit gelben Nerven. Milchsaft in allen Teilen. Früchte groß, fein warzig bis stumpf-stachelig, an Stamm und starken Ästen.
Wuchsform: Bis 20 m hoch, mit kräftigem Hauptstamm und elliptischer Krone.
Blätter: Wechselständig, einfach, elliptisch, 5–25 cm lang, 2,5–12 cm breit, ledrig, zugespitzt, am Grund deutlich vom Stiel abgesetzt.
Blüten: Winzig, in großen Blütenständen. Männliche Blütenstände zylindrisch bis keulenförmig, 3–5,5 cm lang; weibliche meist rundlicher, bis 6 cm lang.
Früchte: Fruchtstände elliptisch, 20–35 cm lang, 10–15 cm dick, grün, bei Reife gelblich, Samen bis 3 cm groß.
Vorkommen: In allen Tropengebieten; stammt aus dem indomalaiischen Raum.
Weitere Namen: Der malaiische Name »Chempedak« wurde offenbar in allen Sprachen übernommen.
Wissenswertes: Der Chempedak ist in Südostasien noch häufiger zu sehen als die Brotfrucht (siehe oben). In anderen Tropengebieten sieht man dagegen öfter die sehr ähnliche Jackfrucht *(A. heterophyllus)*. Sie stammt ebenfalls aus Asien, wurde aber schon im 16. Jahrhundert von den Portugiesen nach Brasilien gebracht. Sie bringt weitaus größere, bis 1 m lange und 50 kg schwere Fruchtstände hervor, die aber faseriger sind und einen leicht fauligen Geruch verströmen, der sich durch Einlegen in Salzwasser beseitigen lässt. Der Jackfruchtbaum gilt in Thailand als Glücksbaum; aus seinem Holz wird die gelbe Farbe der buddhistischen Mönchskutten gewonnen. Auch die Duftende Brotfrucht *(A. odoratissimus)*, mit größeren, matten Blättern und gelben, süßaromatischen Früchten wird in Südostasien sehr geschätzt.

Bäume — Blätter einfach, wechselständig

Banyan

Ficus benghalensis
Familie: Maulbeergewächse, *Moraceae*

Wichtigste Kennzeichen: Breit ausladender Baum mit zahlreichen Luftwurzeln, die oft zu neuen Stämmen heranwachsen. Klebriger Milchsaft in allen Teilen. Blätter auf der Unterseite behaart.
Wuchsform: Bis 25 m hoch, meist mehrstämmig, scheinbar unbegrenzt in die Breite wachsend.
Blätter: Wechselständig, oval, bis 25 cm lang, steif-ledrig, Oberseite glänzend.
Blüten: Wie bei allen Feigen winzig und in einem fruchtähnlichen Gebilde versteckt.
Früchte: Kugelig, etwa 2 cm groß, lange Zeit gelb, bei Reife rötlich.
Vorkommen: Vor allem im tropischen Asien; ursprünglich aus Indien.
Weitere Namen: Englisch auch »East India Fig«, Spanisch »Laurel de India«.
Wissenswertes: Der Name »Banyan« leitet sich von einem indischen Wort für Händler ab, die in seinem Schatten ihre Waren ausbreiteten. Da die Zweige von immer neuen Stämmen gestützt werden, kann der Banyan eine beträchtliche Ausdehnung erreichen. Der größte bekannte bedeckt etwa 2 ha. Wie viele der rund 750 *Ficus*-Arten ist auch der Banyan eine Würgfeige. Seine Samen keimen auf anderen Bäumen, wo wo die Jungpflanzen Luftwurzeln nach unten senden. Wenn diese den Boden erreichen, dann wachsen sie sehr schnell zu Stämmen heran. Der dichte Mantel aus Banyan-Stämmen erdrückt schließlich den Wirtsbaum. Der Banyan gilt den Hindus als heilig, denn er taucht in den Geschichten mehrerer Gottheiten auf. Bei Hindus und Buddhisten noch höher geachtet wird der Pipul- oder Bobaum *(F. religiosa)*, unter dem Buddha die Erleuchtung erlangt haben soll. Er ist leicht zu erkennen an seinen lang gestielten, meist bläulichgrünen, herzförmigen Blättern mit sehr lang ausgezogener Spitze.

Gummibaum

Ficus elastica
Familie: Maulbeergewächse, *Moraceae*

Wichtigste Kennzeichen: Klebriger Milchsaft. Blätter groß, elliptisch, kahl, die jüngsten zu einer langen Spitze zusammengerollt und von einer rötlichen, häutigen Hülle umgeben.
Wuchsform: Bis 30 m hoch, meist kleiner. Stamm kurz, in der Regel von zahlreichen, zum Teil stammartig verdickten Luftwurzeln eingehüllt. Zweige oft über mehrere Meter unverzweigt.
Blätter: Wechselständig, bis 35 cm lang, steifledrig, mit kurzer Spitze, starkem Hauptnerv und sehr feinen Seitennerven.
Blüten: Wie bei allen Feigen winzig und in einem fruchtähnlichen Gebilde versteckt.
Früchte: Bis 2 cm lang, eiförmig, mit kegelig verdicktem Stiel, etwas an eine Eichel erinnernd, bei Reife rötlich. Meist paarweise in den Blattachseln; nur selten zu sehen.
Vorkommen: Häufig als Schattenbaum gepflanzt; ursprünglich Assam bis Java.
Weitere Namen: Englisch »Indian Rubber Fig«, »Assam Rubber Tree«, Spanisch »Caucho«, »Palo de Goma«.
Wissenswertes: Bis zum Anfang dieses Jahrhunderts wurde der Gummibaum zur Gewinnung von Latex aus seinem Milchsaft in Plantagen angebaut. Heute hat er diese Bedeutung weitgehend an den Kautschukbaum *(Hevea brasiliensis,* S. 86) verloren. Mit zahlreichen, teils buntblättrigen Kulturformen gehört er aber nach wie vor zu den beliebtesten Zimmerpflanzen. Gleiches gilt für die Birkenfeige *(F. benjamina),* die sich durch überhängende Zweige und sehr viel kleinere Blätter auszeichnet. Auch die aus Westafrika stammende Geigenfeige *(F. lyrata)* findet man oft in unseren Wohnzimmern. Ihre Blätter werden bis zu 60 cm lang, haben kräftige Seitennerven, eine herz- bis leierförmige Basis und eine breit gerundete Spitze.

121

Sträucher — Blätter gefiedert oder gefingert

Mimose

Mimosa pudica
Familie: Mimosengewächse, *Mimosaceae*

Wichtigste Kennzeichen: Bei Berührung klappen die Fiederblättchen zusammen und die Blätter nach unten. Blüten in kugeligen, rosa bis hellvioletten Köpfchen.
Wuchsform: Halbstrauch, wenig verholzt, niederliegend oder bis 1 m hoch, Zweige mit Stacheln.
Blätter: Wechselständig, doppelt gefiedert, mit 1 oder meist 2 Paar Fiedern 1. Ordnung, die fast fingerartig von einem Punkt ausgehen, jeweils mit 10–26 Paar länglicher, 3–12 mm langer und 1–2 mm breiter Fiederblättchen.
Blüten: Viele zusammen in 1–2 cm großen Köpfchen, die Einzelblüten winzig, mit rosa bis hellvioletten, 5–8 mm langen Staubblättern.
Früchte: Zu mehreren in einem Büschel, bis 2,5 cm lang und 4 mm breit, flach, mit borstig behaartem Rahmen, aus dem bei Reife 1-samige Teile herausfallen.
Vorkommen: Als Unkraut in allen Tropengebieten; stammt aus dem tropischen Amerika.
Weitere Namen: »Sinnpflanze«, Englisch »Sensitive Plant«, »Shame Plant«, »Touch-me-not«, Spanisch »Dormidera«, »Sensitiva«.
Wissenswertes: Nicht nur die Mimose bewegt sich, sondern fast alle Pflanzen. Allerdings geht das meist so langsam, dass es uns erst im Zeitraffer deutlich wird. Für die schnellsten pflanzlichen Bewegungen, etwa beim Aufspringen von Früchten, brauchen wir dagegen die Zeitlupe. Nur bei der Mimose und wenigen anderen Pflanzen können wir Bewegungen mit bloßem Auge gut beobachten. Hier entsteht bei Berührung ein Signal, das je nach Temperatur und Stärke des Reizes mit 0,5–10 cm pro Sekunde fortgeleitet wird. Bestimmte Zellen in den Blattgelenken reagieren darauf mit Zusammenbruch ihres Innendrucks, sodass sie schrumpfen und damit die Bewegung verursachen.

Korallenstrauch

Erythrina crista-galli
Familie: Schmetterlingsblütler, *Fabaceae*

Wichtigste Kennzeichen: Pflanze dornig. Blätter 3-zählig. Blüten leuchtend rot, mit einem großen, breiten Kronblatt auf der Unterseite, darüber ein gekrümmtes, röhrenförmiges Gebilde.
Wuchsform: Meist breiter Strauch mit dicker, holziger Basis, selten bis zu 9 m hoher Baum mit dickem Stamm.
Blätter: Wechselständig, mit Dornen an Blattstiel und Mittelrippe, die Blättchen gestielt, länglich-elliptisch, bis 15 cm lang, in der Trockenzeit oft abfallend.
Blüten: Meist in Trauben am Ende der Zweige. Die 2 oberen Kronblätter bilden eine fast geschlossene Röhre um Staubblätter und Griffel, die 2 seitlichen sind sehr klein, das untere dagegen bis zu 6 cm lang und 3,5 cm breit, oft etwas bootförmig und nach unten gekrümmt.
Früchte: Bohnenähnlich, bis 30 cm lang und 2 cm dick.
Vorkommen: Tropen und Subtropen; ursprünglich aus Südamerika.
Weitere Namen: Englisch »Cockspur Coral Bean«, »Cry-Baby«.
Wissenswertes: Wie die meisten *Erythrina*-Arten (S. 76) wird auch der Korallenstrauch von Vögeln bestäubt. Um sie anzulocken, produziert er so viel Nektar, dass dieser oft aus den Blüten tropft. Daher rührt der englische Name »Cry-Baby« (Heulsuse). Der Strauch erträgt –5 °C und gedeiht daher selbst in Südengland noch im Freien. Zwar frieren die jüngeren Zweige oft zurück, doch die Pflanze treibt immer wieder aus dem Wurzelstock aus. Auch der südafrikanische Zwergkorallenbaum (*E. humeana*, »Dwarf Coral Tree«) wird oft im Kübel als Strauch gehalten. Er unterscheidet sich durch dreieckige bis dreilappige Blätter und kleinere, sehr viel schmalere Blüten in aufrechten Blütenständen.

123

 **Sträucher** Blätter gefiedert oder gefingert

Roter Puderquastenstrauch

Calliandra haematocephala
Familie: Mimosengewächse, *Mimosaceae*

Wichtigste Kennzeichen: Blätter gegabelt in zwei Achsen mit je 3–10 Paar Fiederblättchen. Blütenstände puderquastenartig, 5–9 cm groß, meist karminrot.
Wuchsform: Niedriger, breiter Strauch, selten bis zu 5 m hoher Baum.
Blätter: Wechselständig, bis 20 cm lang; Fiederblättchen zur Spitze hin immer größer werdend, 2–14 cm lang, 0,5–6 cm breit, schiefelliptisch bis langgestreckt-eiförmig.
Blüten: Winzig, je 25–85 zusammen in dichten Köpfchen, die in Knospe an eine unreife Brombeere erinnern; Puderquaste gebildet von sehr vielen, bis 4,5 cm langen Staubfäden, alle anderen Blütenteile vergleichsweise unscheinbar.
Früchte: Bohnenähnlich, 6–13 cm lang und etwa 1 cm breit, abgeflacht, mit verdicktem Rand.
Vorkommen: Häufiger Zierstrauch, oft verwildert und vielerorts eingebürgert; stammt aus Bolivien.
Weitere Namen: Englisch »Red Power Puff«, Französisch »Pompom«, Spanisch »Bellota«, »Flor de la Cruz«.
Wissenswertes: Der Name »Roter Puderquastenstrauch« wird für alle *Calliandra*-Arten gebraucht, die rote, (halb)kugelige Blütenstände haben. Manchmal kommen innerhalb derselben Art aber auch rein weiße oder rosa-weiße Blütenstände vor. Bei *C. tergemina* var. *emarginata* (Foto unten rechts), mit einem Paar Fiedern an der Gabelung des Blattes und je einem deutlich größeren an den beiden Gabelästen, ist in Südostasien stellenweise die rote Form eingebürgert, während man im tropischen Amerika öfter die rosa-weiße Form sieht. In subtropischen Gebieten mit einem gewissen Frostrisiko wird *C. tweediei* (Foto unten rechts) bevorzugt, zu erkennen an viel feiner doppelt gefiederten Blättern und nur 8–16 Blüten pro Köpfchen.

Rosa Puderquastenstrauch

Calliandra surinamensis
Familie: Mimosengewächse, *Mimosaceae*

Wichtigste Kennzeichen: Blätter gegabelt in zwei Achsen mit je 7–12 Paar Fiederblättchen. Blütenstände puderquastenartig, innen weiß, außen rosa, darin wenige weiße Blütenröhren. Früchte senkrecht nach oben stehend.
Wuchsform: Niedriger, breiter Strauch, selten mehr als 2 m hoch, mit großenteils fast waagerechten Zweigen.
Blätter: Wechselständig, bis 10 cm lang; Fiederblättchen schmal, 1–2 cm lang, glänzend, mit deutlicher Verdickung an der Basis.
Blüten: Winzig, in dichten Köpfchen. Puderquaste gebildet von den zahlreichen, bis zu 4 cm langen Staubfäden.
Früchte: Bohnenähnlich, 5–8 cm lang und bis 1 cm breit, abgeflacht, mit verdicktem Rand.
Vorkommen: In Gärten; stammt aus dem nördlichen Südamerika.
Weitere Namen: Englisch »Pink Powder Puff«, Französisch »Pompom de Marin«.
Wissenswertes: Die Blütenstände des Rosa Puderquastenstrauchs erinnern an die des Regenbaums (S. 64), doch die Wuchsform ist eine ganz andere. Rund 80 von den etwa 130 Arten der Gattung *Calliandra* haben solche rundlichen Blütenköpfchen (siehe auch Fotos oben und unten rechts), die übrigen 50 dagegen zeigen langgestreckte Blütenstände. Auch diese können sehr dekorativ sein, etwa beim Engelshaarstrauch *(C. calothyrsus)*, bei dem bis zu 7 cm lange, meist karminrote Staubfäden mit einer grünlichgelben Blütenhülle kontrastieren. Leider welken sie sehr schnell, sodass ihre volle Pracht nur in den frühen Morgenstunden erkennbar ist. Der Engelshaarstrauch wird gelegentlich zur Bodenverbesserung und als Futterpflanze für Bienen und Schellack-produzierende Insekten angepflanzt.

Sträucher — Blätter gefiedert oder gefingert

Stolz von Barbados

Caesalpinia pulcherrima
Familie: Johannisbrotgewächse, *Caesalpiniaceae*

Wichtigste Kennzeichen: Blätter doppelt gefiedert. Blüten in aufrechten Trauben, meist leuchtend rot, das obere der 5 Kronblätter längs zusammengerollt und meist anders gefärbt als die übrigen. Griffel und 10 Staubblätter bis zu 10 cm weit aus der Blüte ragend.
Wuchsform: Meist strauchig, bis 3 m hoch, selten als bis 6 m hoher Baum mit lockerer Krone, meist mit einzelnen Stacheln an den Zweigen.
Blätter: Wechselständig, bis 30 cm lang, mit 3–9 Paar Fiedern 1. Ordnung, die jeweils 6–12 Paar kleiner, 1–3 cm langer Fiederblättchen tragen.
Blüten: Lang gestielt, die Kronblätter meist mit hellerem Saum, Staubblätter und Griffel etwas nach oben gebogen. Blütentrauben bis 40 cm lang.
Früchte: Bohnenähnlich, bis 12 cm lang und 2 cm breit, abgeflacht, bei Reife schwarzbraun, in 2 Teile zerspringend.
Vorkommen: Eine der häufigsten Gartenpflanzen, schon vor Beginn botanischer Aufzeichnungen in alle Tropengebiete verschleppt und oft verwildert. Ursprung daher unsicher; vielleicht Antillen.
Weitere Namen: »Pfauenstrauch«, »Zwergpoinciane«, Englisch »Barbados Flower«, »Dwarf Poinciana«, »Peacock Flower«, »Pride of Barbados«, Französisch »Petit Flamboyan«, »Orgueil de Chine«, Spanisch »Clavellina«.
Wissenswertes: Der Stolz von Barbados hat meist leuchtend rote Kronblätter, die wenigstens bei einigen Blüten einen gelben Rand haben. Es gibt allerdings auch eine rein gelbe Form. Seine Blätter sind giftig, sollen aber auch fiebersenkend und abführend wirken. Aus mehreren nahe verwandten Arten werden Gerbstoffe gewonnen, und das Sappanholz *(C. sappan)* liefert einen roten Farbstoff.

Gelber Trompetenstrauch

Tecoma stans
Familie: Trompetenbaumgewächse, *Bignoniaceae*

Wichtigste Kennzeichen: Blätter gegenständig, gefiedert, die Fiederblättchen mit gesägtem Rand. Blüten groß, gelb, mit roten Streifen in der Blütenröhre.
Wuchsform: Strauch oder kleiner Baum, selten 10 m hoch, Zweige überhängend.
Blätter: Bis 40 cm lang, mit 3–11 länglichen, zugespitzten Blättchen, das Endblättchen 4 bis 20 cm lang und 1–6 cm breit, die seitlichen kleiner.
Blüten: In Trauben am Ende der Zweige, mit kleinem 5-zähnigem Kelch und bis 6 cm langer Kronröhre, am Grund eng, dann fingerhutartig erweitert, mit einem Saum aus 5 breiten Lappen, in der Röhre 2 längere und 2 kürzere Staubblätter.
Früchte: Langgestreckt-spindelförmig, im Querschnitt rundlich, bis 20 cm lang und 1 cm dick, bei Reife mit 2 Klappen aufspringend, innen viele etwa 2,5 cm breit geflügelte Samen.
Vorkommen: In allen tropischen und subtropischen Gebieten; ursprünglich vom Süden der USA bis nach Argentinien verbreitet.
Weitere Namen: »Gelbe Tecome«, Englisch »Trumpet Flower«, »Yellow Elder«, »Yellow Bells«, Französisch »Chevalier«, Spanisch »Flor de San Pedro«, »Fresnillo«, »Gloria«, »Roble Amarillo«, »Sauco Amarillo«, »Trompetilla«, »Tronadora«.
Wissenswertes: Der Gelbe Trompetenstrauch gehört zu den beliebtesten tropischen Zierpflanzen und hat daher sehr viele Volksnamen, von denen hier nur eine kleine Auswahl genannt werden konnte. Oft sind lokal auch noch Namen indianischen Ursprungs gebräuchlich. Manche *Tabebuia*-Arten (S. 82) haben ähnliche Blüten und werden oft mit den gleichen Namen bezeichnet, sind aber durch ihre gefingerten Blätter leicht zu unterscheiden.

Sträucher — Blätter gefiedert oder gefingert

Erdnusskassie

Senna didymobotra
Familie: Johannisbrotgewächse, *Caesalpiniaceae*

Wichtigste Kennzeichen: Große gefiederte Blätter. Blüten gelb, in aufrechten Trauben, Knospen und Tragblätter braun.
Wuchsform: Aufrechter Strauch bis 4 m, selten kleiner Baum bis 9 m Höhe, junge Zweige behaart.
Blätter: Wechselständig, 10–35 cm lang, mit bis zu 2,5 cm langen Nebenblättern und 8–22 Paar elliptischer bis länglicher, 3–6,5 cm langer Fiederblättchen.
Blüten: In bis zu 40 cm langen, von der Basis her aufblühenden Trauben, 3–5 cm groß, mit 5 goldgelben Kronblättern. 2 der Staubblätter größer und hornartig nach außen zeigend, Fruchtknoten hakig nach oben gekrümmt.
Früchte: Bis 12 cm lang und 2,5 cm breit, abgeflacht, dunkelbraun, weich behaart, querrippig, nicht geflügelt, bei Reife längs öffnend.

Vorkommen: Als Zierstrauch verbreitet bis ins Mittelmeergebiet; stammt aus dem tropischen Ostafrika.
Weitere Namen: Englisch »Peanut Butter Cassia«, »Popcorn Cassia«.
Wissenswertes: Die Blätter der Erdnusskassie haben einen unangenehmen Geruch, der manche Leute an ranzige Erdnussbutter erinnert (daher der Name), andere dagegen an Popcorn oder gar Mäuse. Gelegentlich findet man als deutschen Namen auch »Geflügelte Kassie«, doch das beruht auf einer Verwechslung mit der sehr ähnlichen *S. alata* (»Kerzenkassie«, Englisch »Candlestick«, »Golden Bush«, Französisch »Epis d'Or«, Spanisch »Mocote«; rechtes Bild), die aber durch gelbe Knospen und Tragblätter sowie geflügelte Früchte leicht zu unterscheiden ist. Bei der Erdnusskassie dagegen ist nichts geflügelt. Beide Arten wurden früher zur Gattung *Cassia* gestellt (siehe S. 68).

Rührei-Kassie

Senna surattensis
Familie: Johannisbrotgewächse, *Caesalpiniaceae*

Wichtigste Kennzeichen: Blätter gefiedert. Blüten gelb, in kurzen, fast waagerecht stehenden Trauben nahe an der Zweigspitze. Fruchtknoten hakenförmig nach oben gekrümmt.
Wuchsform: Bis 3 m hoher, sehr breitwüchsiger Strauch mit dünnen, überhängenden Zweigen, selten kleiner Baum bis 7 m Höhe.
Blätter: Wechselständig, bis 22 cm lang, mit 6–9 Paar eiförmiger bis länglicher, 2–4 cm langer und etwa 1,5 cm breiter Fiederblättchen.
Blüten: Bis zu 15 pro Traube, 2,5–4 cm groß, mit 5 kurz gestielten Kronblättern. 2 der 10 Staubblätter größer und nach unten hängend.
Früchte: Bis 20 cm lang und 1,5 cm breit, abgeflacht, kahl, bohnenähnlich, bei Reife braun und papierartig, längs öffnend, mit vielen flachen Samen.

Vorkommen: Ursprünglich von Indien bis Polynesien und Nordaustralien verbreitet, auch in der Neuen Welt oft gepflanzt und manchmal verwildert.
Weitere Namen: Englisch »Kolomona«, »Scrambled Eggs«.
Wissenswertes: Die Rührei-Kassie erträgt schlechten Boden, braucht wenig Pflege und blüht fast immer. Deshalb wird sie, ebenso wie viele ihrer Verwandten, häufig in öffentlichen Anlagen gepflanzt. Der Name Rührei-Kassie bezieht sich auf die dichten Klumpen gelber Blüten, die an Rührei erinnern sollen. Sie dienen in Südostasien als Abführmittel. Zum gleichen Zweck werden die Blätter und Früchte zweier nahe verwandter Arten gehandelt, *S. alexandrina* (»Alexandrinische Senna«) aus dem Sudan und *S. angustifolia* (»Indische Senna«) aus Südindien. Sie alle wurden früher zur Gattung *Cassia* gestellt.

Sträucher — Blätter einfach, gegenständig

Tibouchina

Tibouchina urvilleana
Familie: Schwarzmundgewächse, *Melastomataceae*

Wichtigste Kennzeichen: Blätter gegenständig, weich behaart. Blüten groß, violett, mit 5 langen und 5 kurzen, krallenartig gekrümmten Staubblättern.
Wuchsform: Bis 8 m hoher Strauch mit 4-kantigen, seidig behaarten Zweigen.
Blätter: Eiförmig bis elliptisch, 4–12 cm lang, 2–5 cm breit, seidig behaart, am Rand fein gezähnt, mit 5 Hauptnerven, oberseits etwas eingesenkt, unten stark hervortretend. Blattunterseite dichter, heller oder rötlich behaart.
Blüten: Einzeln oder zu wenigen an den Enden der Zweige, in Knospe von 2 eiförmigen, 1 bis 1,5 cm langen, rötlichen Hochblättern umhüllt, 5-zählig, 7–12 cm groß, Staubblätter mit hellen Anhängseln, Griffel bis 3 cm lang, hakenförmig nach oben gekrümmt.
Früchte: Eiförmige bis längliche Kapseln, 1 bis 1,5 cm lang, behaart, gekrönt von den Resten des Kelchs.
Vorkommen: Beliebter Zierstrauch, auch in den Subtropen, zuweilen verwildert; ursprünglich aus Brasilien.
Weitere Namen: Englisch »Glory Bush«, »Princess Flower«.
Wissenswertes: Die Tibouchina wächst sehr rasch und neigt dazu, andere Pflanzen zu verdrängen. Auf Hawaii muss sie deshalb stellenweise sogar bekämpft werden. In den Zentraltropen ist sie immergrün, in kühleren oder trockeneren Gebieten dagegen laubwerfend, wobei sich ihre Blätter vor dem Abfallen rot färben. Wo die Sommer warm genug sind, kann sie sogar im gemäßigten Gebiet als eine Art Staude gehalten werden, die im Winter bis fast zum Boden zurückfriert. Auch andere der rund 250 *Tibouchina*-Arten bzw. viele der rund 5000 Arten der Familie werden zuweilen als Ziersträucher gepflanzt (S. 138, 140).

Durante

Duranta erecta
Familie: Eisenkrautgewächse, *Verbenaceae*

Wichtigste Kennzeichen: Überhängende, 4-kantige Zweige mit gegenständigen Blättern. Kleine, fast regelmäßige violette Blüten. Orangegelbe Früchte.
Wuchsform: Bis 6 m hoher Strauch, oft mit bis zu 3 cm langen Dornen, selten als kleiner Baum wachsend.
Blätter: Elliptisch bis (verkehrt-)eiförmig, 2,5–7 cm lang und 1–3,5 cm breit, in der oberen Hälfte oft mit gesägtem Rand.
Blüten: In überhängenden, bis 15 cm langen Trauben, etwa 1 cm groß, mit 5-zähnigem Kelch, enger, krummer Kronröhre und 5 meist hellvioletten Kronzipfeln, von denen meist nur die 2 unteren einen dunkleren Streifen tragen, selten auch ganz weiß.
Früchte: Kugelige bis eiförmige Steinfrüchte, etwa 1 cm groß, schwach 5-teilig, mit kurzem, aus dem erhalten bleibenden Kelch hervorgehendem Schnabel.
Vorkommen: Häufig in Gärten gepflanzt und in vielen Gebieten verwildert; stammt aus dem tropischen Amerika.
Weitere Namen: Englisch »Forget-Me-Not Tree«, »Golden Dewdrop«, »Pidgeonberry«, »Skyflower«, Spanisch »Adonis Morado«, »Celosa Cimmarona«, »Cuenta de Oro«, »Espina de Paloma«, »Fruta de Iguana«.
Wissenswertes: Die Durante hat eine sehr weite natürliche Verbreitung, vom Süden der USA bis ins südliche Brasilien. Zusätzlich breitet sie sich jetzt auch auf den anderen Kontinenten aus. Da sie stark giftig ist, wird sie kaum abgefressen. Ihre Blüten erinnern entfernt an Vergissmeinnicht, worauf einer der englischen Namen anspielt. Zwar sind weder sie noch die einzelnen Früchte besonders spektakulär, doch sie sind fast ganzjährig in so großer Zahl vorhanden, dass der Strauch als Ganzes dennoch attraktiv ist.

Sträucher

Blätter einfach, gegenständig

Pagodenstrauch

Clerodendrum speciosissimum
Familie: Lippenblütler, *Lamiaceae*

Wichtigste Kennzeichen: Blätter gegenständig, samtig behaart. Blüten und ihre Stiele leuchtend rot, mit langer Kronröhre und 5 nach oben und zur Seite zurückgeschlagenen Kronzipfeln.

Wuchsform: Bis 4 m hoher Strauch mit dicken, anfangs etwas 4-kantigen, weich behaarten Zweigen.

Blätter: Breit ei- bis herzförmig, 10–35 cm lang und 8–26 cm breit, am Rand meist etwas gezähnt, Nerven oberseits eingesenkt, unten hervortretend.

Blüten: In reichblütigen, aufrechten, bis 45 cm langen Rispen; Kronröhre 2,5–4 cm lang, Zipfel 1,5–2,5 cm, die 4 Staubblätter und der Griffel 4–5 cm weit aus der Röhre ragend, meist nach unten gekrümmt.

Früchte: Abgeflacht-rundlich, etwa 1 cm dick, dunkelblau, angedeutet (3- bis) 4-teilig über den Steinkernen, auf leicht verdicktem Stiel; Kelchblätter bleibend.

Vorkommen: Verbreitet als Zierstrauch, meist im Schatten; stammt von Java.

Weitere Namen: »Losstrauch«, Englisch »Java Glorybower«.

Wissenswertes: Der Pagodenstrauch teilt seinen deutschen Namen mit dem sehr ähnlichen *C. paniculatum*, der sich durch kleinere Blüten und zumindest zum Teil gelappte Blätter unterscheidet. Auch viele andere der rund 400 *Clerodendrum*-Arten werden kultiviert (siehe S. 192); sie zeigen eine große Vielfalt an Blütenfarben und -formen. Relativ häufig sieht man *C. myricoides* aus dem tropischen Afrika, mit blauen Blüten, von deren 5 Kronzipfeln 4 heller und mehr oder weniger zur Seite gerichtet sind, während der fünfte, dunklere nach unten zeigt. Griffel und Staubblätter krümmen sich hier oben aus der Blüte heraus. Der ostasiatische Losbaum (*C. trichotomum*), mit weißen Blüten in rötlichen Kelchen, ist winterhart und daher auch bei uns zu sehen.

Russelie

Russelia equisetiformis
Familie: Rachenblütler, *Scrophulariaceae*

Wichtigste Kennzeichen: Dünne, grüne, überhängende Zweige mit winzigen, oft kaum erkennbaren Blättern. Blüten röhrenförmig, leuchtend rot.

Wuchsform: Dichter, bis 1,2 m hoher Strauch mit kantigen Zweigen.

Blätter: An stärkeren Zweigen in Quirlen zu 3–6, an dünneren Zweigen gegenständig, nadel- oder schuppenförmig, selten bis 1,5 cm lang.

Blüten: Einzeln oder zu zweit in den Achseln kleiner Schuppen, überhängend, mit bis zu 3 mm langem Kelch und 1,5–2,5 cm langer Kronröhre mit 5 Zipfeln, davon die beiden oberen zu einem gemeinsamen Lappen verbunden; in der Röhre 4 Staubblätter und der Griffel.

Früchte: Kugelige Kapseln, 3–6 mm groß, mit bis zu 15 mm langem Griffel, innen viele kleine braune Samen.

Vorkommen: Häufiger Zierstrauch; stammt wahrscheinlich aus Mexiko.

Weitere Namen: Englisch »Coral Plant«, »Fire Cracker Plant«, »Fountain Bush«, Spanisch »Arete de la Cocinera«, »Coralillo«, »Lluvia de Fuego«.

Wissenswertes: Wie viele Kulturpflanzen ist die Russelie heute so verbreitet, dass ihr ursprüngliches Wildvorkommen kaum noch auszumachen ist. Da aber ihre nächsten Verwandten aus Mexiko stammen, gilt dies wohl auch für die Russelie. Als Pflanze sonniger, zeitweise trockener Standorte hat sie weitgehend auf Blätter verzichtet, um ihre Wasserverluste gering zu halten. Die lebenswichtigen Funktionen der Blätter werden, wie bei unserem Ginster, von den grünen Zweigen übernommen. Die übrigen rund 50 *Russelia*-Arten haben dagegen zumindest in der feuchteren Jahreszeit normale, flächige Laubblätter. Wie ihre signalroten Blütenröhren verraten, werden Russelien meist von Kolibris bestäubt.

133

 **Sträucher** — Blätter einfach, gegenständig

Granatapfel

Punica granatum
Familie: Granatapfelgewächse, *Punicaceae*

Wichtigste Kennzeichen: Blüten 5–8-zählig, mit rotem, ledrigem, glockenförmigem Kelch, orangeroten Kronblättern und vielen Staubblättern. Frucht kugelig, gekrönt von den Kelchblättern.
Wuchsform: Reich verzweigter, bis 6 m hoher Strauch, meist mit Dornen.
Blätter: Gegenständig, länglich-elliptisch, 1 bis 10 cm lang, 0,5–2,5 cm breit, hellgrün, glänzend.
Blüten: Einzeln oder in kleinen Gruppen. Kelch 2–3 cm lang, mit dreieckigen Zipfeln; Kronblätter knittrig, bis 4 cm lang, oft kaum länger als die Kelchzipfel.
Früchte: Gelblich- bis bräunlichrot, 6–12 cm groß, mit ledriger Außenhaut, innen mit ledrigen, verzweigten Scheidewänden, dazwischen viele Samen mit glasiger, saftiger, weinroter Hülle.
Vorkommen: In tropischen und subtropischen Gärten; ursprünglich von Persien bis Nordwestindien verbreitet.
Weitere Namen: Englisch »Pomegranate«, Französisch »Grenadier«, Portugiesisch »Romanzeiro«, Spanisch »Granado«.
Wissenswertes: Der Granatapfel ist eine uralte Kulturpflanze. Er findet sich schon in altägyptischen Darstellungen, im Alten Testament sowie in orientalischen und griechischen Sagen, meist als Symbol für Liebe und Fruchtbarkeit. Aus seinem Saft hergestellter Wein gilt geradezu als Liebestrank. Die süße, saftige Samenhülle kann aber auch roh gegessen oder zu Gelee oder Sirup verarbeitet werden. Die gerbstoffreiche Fruchtschale diente früher zur Herstellung von Tinte und von Farben für Teppiche. Der Gattungsname geht auf die römische Bezeichnung »malus punica« (phönizischer Apfel) zurück. Als Zierpflanzen werden auch Formen mit weißen oder gefüllten Blüten sowie eine Zwergform ('Nana') gehalten.

Scharlachrote Ixora

Ixora coccinea
Familie: Rötegewächse, *Rubiaceae*

Wichtigste Kennzeichen: Blätter gegenständig. Blüten in Scheindolden, meist leuchtend rot, 4-zählig (einzelne auch 5-zählig), mit dünner Kronröhre und spitzen Kronlappen.
Wuchsform: Dicht strauchig, selten mehr als 1,5 m hoch, soll bis 6 m erreichen können.
Blätter: Oval bis länglich, 5–10 cm lang und 2–5 cm breit, glänzend, kurz zugespitzt, am Grund gerundet bis herzförmig, (fast) sitzend.
Blüten: Viele zusammen in dichten, schirmförmigen bis halbkugeligen Blütenständen, Knospen spitz, Kronröhre 2,5–4,5 cm lang, Kronlappen ausgebreitet, dazwischen die Staubblätter.
Früchte: Erbsengroße, dunkelrote Steinfrüchte, gekrönt von den 4 Kelchblättern, mit 1 oder 2 Steinkernen.
Vorkommen: Häufig in Gärten, auch als Heckenpflanze; stammt aus Indien.
Weitere Namen: »Korallenstrauch«, Englisch »Burning Love«, »Jungle Flame«, »Flame Flower«, »Flame of the Wood«, Spanisch »Cruz de Malta«, »Santa Rita«.
Wissenswertes: Wie der Name sagt, sind die Blüten dieses Strauchs meist scharlachrot, doch gibt es auch orange bis gelb gefärbte Formen. Die Blütenstände halten sich auch abgeschnitten sehr gut und sind daher ein häufiger Bestandteil buddhistischer Blumenopfer. Auch andere der rund 300 *Ixora*-Arten sind in Kultur. *I. chinensis* und *I. javanica* sind sehr ähnlich, aber durch gerundete Kronlappen bzw. gestielte Blätter und weniger dichte Blütenstände leicht erkennbar, *I. casei* durch größere, fast kugelige, karminrote Dolden. *I. finlaysoniana* ist ein hoher Strauch mit kleinen weißen Blüten, während *I. odorata* aus Madagaskar weiße, duftende Blüten mit bis 12 cm langer, rötlich überlaufener Kronröhre hat.

 **Sträucher** — Blätter einfach, gegenständig

Stolz von Trinidad

Warszewiczia coccinea
Familie: Rötegewächse, *Rubiaceae*

Wichtigste Kennzeichen: Große, gegenständige Blätter. Blütenstände mit langer Achse, kleinen gelben Blüten und leuchtend roten Schaublättern.

Wuchsform: Bis 15 m hoch, mit kräftigen, kantigen Zweigen, in Kultur oft als Strauch gehalten.

Blätter: Elliptisch bis langgestreckt, 15–60 cm lang, 6–30 cm breit, kurz zugespitzt, mit 15 bis 24 steil abzweigenden Seitennerven, dazwischen oft wellig. Zwischen den Blattstielen eiförmige bis dreieckige, bis 3 cm lange Nebenblätter.

Blüten: Blütenstände bis 80 cm lang, überhängend, auf der Oberseite mit dichten, gestielten Gruppen 6–8 mm großer, 5-zähliger Blüten; Kelch meist nur 1 mm groß und grün, aber bei 1 oder 2 Blüten pro Gruppe 1 Kelchblatt zu einem lang gestielten, elliptischen, bis 12 cm langen und 4 cm breiten Schauorgan mit blattartiger Struktur vergrößert.

Früchte: Nahezu kugelige, etwa 0,5 cm große, zweiklappige Kapseln mit vielen winzigen Samen.

Vorkommen: In Gärten, nicht sehr häufig, dafür aber umso auffälliger; stammt aus dem tropischen Amerika.

Weitere Namen: Englisch »Chaconia«, »Pride of Trinidad«, »Wild Poinsettia«, Spanisch »Barba Gallo«, »Crucero«, »Guna«, »Sangrenaria«.

Wissenswertes: Der Stolz von Trinidad ist eines der Nationalsymbole von Trinidad und Tobago. Er wird dort nach dem letzten spanischen Gouverneur, José Maria Chaón, als »Chaconia« bezeichnet und blüht stets um den Unabhängigkeitstag (31. August) herum. Die großen, roten Schaublätter locken Kolibris an, die Nektar aus den Blüten trinken. In der Volksmedizin wird die Pflanze gegen Blutungen eingesetzt, wenn auch möglicherweise nur wegen ihrer blutroten Farbe.

Rotblättrige Mussaenda

Mussaenda erythrophylla
Familie: Rötegewächse, *Rubiaceae*

Wichtigste Kennzeichen: Blätter gegenständig. Mindestens 1 Kelchblatt zu einem bis 10 cm langen, rosa oder roten Schaublatt vergrößert.

Wuchsform: In Kultur meist als aufrechter Strauch, selten mehr als 3 m hoch, Wildform kletternd, bis zu 9 m hoch, junge Zweige rot behaart.

Blätter: Herzförmig bis länglich-eiförmig, 6 bis 15 cm lang und 3–9 cm breit, zugespitzt.

Blüten: In dichten oder schirmförmigen Rispen, 5-zählig, mit enger, 1,5–2,5 cm langer Röhre, zumindest um den Eingang herum rötlich behaart; Kronsaum hellgelb oder weiß, 8–20 mm breit.

Früchte: Elliptisch bis länglich, bis 2 cm lang und 1 cm dick, behaart.

Vorkommen: In Gärten und Parks; ursprünglich aus Westafrika.

Weitere Namen: Englisch »Ashanti Blood«, »Red Flag Bush«.

Wissenswertes: Bei der Wildform dieser Art ist nur 1 der 5 Kelchblätter bei wenigen der äußeren Blüten jedes Blütenstandes in Größe, Form und Beschaffenheit den Laubblättern ähnlich, aber leuchtend scharlach- bis karminrot gefärbt. Bei Zuchtformen sind dagegen meist alle Kelchblätter aller Blüten vergrößert und oft weniger kräftig gefärbt. Das gilt insbesondere für die in Asien häufige Zuchtform 'Queen Sirikit', die oft nur noch wenige gelbe Blüten zwischen Massen von rosa Schaublättern zeigt. Der andere Elternteil dieser Kreuzung ist die Philippinische Mussaenda (*M. philippica*, »Virgin Tree«), deren Wildform nur 1 weißes Schaublatt und hellgelbe Blüten hat. Auch andere der rund 100 *Mussaenda*-Arten werden gelegentlich kultiviert, wie etwa die südostasiatische *M. frondosa* mit 1 weißen Schaublatt und kräftig orangegelben Blüten.

 Sträucher — Blätter einfach, gegenständig

Medinilla

Medinilla magnifica
Familie: Schwarzmundgewächse, *Melastomataceae*

Wichtigste Kennzeichen: Zweige 4-kantig bis geflügelt. Blüten in bis zu 50 cm langen, hängenden Rispen mit großen rosa Hochblättern.
Wuchsform: Breiter Strauch, bis 3 m hoch, Zweige an den Knoten behaart.
Blätter: Gegenständig, mit herzförmigem Grund sitzend, oval, 20–30 cm lang, mit einem kleinen Spitzchen, ledrig, mit unterseits stark hervortretenden, bogig verlaufenden Nerven.
Blüten: Bis 2,5 cm groß, rosa, rot oder hellviolett, mit becherförmigem Kelch, 5 Kronblättern und 10 Staubblättern; Letztere jeweils mit 2 gelben Knötchen und 1 langen, krummen, blasslila Staubbeutel. Hochblätter eiförmig, bis 20 cm lang, anfangs die ganze Rispe einhüllend, später abgespreizt.
Früchte: Violette, etwa 1 cm große Beeren, gekrönt von einem ringförmigen Rest des Kelchs.
Vorkommen: Am häufigsten als Kübelpflanze bei Häusern zu sehen; stammt von den Philippinen.
Weitere Namen: Englisch »Malaysian Orchid Tree«, »Rose Grape«.
Wissenswertes: Die Medinilla ist in den letzten Jahren auch bei uns immer häufiger als Zierpflanze erhältlich, leidet aber im Zimmer oft an Lichtmangel oder zu geringer Luftfeuchtigkeit. Dass man sie auch in den Tropen öfter im Kübel als im Garten sieht, hat einen einfachen Grund: trotz ihrer Größe wächst sie in der Natur bevorzugt in Astgabeln großer Bäume – und dort hat man kaum eine Chance, sie vom Boden aus zu entdecken. Am Boden findet man andere der rund 400 *Medinilla*-Arten, ohne auffällige Hochblätter, wie die ansonsten sehr ähnliche, noch reicher blühende *M. speciosa* im Bergland von Malaysia und Indonesien. Verschiedene weitere Schwarzmundgewächse sind in den Tropen fast überall anzutreffen (siehe S. 130, 140).

Barbadoskirsche

Malpighia emarginata
Familie: Malpighiengewächse, *Malpighiaceae*

Wichtigste Kennzeichen: Blüten 5-zählig. Kelchblätter mit je 2 Öldrüsen. Kronblätter gestielt, rosa bis rot, das obere ein wenig länger, mit ausgefranstem Rand.
Wuchsform: Sehr variabel, niedriger Strauch bis 6 m hohes Bäumchen.
Blätter: Gegenständig, eiförmig bis länglich, 2–8 cm lang, 1–5 cm breit, dunkelgrün glänzend.
Blüten: Zu 2–5 in kleinen Dolden, 12–17 mm groß, mit 10 gelben Staubblättern.
Früchte: Apfelförmig bis fast kugelig, 1–3 cm groß, rot, meist mit einigen Längsfurchen.
Vorkommen: Vor allem in den amerikanischen Tropen und auf Hawaii, seltener auch in Südostasien kultiviert; ursprünglich im karibischen Raum und im nördlichen Südamerika verbreitet.
Weitere Namen: Englisch »Barbados Cherry«, »West Indian Cherry«, Französisch »Cerise de Cayenne«, »Cerise des Antilles«, Portugiesisch »Cerejeira das Antilhas«, Spanisch »Acerola«, »Escobillo«, »Grosella«, »Semeruco«.
Wissenswertes: Die Barbadoskirsche wird sehr gern von Kindern gegessen, auch wenn manche Wildformen recht sauer sind. Da ihr Vitamin-C-Gehalt von kaum einer anderen Frucht übertroffen wird, wurden süßere Sorten in Kultur genommen und zeitweise in großen Plantagen angebaut. Die meisten Pflanzungen wurden allerdings wieder aufgegeben, weil die wenig aromatische Frucht als Obst nie richtig populär wurde und synthetisches Vitamin C viel billiger ist. Als Zierpflanze sieht man auch die nahe verwandte *M. coccigera* recht häufig. Sie ist ein meist kleiner, selten 2 m erreichender Strauch mit kleinen, bis 2 cm langen Blättern, von denen viele am Rand unangenehm spitze Stacheln tragen.

139

 Sträucher Blätter einfach, gegenständig

Singapur-Rhododendron

Melastoma malabathricum
Familie: Schwarzmundgewächse, *Melastomataceae*

Wichtigste Kennzeichen: Blätter gegenständig, mit 3–7 Hauptnerven. Blüten hell rotviolett (selten weiß). Staubblätter 10, davon 5 gerade und ganz gelb und 5 mit langen, krallenartig gekrümmten, violetten Staubbeuteln.

Wuchsform: Bis 3 m hoher Strauch mit 4-kantigen Zweigen, selten bis 5 m hoher Baum.

Blätter: Elliptisch bis langgestreckt-eiförmig, zugespitzt, 6–15 cm lang und 2–6,5 cm breit, behaart, die Seitennerven fast sprossenartig zwischen den im Bogen verlaufenden Hauptnerven.

Blüten: In wenigblütigen Rispen am Ende der Zweige, 3,5–7 cm groß, Blütenbecher (unter der Blüte) schuppig; Kronblätter meist 5, selten bis zu 8, Griffel so lang wie die längeren Staubblätter.

Früchte: Urnenförmig, fleischig, etwa 1 cm groß, gekrönt von den Resten der Kelchblätter; innen orange Samen in blauschwarzem Fruchtfleisch.

Vorkommen: Einer der häufigsten Sträucher Südostasiens, vor allem auf Brachflächen und an Straßenrändern; verbreitet von Mauritius bis Polynesien und vom Himalaja bis Australien.

Weitere Namen: Englisch »Singapore Rhododendron«, »Straits Rhododendron«.

Wissenswertes: Der Singapur-Rhododendron ist nicht mit dem echten *Rhododendron* verwandt, von dem es in den asiatischen Gebirgen über 800 Arten gibt. Seine Früchte sind essbar, haben aber wenig Geschmack. Dennoch werden sie gern von Kindern gegessen, denn noch stärker als Blaubeeren färben sie den Mund und die Zunge dunkelviolett, fast schwarz. Dieser Eigenschaft verdankt diese Gattung und die ganze Familie ihren Namen (*Melastoma*, von griechisch »melas« = schwarz, »Stoma« = Mund).

Brasilianische Guave

Acca sellowiana
Familie: Myrtengewächse, *Myrtaceae*

Wichtigste Kennzeichen: Blätter unterseits weiß- bis graufilzig. Blüten in der Mitte mit einem Pinsel aus zahlreichen karminroten Staubfäden. Kronblätter 4, zurückgeschlagen, oberseits karminrot, meist aber die fast weiße Unterseite nach oben umgerollt.

Wuchsform: Strauch oder kleiner Baum, bis 6 m hoch.

Blätter: Gegenständig, elliptisch, bis etwa 7 cm lang, oberseits dunkelgrün, nur auf der Mittelrippe dicht behaart, sonst allenfalls locker oder ganz kahl.

Blüten: Einzeln oder wenige zusammen, 3 bis 4 cm im Durchmesser, mit 4 oberseits rotbraunen, unterseits filzigen Kelchblättern, damit abwechselnd die 4 Kronblätter (s. o.). Die Staubfäden tragen kleine Staubbeutel, die ihre Farbe wechseln: vor ihrer Öffnung hellrot, dann gelb durch den dargebotenen Pollen und leer schließlich dunkelrot, bevor sie abfallen. Der in der Mitte aufragende Griffel ist etwas dicker und etwas länger als die Staubfäden, sonst aber ähnlich.

Früchte: Beerenartig, etwas länglich, 5–7 cm lang, bei Vollreife rotbraun, gekrönt von den Kelchblättern, mit weißlichem Fruchtfleisch und zahlreichen Samen.

Vorkommen: Häufig kultiviert, sogar im Mittelmeergebiet; ursprünglich aus dem südlichen Südamerika.

Weitere Namen: Brasilianisch »Feijoa«, Englisch »Pineapple Guava«, Spanisch »Guayabo del Brasil«. Der brasilianische Name setzt sich auch im deutschen Sprachraum allmählich durch.

Wissenswertes: Das säuerliche, im Duft an Ananas erinnernde Fruchtfleisch wird meist roh gegessen, in Südamerika aber auch zu Marmelade verarbeitet.

141

Sträucher — Blätter einfach, gegenständig

Wandelröschen

Lantana camara
Familie: Eisenkrautgewächse, *Verbenaceae*

Wichtigste Kennzeichen: Zweige 4-kantig. Blätter gegenständig, etwas runzelig. Blüten in Köpfchen, verschiedenfarbig, meist im Zentrum des Köpfchens gelb, weiter außen orange, rot oder rosa.
Wuchsform: Bis 3 m hoher Halbstrauch, wenig verholzt, oft mit einigen zurückgekrümmten Dornen.
Blätter: Eiförmig, 4–10 cm lang, rau behaart, mit gesägtem Rand, beim Zerreiben unangenehm riechend.
Blüten: Köpfchen 3–5 cm breit, Krone mit enger Röhre und 5 ausgebreiteten Lappen, die äußeren Blüten 8–10 mm im Durchmesser, mit bis zu 2 cm langer Röhre und ungleichen Lappen, die inneren Blüten kleiner und regelmäßiger.
Früchte: Schwarze, kugelige, etwa 5–7 mm große Steinfrüchte.

Vorkommen: Sehr häufig in fast allen tropischen und subtropischen Gebieten; ursprünglich von Texas bis Südamerika.
Weitere Namen: Die Art hat Hunderte von Volksnamen, u. a. Englisch »Cherry Pie«, »Shrub Verbena«, »Wild Sage«, Spanisch »Bandera Española«, »Camará«, »Cinco Negritos«, »Coronitas del Sol«.
Wissenswertes: Die Blüten des Wandelröschens locken Schmetterlinge an, sonst aber ist die Pflanze so giftig, dass sie von kaum einem Tier angerührt wird. Sie ist fast überall als Zierpflanze eingeführt worden, hat sich dann aber oft als aggressives Unkraut erwiesen und wird daher auch als »Curse of India« (Fluch Indiens) bezeichnet. Vielfach half erst die Einfuhr der natürlichen Schädlinge bei der Eindämmung. Heute sind weniger aggressive Sorten im Handel, zum Teil mit anderen Blütenfarben. Oft wird auch die nahe verwandte Kriechende Wandelblume *(L. montevidensis)* gepflanzt, ein Bodendecker mit hellvioletten Blüten.

Seidenpflanze

Asclepias curassavica
Familie: Seidenpflanzengewächse, *Asclepiadaceae*

Wichtigste Kennzeichen: Reichlich Milchsaft in allen Teilen. Blätter gegenständig, Blüten rot mit Gelborange.
Wuchsform: Bis 120 cm hoch, Zweige wenig verholzt und spärlich verzweigt.
Blätter: 8–15 cm lang, 1–2 cm breit, an beiden Enden zugespitzt, oben dunkelgrün, unten oft leicht bläulich.
Blüten: In Dolden am Ende der Zweige, bis 1 cm groß, 5-zählig; Kronblätter hellrot, meist zurückgeschlagen, darüber eine gelb bis orange gefärbte Nebenkrone, bestehend aus einer kurzen Säule und 5 tütenähnlichen Segmenten mit je 1 zur Mitte gekrümmten Zahn darin.
Früchte: Schmal-zigarrenförmig, bis 15 cm lang, je 2 zusammen, weit spreizend; Samen mit weißem, seidigem Haarschopf.

Vorkommen: Verbreitet als Zierpflanze und als Unkraut; stammt aus dem tropischen Amerika.
Weitere Namen: Englisch »Bastard Ipecacuanha«, »Bloodflower«, »Butterfly Weed«, »Indian Root«, »Orange Milkweed«, Französisch »Ipéca Sauvage«, Portugiesisch »Oficial da Sala«, Spanisch »Algodoncillo«, »Corcalito«, »Flor de Sangre«, »Mata Caballo«, »Yuquillo«.
Wissenswertes: Die Samenhaare, denen die Seidenpflanze ihren Namen verdankt, sind zu glatt und zu brüchig, um nutzbar zu sein. Die Pflanze ist als Unkraut gefürchtet, denn sie breitet sich rasch aus und ist so giftig, dass sie kaum gefressen wird. Nur die Raupen eines Falters *(Danaus chrysippus)* fressen die Blätter und werden dadurch selbst giftig. Schmetterlinge besuchen auch oft die Blüten. Um an den Nektar zu kommen, stecken sie ihren Rüssel in die Nebenkrone, bleiben dabei in Klemmkörpern hängen und übertragen so Päckchen mit Blütenstaub.

143

Sträucher — Blätter einfach, gegenständig

Jacobinie

Justicia carnea
Familie: Akanthusgewächse, *Acanthaceae*

Wichtigste Kennzeichen: Stängel 4-kantig. Blüten in dichten Rispen, meist rosa, deutlich 2-lippig.
Wuchsform: Bis 2 m hoher, kräftiger Halbstrauch, wenig verholzt.
Blätter: Gegenständig, länglich, bis 25 cm lang und 12 cm breit, an beiden Enden zugespitzt, am Rand etwas wellig und zwischen den Nerven meist ein wenig aufgewölbt.
Blüten: In bis zu 20 cm langen Rispen am Ende der Zweige, Kelch mit 5 schmalen, etwa 1 cm langen Lappen; Krone bis zu 7 cm lang, mit fast aufrechter Röhre, zurückgekrümmter, 3-lappiger Unterlippe und aufrechter, etwas gekrümmter, am Ende 2-lappiger Oberlippe, darunter die 2 Staubblätter.
Früchte: Längliche, etwas keulenförmige Kapseln mit 1 oder 2 scheibenförmigen Samen pro Fach; selten zu sehen.
Vorkommen: In Gärten und Parks, bevorzugt an schattigen Stellen; ursprünglich aus Brasilien.
Weitere Namen: Englisch »Brazilian Plume Flower«, »Flamingo Plant«, Spanisch »Isopo Rojizo«, »Tango Rojizo«.
Wissenswertes: Die Jacobinie kann als kräftige Staude oder saftiger Strauch angesehen werden. Sie wird meist durch Stecklinge vermehrt und bildet oft gar keine Früchte mehr. Auch Formen mit fliederfarbenen, roten oder weißen Blüten sind bekannt, aber seltener zu sehen. Die Pflanze wurde früher als *Jacobinia carnea* (daher der deutsche Name) oder *Cyrtanthera magnifica* bezeichnet, wird aber jetzt in die wesentlich weiter gefasste Gattung *Justicia* gestellt (siehe auch S. 216). Zu dieser Gattung gehört auch *J. rizzinii* (rechtes Bild), ein dekorativer Zwergstrauch, der auch als *Jacobinia pauciflora* im Handel ist. Getrocknete Blätter von *Justicia pectoralis* werden als halluzinogene Droge geschnupft.

Sanchezia

Sanchezia nobilis
Familie: Akanthusgewächse, *Acanthaceae*

Wichtigste Kennzeichen: Blätter gegenständig, über der Mittelrippe und meist auch den Seitennerven hellgelb bis weiß. Blüten gelb, röhrenförmig, in der Achsel rotbrauner bis roter Hochblätter.
Wuchsform: Breiter, wenig verholzter, bis 2 m hoher Strauch. Zweige 4-kantig, brüchig, oft rötlich überlaufen, mit verdickten Knoten.
Blätter: Eiförmig bis länglich-elliptisch, 10 bis 30 cm lang, 5–12 cm breit, Blattrand gezähnt, am Stiel herablaufend.
Blüten: In Gruppen von bis zu 10 an aufrechten, 5–40 cm langen Ähren, alle zu einer Seite gekehrt; Hochblätter eiförmig, 2,5–5,5 cm lang; Kronröhre steil nach oben gerichtet, 4,5–5,5 cm lang, mit 5 kleinen, zurückgerollten Zipfeln, die 2 Staubblätter und der Griffel aus der Röhre ragend.
Früchte: Längliche, 2-klappige Kapseln mit 6–8 Samen.
Vorkommen: In Parks und Gärten; ursprünglich aus Ecuador.
Weitere Namen: Offenbar heißt die Pflanze überall »Sanchezia«.
Wissenswertes: Die Sanchezien werden meist wegen ihrer dekorativen Blätter gepflanzt, daher sieht man noch öfter die Nachbarart *S. parvibracteata*, die eher unscheinbare Hochblätter im Blütenstand hat. Die Wildform von *S. nobilis* kann schnell den ganzen Garten überwuchern. Auch deshalb wird häufiger die Form 'glaucophylla' gepflanzt, bei der die hellen Streifen über den Blattnerven besonders breit sind. Ähnliche Blätter findet man auch bei einigen Formen von *Aphelandra speciosa* aus der gleichen Familie, die aber weniger groß wird und am Blütenstand gelbe Hochblätter und kreuzförmig in 4 Richtungen abstehende, 2-lippige Blüten trägt. Sie ist gelegentlich auch bei uns als Zimmerpflanze erhältlich.

Sträucher

Blätter einfach, gegenständig

Kronenblume

Calotropis gigantea
Familie: Hundsgiftgewächse, *Apocynaceae*

Wichtigste Kennzeichen: Alle Teile mit Milchsaft. Blätter gegenständig, steif-ledrig, bläulichgrau bewachst. Blüten cremeweiß bis hellviolett, 5-zählig, in der Mitte mit einer 5-kantigen Pyramide.
Wuchsform: Strauch mit kräftigen Zweigen, 1–5 m hoch, selten kleiner Baum.
Blätter: Kurz gestielt, mit herzförmigem Grund, elliptisch, 8–20 cm lang, 4–12 cm breit, meist sehr kurz zugespitzt.
Blüten: In scheindoldigen Blütenständen, 2,5–4,5 cm groß, wachsig, Kronblätter ausgebreitet, die von der Nebenkrone gebildete Pyramide etwa 1,5 cm hoch und oft etwas dunkler als die Kronblätter, in der Mitte mit grünlichgelber Narbe.
Früchte: Bläulichgrün, 7–10 cm lang, 2,5 bis 4 cm dick, am Grund gekrümmt, mit vielen Samen, jeweils mit Haarschopf.
Vorkommen: Vor allem an Küsten und an relativ trockenen Standorten; ursprünglich Pakistan bis Südostasien.
Weitere Namen: Englisch »Bowstring Hemp«, »Crown Flower«, »Giant Milkweed«, »Ivory Plant«, »Madar«.
Wissenswertes: Die Stängel der Kronenblume liefern zähe Fasern, die als Mudar- oder Yercum-Fasern im Handel sind. Sie können sogar als Angelsehne verwendet werden. Der giftige Milchsaft findet viele medizinische Anwendungen; beim Eintrocknen wird er zu einer gummiartigen Beschichtung. Die Blüten sind sehr lange haltbar und werden daher gern für Gestecke und Blumenkränze benutzt. Den nahe verwandten Oscherstrauch *(C. procera)* sieht man ebenfalls sehr häufig. Er hat oft größere, bis 30 cm lange Blätter, dafür aber etwas kleinere, 1,5–2,5 cm große Blüten, deren Kronblätter meist glockenförmig zusammenneigen und am Ende meist einen deutlich abgesetzten, dunkelvioletten Fleck tragen.

Guave

Psidium guajava
Familie: Myrtengewächse, *Myrtaceae*

Wichtigste Kennzeichen: Blätter gegenständig, mit kräftigen steil abzweigenden Seitennerven. Blüten weiß, mit 4–5 Kelch- und Kronblättern und sehr vielen Staubblättern. Früchte zitronenähnlich, gekrönt von den Kelchblättern.
Wuchsform: Breiter Strauch mit fein behaarten, 4-kantigen Zweigen, selten bis 10 m hoher Baum; Rinde älterer Zweige in Fetzen abfallend.
Blätter: Elliptisch bis länglich, an den Enden meist gerundet, 4–14 cm lang, 3–6 cm breit, graugrün, mit 12–20 Paar oberseits eingesenkter und unterseits hervortretender Seitennerven.
Blüten: Einzeln oder bis zu 3 zusammen, 2,5 bis 4 cm groß, mit unterständigem Fruchtknoten.
Früchte: Rundlich bis birnenförmig, bei Reife gelblich oder rosa gefleckt, 3–10 cm lang, mit weißem oder rosa Fruchtfleisch, meist mit vielen kleinen Samen.
Vorkommen: Überall in den Tropen angepflanzt und oft verwildert; stammt aus dem tropischen Amerika.
Weitere Namen: Englisch »Guava«, Französisch »Goyavier«, Portugiesisch »Goiaba«, Spanisch »Guayabo«.
Wissenswertes: Guaven sind reich an Vitamin C, Eisen und anderen Nährstoffen. Sie werden meist zu Saft, Gelee oder Kompott verarbeitet, denn die rohen Früchte haben oft nur wenig Geschmack und einen moschusartigen Geruch. Doch auch angenehm aromatische und sogar samenlose Sorten sind bekannt. Das Holz der Guave ist hart und dauerhaft, aber die Stämme bleiben meist zu dünn, um genutzt zu werden. Aus den Blättern wird ein Tee gegen Durchfall bereitet. Auch die Erdbeer-Guave (*P. cattleianum*) wird oft kultiviert. Sie hat dunkelrote Früchte und am Grund zugespitzte Blätter mit kaum hervortretenden Nerven.

 **Sträucher** — Blätter einfach, gegenständig

Gardenie

Gardenia augusta
Familie: Rötegewächse, *Rubiaceae*

Wichtigste Kennzeichen: Blätter gegenständig, dunkelgrün glänzend, seltener gelb und weiß gefleckt. Blüten weiß, meist rosenähnlich gefüllt.
Wuchsform: Dicht buschig, bis 2 m hoch, soll in der Natur 12 m erreichen können.
Blätter: Eiförmig bis länglich, 5–15 cm lang und 2–7 cm breit, mit einem winzigen, breitdreieckigen Nebenblättchen zwischen den beiden Blattstielen.
Blüten: Einzeln, 6–8 cm groß, weiß, beim Verblühen gelb und in der Mitte dunkel, mit unterständigem Fruchtknoten, langen schmalen Kelchzipfeln und etwa 3 cm langer, enger Kronröhre; die Wildform mit 5–7 Kronzipfeln.
Früchte: Elliptisch bis eiförmig, 1,5–3 cm groß, orange, fleischig, gekrönt von den 5 Kelchzipfeln, von deren Basis je eine Längsrippe herabläuft.

Vorkommen: In Gärten; ursprünglich aus Südostchina und Südjapan.
Weitere Namen: Englisch »Cape Jasmine«, »Common Gardenia«.
Wissenswertes: Die Gardenie ist eine beliebte Zierpflanze, die häufig auch in unseren Blumenläden angeboten wird. Sie ist allerdings etwas empfindlich und wirft leicht ihre Blütenknospen ab. Wegen der geringen Haltbarkeit der Blüten eignet sie sich auch nicht als Schnittblume. In Kultur findet man fast nur die gefüllte Form 'Veitchii', deren Blüten an Edelrosen erinnern. Auch eine Form mit doppelter Krone ist manchmal zu sehen, jedoch fast nie die ungefüllte Wildform. Die stark duftenden Blüten werden neben dem Arabischen Jasmin (*Jasminum sambac*, S. 192) auch zum Aromatisieren von Jasmintee benutzt. Auch einige andere der etwa 60 *Gardenia*-Arten werden manchmal kultiviert, vor allem die weniger empfindliche südafrikanische *G. thunbergia* mit bis zu 7 cm langer Kronröhre.

Kaffee

Coffea arabica
Familie: Rötegewächse, *Rubiaceae*

Wichtigste Kennzeichen: Blätter gegenständig, mit welligem Rand. Blüten weiß, in Büscheln in den Blattachseln. Früchte klein, rot, kurz gestielt.
Wuchsform: Kleiner Baum bis 6 m Höhe, mit waagerechten Zweigen, in Kultur meist als Strauch gehalten.
Blätter: Elliptisch bis länglich, 8–25 cm lang und 3–10 cm breit, dunkelgrün glänzend, zugespitzt, mit einem winzigen, breit-dreieckigen Nebenblättchen zwischen den Blattstielen.
Blüten: Bis zu 18 zusammen, duftend, 5–8-zählig, mit kurzer Kronröhre, Fruchtknoten unterständig.
Früchte: Rundlich bis elliptisch, 10–15 mm lang, mit dünnem Fruchtfleisch und häutiger Hülle um meist 2 Samen, die auf der einander zugekehrten Seite abgeflacht sind.

Vorkommen: In vielen tropischen Ländern angebaut, meist unter Schattenbäumen in 600 bis 1200 m Höhe; stammt aus dem äthiopischen Hochland.
Weitere Namen: Englisch »Coffee«, Französisch, Portugiesisch und Spanisch »Café«, Spanisch auch »Cafeto«.
Wissenswertes: Kaffee ist eine der wirtschaftlich wichtigsten Kulturpflanzen. Rund 25 Millionen Menschen verdienen ihren Lebensunterhalt damit, und etwa 1/3 der Menschheit trinkt Kaffee. Die Kaffeebohnen sind die Samen der Kaffeekirsche. Das Fruchtfleisch wird gleich nach der Ernte entfernt, geröstet werden die Bohnen aber erst im Verbrauchsland. Neben dem Arabica-Kaffee, der fast 3/4 der Weltproduktion liefert, sind noch 2 weitere Arten in Kultur: Robusta-Kaffee macht beinahe das restliche Viertel aus; er stammt von *C. canephora*, einer insgesamt kräftigeren Art niedrigerer Berglagen. Tieflandskaffee (*C. liberica*) trägt kaum mehr als 1% zum Weltmarkt bei.

 ## Sträucher — Blätter einfach, wechselständig

Blauer Kartoffelstrauch

Solanum rantonnetii
Familie: Nachtschattengewächse, *Solanaceae*

Wichtigste Kennzeichen: Blätter wechselständig, einfach. Blüten dunkelviolett, fast kreisrund, aber noch als 5-zählig erkennbar, in der Mitte mit einem gelben, abgeflachten Staubblattkegel.

Wuchsform: Bis 2,5 m hoher Strauch mit überhängenden, manchmal auch kletternden Zweigen, in Kultur oft zu Bäumchen mit kugeliger Krone geschnitten.

Blätter: Eiförmig bis länglich, 6–10 cm lang, dünn krautig, etwas zugespitzt, meist mit welligem Rand.

Blüten: Einzeln oder in kleinen Gruppen, mit kleinem grünem Kelch und 2–3 cm breiter, oft etwas knittriger Krone, in der Mitte meist mit einem kleinen, gelben Stern, von dessen Strahlen gerade Falten nach außen ziehen, bis zu einer Einkerbung im Kronsaum mit einem Spitzchen darin.

Früchte: Rote, apfelförmige Beeren, etwa 2,5 cm groß, selten zu sehen.

Vorkommen: In Gärten, oft stark zurechtgeschnitten im Kübel auf der Terrasse; ursprünglich aus Paraguay und Argentinien.

Weitere Namen: »Enzianstrauch«, Englisch »Blue Potato Bush«, »Paraguay Nightshade«.

Wissenswertes: Der Blaue Kartoffelstrauch bringt keine Kartoffeln hervor, sondern gehört lediglich wie die Kartoffel zur riesigen, etwa 1700 Arten umfassenden Gattung *Solanum* (siehe auch S.104, 198). Die Blütenform erinnert auch an die Kartoffel, die Farbe dagegen eher an unseren heimischen Bittersüßen Nachtschatten (*S. dulcamara*). Als Pflanze der südlichen Subtropen verträgt der Kartoffelstrauch leichten Frost bis etwa –3 °C. Er kann daher schon im Mittelmeergebiet im Freien kultiviert werden. Zwar frieren seine dünneren Zweige dort oft noch ab, doch meist kann er aus dem älteren Holz wieder austreiben.

Brunfelsie

Brunfelsia pauciflora
Familie: Nachtschattengewächse, *Solanaceae*

Wichtigste Kennzeichen: Violette, rasch ausbleichende Blüten mit 5 Kronblättern und sehr enger Röhre, darin 4 Staubblätter.

Wuchsform: Breitwüchsig, bis 3 m hoch, Kulturformen meist niedriger.

Blätter: Wechselständig, elliptisch bis länglich, oberseits dunkelgrün, am Ende zugespitzt oder rundlich; bei verschiedenen Formen unterschiedlich groß (siehe unten).

Blüten: 2,5–10 cm im Durchmesser, die Kronröhre etwa halb so lang, mit einem weißen Ring am Eingang.

Früchte: Eiförmige, etwas fleischige, 2-fächrige Kapseln mit ovalen Samen.

Vorkommen: Beliebter Zierstrauch; ursprünglich aus Brasilien.

Weiterer Name: Englisch »Yesterday-Today-And-Tomorrow«.

Wissenswertes: Wie viele Nachtschattengewächse ist auch die Brunfelsie giftig. Manche Ureinwohner bereiten daraus berauschende Drogen, und ein Extrakt ihrer Wurzel gilt als Mittel gegen Schlangenbisse. Ihren englischen Namen verdankt sie dem raschen Farbwechsel ihrer Blüten. Kurz nach dem Öffnen sind sie dunkelviolett, werden aber rasch heller und sind spätestens am dritten Tag weiß, kurz bevor sie abfallen. In Gärten findet man vor allem 2 Kulturformen: Die Form 'Floribunda' wird selten mannshoch, hat kleine, bis 7 cm lange und 2 cm breite Blätter und sehr viele kleine Blüten. Die Form 'Macrantha' ist in allen Teilen größer, die Blätter bis 25 cm lang und 7 cm breit, die Blüten 5–10 cm im Durchmesser. Seltener sieht man *B. americana*, mit gelblichweißen Blüten, die eine sehr lange Kronröhre besitzen und mit einem betörend süßen Duft Nachtschwärmer anlocken. Diese Art wird daher auch als »Lady of the Night« bezeichnet.

151

Sträucher

Blätter einfach, wechselständig

Kap-Bleiwurz

Plumbago auriculata
Familie: Bleiwurzgewächse, *Plumbaginaceae*

Wichtigste Kennzeichen: Blüten hellblau (selten weiß), mit langer, enger Kronröhre. Kelch mit klebrigen Haaren.
Wuchsform: Strauch mit langen, überhängenden Zweigen bis 2 m, mit Stützen auch doppelt so hoch.
Blätter: Wechselständig, länglich-elliptisch bis verkehrt-eiförmig, 3–9 cm lang und 1–3 cm breit; Blattstiel mit um den Stängel greifenden Öhrchen.
Blüten: In 2–6 cm langen Trauben am Ende der Zweige, fast sitzend, 5-zählig; Kelch röhrenförmig, etwa 1 cm lang, oft etwas rötlich, Kronröhre 2,5–4 cm lang, die ausgebreiteten Kronzipfel 1–1,5 cm lang, verkehrt-eiförmig, am Ende gerundet.
Früchte: Bis 8 mm lange, keulenförmige Kapseln, bis zur Reife im Kelch eingeschlossen, dann vom Grund her mit 5 Klappen öffnend.

Vorkommen: Sehr verbreitet in tropischen und subtropischen Gärten; stammt aus dem Osten Südafrikas.
Weitere Namen: Englisch »Cape Plumbago«, »Leadwort«, Spanisch »Azulina«, »Celestina«, »Jasmín Azul«, »No-me-olvides«, »Umbela«.
Wissenswertes: Die Kap-Bleiwurz erträgt Frost bis –8 °C und wächst daher auch am Mittelmeer noch im Freien. Besonders schön ist sie in Gebieten mit deutlicher Trockenzeit, denn zu viel Regen macht sie unansehnlich. Extrakte der Pflanze werden in der Volksmedizin gesetzt, wobei sich allerdings die Haut des Patienten bleigrau verfärbt. Auch einige verwandte Arten sind häufig zu sehen, in Amerika vor allem *P. scandens*, die keine Öhrchen am Blattstiel hat, aber sonst sehr ähnlich ist, in der Alten Welt *P. indica* mit rosa Blüten und *P. zeylanica* mit weißen oder sehr hell violetten, spitzeren Kronblättern. Der Saft aller dieser Arten ist stark hautreizend.

Strauchige Keulenlilie

Cordyline fruticosa
Familie: Drachenbaumgewächse, *Dracaenaceae*

Wichtigste Kennzeichen: Wenig verzweigter Strauch mit ringförmigen Blattnarben am Stängel. Blätter am Ende der Zweige gehäuft, langgestreckt, in Kultur (Foto rechts) meist überwiegend rosa, rot oder purpurn, meist in verschiedenen Farbtönen längs gestreift.
Wuchsform: Bis 7 m hoch, Zweige steil aufrecht, selten ganz unverzweigt.
Blätter: Wechselständig, gestielt, 20–60 cm lang und 5–12 cm breit, mit fiedrigen, in sehr spitzem Winkel abzweigenden Seitennerven.
Blüten: Weiß bis violett, 7–15 mm groß, 6-zählig, in einer bis 60 cm langen, überhängenden Rispe mit ährigen, bis 20 cm langen Seitenachsen.
Früchte: Kugelige Beeren, etwa 8 mm groß, dunkelrot, meist 1-samig.

Vorkommen: Häufig in Gärten, schon vor Ankunft der Europäer in Asien und Polynesien weit verbreitet.
Weitere Namen: Englisch »Good Luck Plant«, »Ti Plant«, »Tree-of-Kings«, Spanisch »Caña de Indio«, »Palmita Roja«.
Rispe mit**Wissenswertes:** Die Keulenlilie wird in Südostasien und Polynesien oft zur Abwehr böser Geister rund um die Häuser gepflanzt. Da sie selten blüht, gilt ihre Blüte als besonders gutes Omen. Die Verehrung als Geisterpflanze steht einer Nutzung aber keineswegs im Wege. Da ihre Blätter beim Trocknen nicht schrumpeln, werden sie gern zu Matten, Gefäßen, Fächern und Blattröcken verarbeitet. Auf vielen polynesischen Inseln waren ihre Wurzeln ein Grundnahrungsmittel, denn sie enthalten bis zu 20 % Zucker. Sie werden gekocht, gebacken oder zu einem alkoholischen Getränk vergoren. Die grüne Form dieser »Ki« oder »Ti« genannten Pflanze wurde schon von den Polynesiern nach Hawaii gebracht.

Sträucher
Blätter einfach, wechselständig

Katzenschwanz

Acalypha hispida
Familie: Wolfsmilchgewächse, *Euphorbiaceae*

Wichtigste Kennzeichen: Blätter nesselähnlich. Blütenstände als lange rote Schwänze herabhängend.
Wuchsform: Bis 3 m hoher Strauch, die jungen Zweige wenig verholzt.
Blätter: Wechselständig, 10–20 cm lang und 7–15 cm breit, eiförmig, mit gesägtem Rand, zugespitzt, krautig, mit auf der Unterseite deutlich hervortretenden Nerven.
Blüten: Die Einzelblüten winzig, eingeschlechtig, die männlichen fast nie zu sehen, die weiblichen mit haarfeinen, karminroten Blütenteilen, in 10–50 cm langen und 1–1,5 cm dicken, weichen, hängenden Kätzchen.
Früchte: Winzig, rundlich, bei Reife in 3 Teile zerfallend.
Vorkommen: Eine der häufigsten tropischen Gartenpflanzen; ursprüngliche Herkunft unsicher, vermutlich Neuguinea.

Weitere Namen: »Raues Nesselblatt«, Englisch »Chenille Plant«, »Philippine Medusa«, »Red Cats-Tail«, Französisch »Queue de Chat«.
Wissenswertes: Der Katzenschwanz ist so beliebt, weil seine langen roten Blütenstände fast das ganze Jahr vorhanden sind. Ihr weicher Flaum wird von den Griffeln der eingeschlechtigen Blüten gebildet. In Kultur sind daher ausschließlich weibliche Pflanzen, die durch Stecklinge vermehrt werden. Gelegentlich sind die Blütenstände in Blumengestecken zu finden. Im Handel werden sie manchmal als »Amarant« bezeichnet, doch das beruht auf einer Verwechslung mit dem Garten-Fuchsschwanz *(Amaranthus caudatus)*, einer einjährigen, krautigen Pflanze, die ganz ähnliche Blütenstände hervorbringt. Selten findet man vom Katzenschwanz auch Sorten mit dunkel purpurnen oder cremeweißen Blütenständen. Von den über 400 *Acalypha*-Arten ist sonst nur noch *A. wilkesiana* (S. 178) in Kultur.

Schönfaden

Callistemon citrinus
Familie: Myrtengewächse, *Myrtaceae*

Wichtigste Kennzeichen: Schmale, beim Zerreiben nach Zitrone duftende Blätter. Blütenstände wie leuchtend rote Flaschenbürsten.
Wuchsform: Strauch oder kleiner Baum bis 12 m, Zweige teils aufrecht, teils überhängend.
Blätter: Wechselständig, sehr schmal, bis 10 cm lang, steif, mit im Gegenlicht durchscheinenden Punkten.
Blüten: Zahlreich in dichten, bis 12 cm langen, an Flaschenbürsten erinnernden Blütenständen am Ende der Zweige; Einzelblüten klein, mit je 5 unscheinbaren Kelch- und Kronblättern, sehr vielen roten Staubfäden mit gelben Staubbeuteln und einem gelbgrün glänzenden Nektarring um den Griffel.
Früchte: Urnenförmig, bis 1 cm groß, holzig, gekrönt von den Kelchblättern.
Vorkommen: Als Zierstrauch in Gärten, in tropischen bis wintermilden gemäßigten Gebieten; ursprünglich aus Australien.
Weitere Namen: »Zylinderputzer«, Englisch »Crimson Bottlebrush«.
Wissenswertes: Der Schönfaden ist ein Strauch des trockenen Buschlands und daher an wiederkehrende Feuer angepasst. Die ätherischen Öle seiner Blätter entzünden sich explosionsartig und rauben damit dem Feuer den Sauerstoff, sodass die Zweige nur wenig versengt werden. Die Früchte öffnen sich oft erst nach dem Feuer. Dadurch finden die Samen günstige Keimungsbedingungen, die Jungpflanzen haben wenig Konkurrenz und viel Zeit bis zum nächsten Feuer. Von den etwa 30 *Callistemon*-Arten wird auch der sehr ähnliche *C. viminalis* (»Weeping Bottlebrush«) gern gepflanzt, der sich durch überhängende Zweige und etwas längere Flaschenbürsten unterscheidet. Seltener sieht man den blassgelb blühenden *C. pallidus*.

155

 Sträucher   Blätter einfach, wechselständig

Chinesischer Roseneibisch

Hibiscus rosa-sinensis
Familie: Malvengewächse, *Malvaceae*

Wichtigste Kennzeichen: Blätter zumindest in der oberen Hälfte mit gesägtem Rand. Blüten groß, meist leuchtend rot, mit 5 ungeteilten Kronblättern und einer Mittelsäule, die am oberen Drittel viele gelbe Staubbeutel und an der Spitze 5 kopfig verdickte, samtige Narben trägt.
Wuchsform: Aufrecht, bis 6 m hoch.
Blätter: Wechselständig, eiförmig bis oval, zugespitzt, krautig, 4–15 cm lang und 2,5–10 cm breit, mit haarfeinen Nebenblättern.
Blüten: Einzeln, meist 10–15 cm groß, mit schmalen Außenkelchblättern am Grund des 5-zähnigen Kelchs.
Früchte: Längliche Kapseln, bei Reife mit 5 Klappen öffnend, mit vielen Samen.
Vorkommen: Einer der häufigsten Ziersträucher der Tropen und Subtropen; stammt vermutlich aus Südostasien.

Weitere Namen: Englisch »Chinese Hibiscus«, »Chinese Rose«, »Shoe Flower«, Französisch »Rose de Chine«, Spanisch »Clavel Japonés«, »Rosa de China«.
Wissenswertes: Der Chinesische Roseneibisch ist in Asien schon sehr lange in Kultur. Mit dem Saft seiner Blüten wurden früher Haare und Augenbrauen, aber auch Schuhe schwarz gefärbt (daher »Shoe Flower«). Neben der Wildform gibt es viele Zuchtformen mit weiß gefleckten oder zerschlitzten Blättern, doppelter oder gefüllter, rosa, orange, gelb oder weiß gefärbter, auch mehrfarbiger, selten bis zu 30 cm großer Krone. Auch viele andere *Hibiscus*-Arten sind in Kultur (S. 170). Die Wandelrose (*H. mutabilis*, »Changeable Rose«, Foto unten rechts) mit 5-lappigen, weichhaarigen Blättern ändert ihre Blütenfarbe im Laufe des Tages von blass Rosa nach tief Rot. Der Straucheibisch *(H. syriacus)*, mit 3-lappigen Blättern und violetten (selten weißen) Blüten ist auch bei uns winterhart.

Koralleneibisch

Hibiscus schizopetalus
Familie: Malvengewächse, *Malvaceae*

Wichtigste Kennzeichen: Hängende Blüten mit 5 hellroten, stark zerteilten, zurückgekrümmten Kronblättern und einer Mittelsäule, die am Ende viele gelbe Staubbeutel und 5 dünne Narbenäste trägt.
Wuchsform: Bis 4 m hoher Strauch mit dünnen, oft überhängenden Zweigen.
Blätter: Wechselständig, oft in Büscheln an kurzen Seitentrieben, eiförmig bis länglich, 2–12 cm lang und 1–7,5 cm breit, mit gesägtem Rand.
Blüten: Einzeln an bis zu 16 cm langen Stielen hängend, 5–8 cm groß, mit winzigen Außenkelchblättern am Grund des 2-4-zähnigen Kelchs; Mittelsäule bis 9 cm lang, am Ende meist zur Seite gekrümmt.
Früchte: Längliche, bis 3,5 cm lange, vielsamige Kapseln.

Vorkommen: Verbreiteter Zierstrauch; stammt aus dem tropischen Ostafrika.
Weitere Namen: »Fransen-Eibisch«, »Zerschlitzter Roseneibisch«, Englisch »Coral Hibiscus«, »Fringed Hibiscus«, »Japanese Lantern«.
Wissenswertes: Wegen seiner bizarren Blüten wird der Koralleneibisch oft bei der Züchtung neuer *Hibiscus*-Sorten eingesetzt, beinahe so häufig wie der Roseneibisch (siehe oben). Möglicherweise ist er selbst nur eine alte Kultursorte dieser Art. Selbstverständlich sind auch andere der über 300 *Hibiscus*-Arten (vgl. oben und Foto unten rechts) beteiligt. Weiße Blütenfarbe etwa wird gern vom hawaiischen *H. arnottianus* eingekreuzt. Von einigen Arten, manchmal auch vom Koralleneibisch, werden die Bastfasern der Rinde genutzt; ansonsten dienen sie vor allem als Zierpflanzen. Eine Ausnahme ist die Rosella *(H. sabdariffa)*, deren zur Fruchtzeit fleischige, purpurn gefärbte Kelche zu Saft, Gelee oder Lebensmittelfarbe verarbeitet werden.

 **Sträucher** — Blätter einfach, wechselständig

Christusdorn

Euphorbia milii
Familie: Wolfsmilchgewächse, *Euphorbiaceae*

Wichtigste Kennzeichen: Milchsaft in allen Teilen. Dicke, kantige Zweige mit vielen kräftigen Dornen, meist paarweise neben den Blättern. Blüten mit 2 roten Blütenblättern.

Wuchsform: Bis zu 2 m hoher Strauch mit kräftigen, oft krummen Zweigen.

Blätter: Wechselständig, länglich bis verkehrteiförmig, meist 3–8 cm lang.

Blüten: Blütenstände bis 10 cm lang, 1–3-mal gegabelt, daher mit 2, 4 oder 8 »Blüten« (Teilblütenständen); jeweils mit 2 bis zu 1,5 cm breiten, rundlichen, roten Hochblättern und 5 gelb glänzenden Drüsen.

Früchte: Kleine, 3-teilige Kapseln, selten zu sehen.

Vorkommen: Beliebt als Hecken- und Zimmerpflanze; stammt aus Madagaskar.

Weitere Namen: Englisch »Christ Thorn«, »Crown of Thorns«, Spanisch »Corona de Cristo«.

Wissenswertes: Der Christusdorn wird so genannt, weil man sich wenig Schlimmeres als Dornenkrone Christi vorstellen kann. Diese Art kann es aber nicht gewesen sein, denn sie war damals noch unbekannt im Mittelmeergebiet. Der echte Christusdorn war vermutlich *Paliurus spina-christi*, der den gleichen deutschen Namen trägt, aber völlig anders aussieht. Von der hier besprochenen Art gibt es mittlerweile zahlreiche Zuchtformen, darunter eine zwergwüchsige und eine mit gelben Hochblättern. Trotz ihrer Ähnlichkeit entsprechen nicht diese Hochblätter, sondern die 5 gelben Drüsen den Schauorganen der Mexikanischen Wolfsmilch (S.162). Der Christusdorn ist ursprünglich in trockenen Gebieten zu Hause, wie die Mehrzahl der *Euphorbia*-Arten. In den Trockengebieten der Alten Welt zeigen viele Arten eine Wuchsform wie Kakteen und werden oft als Kaktus bezeichnet. Echte Kakteen haben jedoch größere Blüten mit vielen Blütenblättern und vor allem niemals Milchsaft.

Rhabarber von Guatemala

Jatropha podagrica
Familie: Wolfsmilchgewächse, *Euphorbiaceae*

Wichtigste Kennzeichen: Stamm dick, am Grund angeschwollen. Blätter am Ende gehäuft, 5-lappig. Blüten in aufrechten Scheindolden, deren letzte Verzweigungen leuchtend rot, wie die Kronblätter.

Wuchsform: Bis 1,5 m hoch (soll 3 m erreichen können), wenig verzweigt, mit fleischigen, aufrechten Zweigen.

Blätter: Lang gestielt, schildförmig, 10–30 cm groß, die Lappen in der Mitte am breitesten, mit welligem Rand, unterseits oft bläulich.

Blüten: Etwa 1–1,5 cm groß, mit 5 Kronblättern; die meisten männlich, mit 6–10 gelben Staubblättern, wenige weiblich, mit 3 gegabelten Narben.

Früchte: Rundliche Kapseln, 1,5–2 cm groß, bläulichgrün, bei Reife braun und mit 3 Klappen öffnend.

Vorkommen: In Gärten, auch an trockenen Plätzen; stammt aus Mittelamerika.

Weitere Namen: Englisch »Gout Plant«, »Guatemala Rhubarb«, Spanisch »Capa de Rey«, »Ruibarbo«.

Wissenswertes: Obwohl der Rhabarber von Guatemala in seiner Knolle Wasser speichern kann, wirft er in der Trockenzeit die Blätter ab. Wie die meisten Wolfsmilchgewächse hat er Milchsaft in allen Teilen. Auch einige andere der rund 175 *Jatropha*-Arten sieht man recht häufig. Die Korallenpflanze (*J. multifida*, »Coral Plant«) hat ähnliche Blüten und fast bis zum Grund geteilte Blätter, deren 7–11 schmale Finger nochmals gelappt sein können. Die Peregrina (*J. integerrima*; Foto rechts) trägt an ihren viel dünneren Zweigen meist sowohl einfache als auch gelappte Blätter. Ihre Blüten sind bis 2,5 cm groß und meist tief rosa. Die Purgiernuss (*J. curcas*) hat kleine grünliche Blüten. Ihr Samenöl wird unter anderem zu Kerzen und Seife verarbeitet.

Sträucher

Blätter einfach, wechselständig

Wüstenrose

Adenium obesum
Familie: Hundsgiftgewächse, *Apocynaceae*

Wichtigste Kennzeichen: Kurze, auffällig dicke Stämme. Blüten 5-zählig, rosa bis rot, mit langer, innen meist gelblicher Röhre mit rosa Längsstreifen.
Wuchsform: Bis 1 m, selten bis 3 m hoch, die fleischigen Stämme mit glatter grauer Rinde; alle Teile mit wässrigem Milchsaft.
Blätter: Am Ende der Zweige gehäuft, länglich, am breitesten nahe der Spitze, 7–12 cm lang, 3–8 cm breit, etwas fleischig, oberseits dunkelgrün glänzend, unterseits blasser und matt, Spitze breit gerundet oder mit winzigem Spitzchen.
Blüten: In Gruppen am Ende der zur Blütezeit oft blattlosen Zweige, bis 5 cm groß, die Kronlappen weiß mit rosa Rand bis rosa mit karminrotem Rand, in der Knospe verdreht.
Früchte: Langgestreckt zigarrenförmig, bis 24 cm lang und 2 cm dick, je 2 zusammen im rechten Winkel zu ihrem Stiel, bei Reife öffnend, mit vielen Samen, die an jedem Ende einen seidigen Haarschopf tragen.
Vorkommen: Beliebte Zierpflanze in Asien und Afrika; ursprünglich in Ostafrika von Äthiopien bis Südafrika verbreitet.
Weitere Namen: Englisch »Desert Rose«, »Impala Lily«, »Japanese Frangipani«, »Mock Azalea«, »Sabi Star«.
Wissenswertes: Während andere Zierpflanzen gegossen werden müssen, muss die Wüstenrose eher vor zu viel Wasser geschützt werden. Sie stammt aus sehr trockenen Gebieten und speichert das wenige benötigte Wasser in ihren dicken Stämmen. Bekommt sie mehr, dann verliert sie ihre Blätter. Obwohl die Pflanze als giftig gilt und ihr Milchsaft sogar als Pfeilgift dient, wird sie von vielen afrikanischen Wildtieren abgefressen, offenbar wegen der Wasservorräte.

Frangipani

Plumeria rubra
Familie: Hundsgiftgewächse, *Apocynaceae*

Wichtigste Kennzeichen: Reichlich Milchsaft in allen Teilen. Zweige dick, die Blätter am Ende gehäuft. Kronlappen der Blüten propellerartig verdreht.
Wuchsform: Breiter Strauch, bis 6 m hoch, soll am Wildstandort sehr viel größer werden können.
Blätter: Langgestreckt, 12–50 cm lang und 3–15 cm breit, steif-ledrig, zugespitzt, matt.
Blüten: In schirmförmigen Rispen am Ende der Zweige; Kronröhre 1,5–2,5 cm lang, die ausgebreiteten Kronlappen 2,5–4,5 cm lang, rot, rosa oder weiß, zumindest am Grund oft gelb.
Früchte: Langgestreckt und etwas abgeflacht, 10–30 cm lang und 1,5–4 cm dick, meist 2 zusammen, darin viele große, geflügelte Samen.
Vorkommen: Sehr häufig in allen Tropengebieten; ursprünglich aus Amerika.
Weitere Namen: »Pagodenbaum«, Englisch auch »Temple Tree«, Französisch »Fangipanier«, Spanisch »Amapola«, »Atapaima«, »Flor de Cruz«.
Wissenswertes: Der Frangipani blüht fast das ganze Jahr, abgesehen von einer kurzen blattlosen Ruhephase. Die Wildform scheint fast immer weiße Blüten mit gelbem Zentrum zu haben, doch in Gärten ist die rote Form häufiger. Rein gelbe Formen gibt es nur in Kultur. Der Singapur-Pagodenbaum (*P. obtusa*) hat stets weiße Blüten mit gelbem Zentrum, aber glänzende, am Ende gerundete Blätter. Als Symbole ewigen Lebens werden beide Arten oft in Tempelanlagen und auf Friedhöfen gepflanzt und ihre Blüten als Opfergaben verwendet. Auf Hawaii werden daraus Blumenkränze geflochten, und eine Blüte hinter dem rechten Ohr signalisiert »bin noch zu haben«, links bedeutet »bin schon vergeben.«

161

 Sträucher — Blätter einfach, wechselständig

Mexikanische Wolfsmilch

Euphorbia fulgens
Familie: Wolfsmilchgewächse, *Euphorbiaceae*

Wichtigste Kennzeichen: Milchsaft in allen Teilen. Zweige dünn, überhängend. Blätter schmal, lang gestielt. Blüten orangerot, der grüne Fruchtknoten bei den älteren an einem Stiel herausragend.
Wuchsform: Niedriger, wenig verzweigter und nur schwach verholzter Strauch mit bis zu 2 m langen Zweigen.
Blätter: Wechselständig, 6–14 cm lang und 1,5–2,5 cm breit, zugespitzt, dunkelgrün, mit recht steil abzweigenden Seitennerven und einem Gelenk zwischen Blattstiel und Blattspreite.
Blüten: In kurzen, vom waagerechten Zweig aus nach oben gerichteten Rispen. Die »Blüten« sind in Wahrheit Teilblütenstände, jeweils mit 5 orangeroten Hochblättern, die Kronblätter vortäuschen. Sie umgeben mehrere männliche Blüten und eine weibliche.
Früchte: Kleine, 3-teilige Kapseln, selten zu sehen.
Vorkommen: Verbreitet, aber nicht sehr häufig in Gärten, manchmal auf Feldern angebaut; stammt aus Mexiko.
Weiterer Name: Englisch »Scarlet Plume«.
Wissenswertes: Die Mexikanische Wolfsmilch ist eine sehr attraktive Zierpflanze, die vor allem im Winter auch häufig in unseren Blumengeschäften zu finden ist. Neben der orangeroten Wildform wird gelegentlich auch eine weiße Form angeboten. Unter allen rund 2000 Wolfsmilch-Arten erreicht sie die größte Perfektion im Vortäuschen einer Einzelblüte durch einen Teilblütenstand. Die 5 roten Hochblätter tragen in ihrer Achsel jeweils einen sehr stark verkürzen Zweig mit mehreren männlichen Blüten, die allerdings bis auf ein einziges Staubblatt reduziert sind. Ebenso ist die zentrale weibliche Blüte bis auf ihren Fruchtknoten zurückgebildet, der an seiner Spitze 3 rote, gegabelte Narbenäste trägt.

Weihnachtsstern

Euphorbia pulcherrima
Familie: Wolfsmilchgewächse, *Euphorbiaceae*

Wichtigste Kennzeichen: Milchsaft in allen Teilen. Spitzen der Zweige mit vielen großen, leuchtend roten Blättern, dazwischen unscheinbare Blütenstände.
Wuchsform: Bis 4,5 m hoher, meist wenig verzweigter Strauch.
Blätter: Wechselständig, meist an der Spitze der Zweige gehäuft, 7–30 cm lang, ihre Form je nach Sorte sehr verschieden, meist zugespitzt, oft zumindest einige gebuchtet oder gelappt.
Blüten: Zwischen den Schaublättern finden sich kleine, gelbgrüne, rundliche Gebilde, die einseitig eine gelbe Drüse und oben winzige rote Blütenorgane tragen. Selbst das sind noch nicht die Blüten, sondern Teilblütenstände (siehe oben).
Früchte: Rundliche, grüne, etwa 1,5 cm große 3-fächrige Kapseln.
Vorkommen: Einer der häufigsten tropischen Ziersträucher; ursprünglich aus Mexiko und Guatemala.
Weitere Namen: Englisch »Christmas Flower«, »Lobster Plant«, »Mexican Flameleaf«, »Poinsettia«, Spanisch »Bandera«, »Guacamayo«, »Flor de Noche Buena«, »Flor de Pascua«.
Wissenswertes: Der Weihnachtsstern benötigt Nächte von mehr als 12 Stunden, um Blüten anzusetzen. Deshalb blüht er bei uns meist um die Weihnachtszeit. Als Zimmerpflanze wird er oft mit Hormonen klein gehalten. Auch Formen mit rosa, gelblichen oder weißen Hochblättern sind im Handel. Stets weiße Schauorgane und viel schmalere Blätter hat die »Pascuita« *(E. leucocephala)*, die wegen ihres stark hautreizenden Milchsafts nicht als Zimmerpflanze geeignet ist. Auch *E. cyathophora* sieht dem Weihnachtsstern ähnlich, ist aber krautig und hat nur am Grund rote, im oberen Teil dagegen normal grün gefärbte Hochblätter.

 # Sträucher   Blätter einfach, wechselständig

Annatostrauch

Bixa orellana
Familie: Annatogewächse, *Bixaceae*

Wichtigste Kennzeichen: Blattstiel am Ansatz der Spreite leicht verdickt, Blattspreite am Grund mit (3 oder) 5 Nerven. Blüten rosa (selten weiß), mit vielen Staubblättern. Früchte dicht mit weichen Stacheln besetzt, meist rot.
Wuchsform: Meist strauchig, bis 6 m hoch, selten bis 10 m hoher Baum, junge Zweige rötlichbraun behaart.
Blätter: Wechselständig, lang gestielt, (gestreckt-)herzförmig, zugespitzt, bis 25 cm lang, hellgrün, Nerven oft rötlich.
Blüten: In Rispen am Ende der Zweige, etwa 5 cm groß, mit je 5 Kelch- und Kronblättern und einem behaarten Fruchtknoten.
Früchte: Eiförmig, etwas abgeflacht, bis 4 cm groß, mit 2 Klappen öffnend, innen bis zu 50 leuchtend rote Samen.
Vorkommen: Vor allem in Gärten, oft auch verwildert; stammt aus dem tropischen Amerika.
Weitere Namen: »Orleansbaum«, Englisch »Annatto«, »Blood Tree«, »Lipstick Tree«, Französisch »Achiot«, »Roucou«, Portugiesisch »Açafroa«, »Urucú«, Spanisch »Achote«, »Chaya«, »Onoto«.
Wissenswertes: Aus der fleischigen Samenschale des Annatostrauchs wird ein leuchtend roter Farbstoff gewonnen, der in Lippenstiften und Seife, vor allem aber (als E160(b)) in Lebensmitteln wie Käse und Margarine verwendet wird. Die Ureinwohner des tropischen Amerika benutzen ihn seit jeher zum Färben ihrer Haare und zum Bemalen ihrer Haut. Solche »Rothäute« griffen schon Francisco de Orellana an, der 1541/42 Südamerika durchquerte und auf den sich der wissenschaftliche Artname bezieht. Orellana konnte von den versteckt angreifenden Kriegern kaum mehr erkennen, als dass sie keine Bärte trugen. Deshalb hielt er sie für Frauen (Amazonen), wodurch der Strom, auf dem er reiste, den Namen »Río de las Amazonas« erhielt.

Rosenkaktus

Pereskia grandifolia
Familie: Kakteen, *Cactaceae*

Wichtigste Kennzeichen: Helle Haarpolster in den Achseln der Blätter, meist mit mehreren Stacheln. Blüten mit vielen rosa oder selten roten Kronblättern und noch mehr gelben Staubblättern.
Wuchsform: Kräftiger Strauch, bis 5 m hoch, selten bis 7 m hoher Baum mit bis zu 10 cm dickem Stamm; mit grünen Zweigen, aus deren Haarpolstern jeweils 1–8 schwarze, meist 1 bis 3 cm lange Stacheln entspringen.
Blätter: Wechselständig, elliptisch, 4–20 cm lang und 2–7 cm breit, ledrig, kurz zugespitzt.
Blüten: Einzeln oder an verzweigten Sprossabschnitten mit kleineren Laubblättern, 4–7 cm groß; Blütenhüllblätter zahlreich, die äußeren kelchartig, grün, die meisten aber gefärbt, Griffel mit mehreren weißen Narben.
Früchte: Birnenförmige, gelbe Beeren, 5–6 cm groß, auf ihrer Oberfläche einige verdickte Blätter der Blütenhülle.
Vorkommen: Verbreitet als Zierstrauch, ursprünglich aus Brasilien.
Weitere Namen: Englisch »Rose Cactus«, »Wax Rose«, Spanisch »Ñajú de Espinas«.
Wissenswertes: Der Rosenkaktus ist trotz seiner Blätter ein echter Kaktus, wie man an den Stachelpolstern und den Blüten erkennen kann. Die beblätterten Kakteen (*Maihuenia* mit 2, *Pereskia* mit 16 Arten) sind aber nur eine winzige Minderheit unter den rund 1400 Kakteen-Arten. Noch häufiger, aber oft weniger ansehnlich als der Rosenkaktus ist die kletternde Barbados-Stachelbeere (*P. aculeata*, »Barbados Gooseberry«) mit etwas kleineren Blüten und meist 2 kräftigen, zurückgekrümmten Dornen an der Blattbasis. Auch *P. corrugata*, mit orange gefärbten, vor dem Öffnen an Edelrosen erinnernden Blüten, ist ein beliebter Zierstrauch.

165

Sträucher — Blätter einfach, wechselständig

Beerenmalve

Malvaviscus arboreus
Familie: Malvengewächse, *Malvaceae*

Wichtigste Kennzeichen: Blüten leuchtend rot (selten rosa), 3–6 cm lang, die 5 Kronblätter zu einer Röhre zusammengedreht, aus der die Mittelsäule mit vielen Staubblättern und dem Griffel mit 10 Narbenästen herausragt.
Wuchsform: Bis 4 m hoher, aufrechter Strauch, selten bis 10 m hoher Baum.
Blätter: Wechselständig, sehr variabel, eiförmig bis langgestreckt, 7–21 cm lang und 4 bis 16 cm breit, oft etwas gelappt, am Grund gerundet bis herzförmig, lang zugespitzt, meist mit gesägtem Rand, beidseits behaart, dünn krautig mit hervortretenden Nerven, davon 3–7 vom Grund ausgehend.
Blüten: Einzeln, aufrecht bis hängend, mit schmalen, behaarten Außenkelchblättern am Grund des 1–2 cm langen, 2–5-lappigen Kelchs.
Früchte: Abgeflacht-kugelig, 8–15 mm groß, rötlich bis bläulich, etwas fleischig, schließlich in 5 Teilfrüchte zerfallend.
Vorkommen: Häufiger Zierstrauch; ursprünglich vom Süden der USA bis Südamerika verbreitet.
Weitere Namen: »Wachsmalve«, »Schlafeibisch«, Englisch »Sleeping Hibiscus«, »Turk's Cap«, »Wax Mallow«, Spanisch »Amapola«, »Manzanita«, »Monacillo«, »Quesillo«, »Papito de Monte«, »Tulipancillo«.
Wissenswertes: Die Blüten der Beerenmalve sehen aus, als wären sie noch nicht ganz geöffnet. Sie gehen aber nie weiter auf, denn die Röhre hat eine wichtige Funktion. Die Blüten werden nämlich von Kolibris besucht, die dort Nektar trinken (siehe Foto links). Der Vogel kann seinen Schnabel nur in einer ganz bestimmten Position in die Röhre einführen, wobei er erst die Narben, dann die Staubgefäße berührt. Wenn er zur nächsten Blüte weiterfliegt, überträgt er so den Blütenstaub und sorgt damit für die Befruchtung.

Dreifarbige Schönmalve

Abutilon megapotamicum
Familie: Malvengewächse, *Malvaceae*

Wichtigste Kennzeichen: Blüten hängend, 5-zählig, mit rotem Kelch mit flügelartigen Kanten, hellgelben Kronblättern und einer Mittelsäule aus vielen dunkelvioletten, oft fast schwarzen Staubblättern.
Wuchsform: Bis zu 2 m hoch, mit dünnen, überhängenden Zweigen, manchmal in andere Sträucher kletternd.
Blätter: Wechselständig, 5–10 cm lang und 2–3,5 cm breit, über einer herzförmigen Basis lang dreieckig zugespitzt, selten schwach 3-lappig, mit grob gesägtem Rand. Nebenblätter bis 1 cm lang und 4 mm breit.
Blüten: Einzeln an 2,5–6 cm langen Stielen hängend; Kelch bis 3 cm lang, in der Knospe herzförmig; Kronblätter etwa 1,5 cm aus dem Kelch und Staubblattsäule etwa gleich weit aus der Krone ragend.
Früchte: 5-teilige Kapseln, die Teile einzeln nach oben öffnend, mit jeweils 2–6 Samen.
Vorkommen: Häufig als Zierstrauch in Gärten, manchmal verwildert; stammt aus dem südlichen Brasilien.
Weitere Namen: Englisch »Trailing Abutilon«.
Wissenswertes: Die Dreifarbige Schönmalve ist eine von über 100 *Abutilon*-Arten, die in allen warmen Gebieten verbreitet sind. Viele davon sind Zierpflanzen, manche aber auch Unkräuter, wie *A. indicum*, der ein starkes Insektengift enthält. Auch die Fasern liefernde Chinajute *(A. theophrasti)* ist oft verwildert. Unter den Zierpflanzen findet man häufig Formen mit gefleckten Blättern. Bei *A. pictum*, mit grünem Kelch und orangeroter, glockenförmiger Krone, ist die gefleckte Form ('thompsonii') sogar die häufigste. Die Flecken werden durch ein Virus hervorgerufen, das die Pflanze aber nicht weiter schädigt.

Sträucher — Blätter einfach, wechselständig

Marmeladenstrauch

Streptosolen jamesonii
Familie: Nachtschattengewächse, *Solanaceae*

Wichtigste Kennzeichen: Blüten in verschiedenen Orange-Tönen in einem Blütenstand; mit 5 ungleichen Kronlappen, der untere breiter, die beiden oberen schmaler als die beiden seitlichen, meist etwas zurückgeschlagen.

Wuchsform: Bis 2,5 m hoher Strauch mit langen, dünnen, behaarten, oft überhängenden Zweigen, manchmal als Spalier gezogen.

Blätter: Wechselständig, eiförmig bis elliptisch, 2–5 cm lang, unterseits behaart, zwischen den Nerven leicht aufgewölbt.

Blüten: In bis zu 20 cm langen, dichten Rispen, fast gelb beim Öffnen, fast rot beim Verblühen, mit etwa 1 cm langem, ungleich 5-zähnigem Kelch, 3–4 cm langer, krummer, fein behaarter Kronröhre und 2,5–3 cm breitem Saum, die Kronlappen breit gerundet und etwas längsfaltig, die 4 Staubblätter oben in der Röhre.

Früchte: Unscheinbare 2-fächrige Kapseln mit vielen Samen; lange im Kelch eingeschlossen.

Vorkommen: An Häusern und in Gärten; stammt aus dem Westen Südamerikas.

Weitere Namen: Englisch »Firebush«, »Marmelade Bush«, »Orange Browallia«, »Yellow Heliotrope«.

Wissenswertes: Der Marmeladenstrauch blüht sehr reichlich und fast das ganze Jahr. Da er aus höheren Lagen stammt, machen ihm kühle Nächte wenig aus, sodass er auch bei uns im Sommer im Kübel nach draußen gestellt werden kann. Weil er rasch wächst und schon im ersten Jahr zur Blüte kommt, wird er manchmal sogar als einjährige Pflanze gehalten. Früher wurde er zeitweise zur Gattung *Browallia* gestellt, deren 2 Arten krautig sind und ähnlich geformte, aber violette oder selten weiße Blüten besitzen.

Ochna

Ochna serrulata
Familie: Grätenblattgewächse, *Ochnaceae*

Wichtigste Kennzeichen: Blätter klein, mit fein gezähntem Rand. Blüten goldgelb, mit vielen Staubblättern. Früchte blütenähnlich, mit schwarzen Steinfrüchten auf einem leuchtend roten Blütenboden.

Wuchsform: Reich verzweigter, bis 3 m hoher Strauch, selten kleiner Baum bis 6 m; die Zweige übersät mit winzigen Korkwarzen.

Blätter: Wechselständig, elliptisch, bis 5 cm lang und knapp 1 cm breit, glänzend.

Blüten: Einzeln oder selten zu zweit an kurzen Seitentrieben, bis 2 cm groß, mit 5 grünen Kelchblättern, 5 Kronblättern und einem 5–7-teiligen Fruchtknoten mit einem gemeinsamen Griffel.

Früchte: Blütenboden zur Fruchtzeit fleischig angeschwollen, am Grund mit den vergrößerten, bis 2 cm langen, zurückgeschlagenen Kelchblättern, am Rand mit verdickten Resten der Staubblätter, auf der Oberfläche mit bis zu 7 fast kugeligen, bis 1 cm großen Steinfrüchten.

Vorkommen: Verbreitet in Gärten; stammt aus dem Osten Südafrikas.

Weitere Namen: »Mickymausbusch«, Englisch »Carnival Bush«, »Mickey Mouse Tree«.

Wissenswertes: Die Ochna wird vor allem wegen ihrer bizarren Früchte kultiviert, die mit ihren rundlichen, schwarzen Teilfrüchten manche Leute an eine Mickymaus erinnern. Auch die übrigen etwa 85 *Ochna*-Arten sind meist relativ kleine Sträucher. Viel größer, bis 12 m hoch, wird *O. arborea*, deren hartes, schweres Holz für Werkzeugstiele und Zaunpfähle verwendet wird, aber auch für geschnitzte Amulette, die böse Geister fern halten sollen. Ein Pulver ihrer gerbstoffhaltigen Rinde wird gegen Kopfschmerzen geschnupft, und auch die Wurzeln spielen in der Medizin der Zulus eine Rolle.

Sträucher Blätter einfach, wechselständig

Simpurstrauch

Dillenia suffruticosa
Familie: Rosenapfelgewächse, *Dilleniaceae*

Wichtigste Kennzeichen: Große, elliptische Blätter mit kräftigen Seitennerven, die fast gerade in die Zähnchen des Blattrands laufen. Blüten leuchtend gelb, sehr groß. Früchte blütenähnlich, rot.

Wuchsform: Bis 10 m hoher, breiter Strauch.
Blätter: Wechselständig, bis 25 cm lang und 12 cm breit, mit bis zu 20 Nervenpaaren, diese erst kurz vor dem Rand umgebogen.
Blüten: Bis 15 cm groß, mit 5 oft etwas rötlichen Kelchblättern, 5 großen, zarten und meist etwas welligen gelben Kronblättern, sehr vielen weißen Staubblättern und 5–8 weißen Narbenstrahlen; in kurzen Trauben; jeweils nur eine für 1 Tag offen.
Früchte: Sternförmig, bis 6 cm Durchmesser, Kelchblätter zurückgeklappt; die 5–8 Zacken des Sterns gebildet von den leuchtend roten Fruchtblättern, im Zentrum ein Stern aus weißen Samenleisten, daran die rot-schwarzen Samen.
Vorkommen: Sehr häufig in Malaysia und Indonesien, meist in wildem Buschland auf sehr feuchtem Boden; in der Karibik stellenweise eingebürgert.
Weitere Namen: Englisch »Malayan Dillenia«, Malaiisch »Simpoh Air«.
Wissenswertes: Die Gattung *Dillenia* ist mit etwa 60 Arten von Madagaskar bis Fidschi und vom Himalaja bis Australien verbreitet. Die meisten Arten finden sich im indomalaiischen Raum, wo sie als »Simpoh« oder »Simpur« bezeichnet werden. Trotz ihrer meist dekorativen, oft ganzjährig vorhandenen Blüten werden nur wenige Arten (S. 106) kultiviert. In ihrer Heimat gelten viele sogar als Unkraut, weil sie brach liegende Flächen rasch erobern. Bei *Dillenia excelsa*, die durch gelbe Blüten mit violetten Staubblättern leicht zu erkennen ist, soll jeder in die Erde gesteckte Zweig wieder anwachsen.

Lindenblättriger Eibisch

Hibiscus tiliaceus
Familie: Malvengewächse, *Malvaceae*

Wichtigste Kennzeichen: Blätter fast kreisrund. Blüten groß, gelb bis orange, in der Mitte sehr dunkel purpurn. Kelch von großem Außenkelch umgeben.

Wuchsform: Breiter Strauch mit krummen, manchmal auf dem Boden liegenden Zweigen; selten baumförmig, bis zu 10 m hoch. Junge Zweige weich behaart.
Blätter: Wechselständig, bis 20 cm lang, mit einem kleinen Spitzchen, herzförmiger Basis und 5–9 Hauptnerven; oberseits matt grün; unterseits blasser, weich behaart. Nebenblätter bis 3 cm groß.
Blüten: Bis 12 cm groß, mit etwa 2 cm großem, 8–11 lappigem Außenkelch und einer bis zu 5 cm langen Mittelsäule, von der zahlreiche Staubfäden abzweigen. Griffel etwa 1 cm länger als die Mittelsäule, Narben dunkel.
Früchte: Eiförmige Kapseln, bis 3,5 cm lang, zugespitzt, gelblich behaart, mit 5 Klappen öffnend, Samen bis 5 mm groß.
Vorkommen: Vor allem im Tidenbereich tropischer Küsten.
Weitere Namen: Englisch »Coast Hibiscus«, »Hau Tree«, »Mahoe Tree«, »Wild Cotton Tree«, Spanisch »Majagua«.
Wissenswertes: Der Lindenblättrige Eibisch hat durch seine schwimmfähigen Samen eine fast weltweite Verbreitung erlangt. Seine Rinde enthält stabile Fasern, aus denen Seile, Netze und im pazifischen Raum auch Baströcke hergestellt werden. Krumm gewachsene Zweige dienen als Ausleger für Boote. Die Blüten halten nur 1 Tag. Sie öffnen morgens leuchtend gelb, werden dann immer mehr orange und abends welken sie dunkel rotbraun. Der sehr ähnliche Pappelblättrige Eibisch (S. 102) ist durch getrennte dunkle Flecken in den Blüten, einen tassenförmigen Kelch und helle Narben zu unterscheiden.

171

Sträucher — Blätter einfach, wechselständig

Gelbe Bauhinie

Bauhinia tomentosa
Familie: Johannisbrotgewächse, *Caesalpiniaceae*

Wichtigste Kennzeichen: Blätter zu 1 Drittel bis zur Hälfte ihrer Länge in 2 rundliche Lappen geteilt. Blüten gelb, das obere (innere) der 5 Kronblätter auf der Innenseite mit einem dunkel purpurnen (fast schwarzen) Fleck am Grund.
Wuchsform: Dichter Strauch mit überhängenden Zweigen, selten bis 7 m hoher Baum.
Blätter: Wechselständig, 2,5–8 cm groß, am Grund rundlich bis herzförmig, jeder Lappen mit 3 Nerven.
Blüten: Einzeln oder in wenigblütigen Rispen am Ende der Zweige, 3–7 cm groß, glockenförmig, innen mit 5 gebogenen Staubblättern.
Früchte: Bis 11 cm lang und 2 cm breit, abgeflacht, blassbraun, samtig-filzig, bei Reife in 2 Teile zerfallend.
Vorkommen: Häufig als Zierstrauch, weit verbreitet im tropischen und subtropischen Afrika und Asien.
Weitere Namen: Englisch »Bush Neat's Foot«, »Yellow Bauhinia«.
Wissenswertes: Die gelbe Bauhinie ist eine von rund 300 *Bauhinia*-Arten, von denen die meisten sehr auffällige Blüten haben und viele als Zierpflanzen kultiviert werden. Fast alle zeigen die typischen, kuhfußartig zweigeteilten Blätter, gleichgültig, ob es sich um Sträucher, Bäume (S. 98) oder Lianen (S. 202) handelt. Viele Arten können ohnehin als Baum oder Strauch bzw. Strauch oder Liane wachsen. Die meisten haben rötliche oder weiße Blüten, mit ausgebreiteten Kronblättern; gelbe Blüten und weit überlappende Kronblätter, wie in diesem Fall, sind selten. Bei der ebenfalls strauchigen *B. cumingiana* und einigen kletternden Arten sind die jungen Blüten zunächst gelb, verfärben sich aber während ihrer Blütezeit immer kräftiger orange.

Tropischer Oleander

Thevetia peruviana
Familie: Hundsgiftgewächse, *Apocynaceae*

Wichtigste Kennzeichen: Milchsaft in allen Teilen. Blätter sehr schmal. Blüten gelb (selten rötlich), trichterförmig.
Wuchsform: Reich verzweigt, bis 9 m hoch, in Kultur kaum über 4 m.
Blätter: Wechselständig, 7–15 cm lang, 0,5 bis 1,5 cm breit, hellgrün, ledrig, an beiden Enden zugespitzt.
Blüten: Einzeln oder wenige zusammen, 5-zählig, 3–6 cm lang, mit zunächst enger, dann plötzlich erweiterter Röhre, die bis zu 4 cm langen, breit gerundeten Kronlappen miteinander verdreht.
Früchte: Abgeflacht ellipsoid bis rundlich-pyramidenförmig, 2,5–3 cm lang und 3–4 cm breit, bei Reife dunkelrot, mit 2–4 Samen.
Vorkommen: Häufig in allen tropischen Gebieten; ursprünglich aus Amerika.
Weitere Namen: »Schellenbaum«, Englisch »Be-Still Tree«, »Lucky Nut«, »Trumpet Flower«, »Yellow Oleander«, Französisch »Arbre à Lait«, »Noix-Sirpent«, »Oléandre Jaune«, Portugiesisch »Loandro Amarelo«, Spanisch »Adelfa Amarilla«, »Cabalonga«, »Campanilla«, »Cascabel«, »Chilco«, »Retama«.
Wissenswertes: Der Tropische Oleander ist mit dem Echten Oleander des Mittelmeergebiets *(Nerium oleander)* nur weitläufig verwandt, aber ähnlich giftig. Er enthält ein Herzglykosid, das schon beim Verschlucken einer Frucht tödlich sein kann. Stark verdünnt dient der Milchsaft in Mexiko als Mittel gegen Fieber, Zahnschmerzen und Magengeschwüre, unverdünnt auch zur Giftfischerei. Die Teile der zerfallenden Steinkerne der Frucht werden zuweilen als Schmuck oder Klappern getragen, worauf sich einige der Volksnamen beziehen. In Asien sind die Blüten oft Bestandteil buddhistischer und hinduistischer Blumenopfer.

 ## Sträucher — Blätter einfach, wechselständig

Totentrompete

Brugmansia aurea
Familie: Nachtschattengewächse, *Solanaceae*

Wichtigste Kennzeichen: Sehr große, trompetenförmige, hängende Blüten mit 5 feinen, zurückgebogenen Spitzen.
Wuchsform: Meist breit strauchig, bis 4 m hoch, selten bis 10 m hoher Baum; mit dicken, weichen Zweigen.
Blätter: Langgestreckt-eiförmig, 15–25 cm lang, oft etwas wellig, bei Jungpflanzen mit gezähntem Rand. Häufig kleine Blätter in der Achsel der großen.
Blüten: Einzeln oder 2 zusammen, mit langröhrenförmigem Kelch und gelber bis fast weißer, 15–30 cm langer Kronröhre, darin verborgen ein langer Griffel und 5 Staubblätter.
Früchte: Länglich-eiförmig, glatt, holzig, mit vielen keilförmigen Samen.
Vorkommen: Beliebte Gartenpflanze, auch bei uns zuweilen im Kübel gehalten; stammt aus den nördlichen Anden.
Weitere Namen: »Gelbe Engelstrompete«, Englisch »Yellow Angel's Trumpet«, Spanisch »Borrachero«.
Wissenswertes: Die Totentrompete verdankt ihren Namen ihrer starken Giftigkeit. Extrakte der Blätter und Samen dienen den Schamanen Südamerikas seit je als halluzinogene Drogen, um mit den Göttern in Verbindung zu treten. Der spanische Name (»borracho« = betrunken) bezieht sich auf diese Nutzung. Neben der Totentrompete sind noch weitere *Brugmansia*-Arten in Kultur und werden ähnlich genutzt, vor allem die weiß blühenden Arten *B. arborea*, *B. suaveolens* und *B. versicolor* und ihre Mischlinge (*B.* × *candida* und *B.* × *insignis*), die als Engelstrompeten bezeichnet werden, sowie die Blutstrompete *(B. sanguinea)* mit gelber Kronröhre und orangerotem, gelb gestreiftem Kronsaum. Sie alle wurden früher zur Gattung *Datura* (Stechapfel) gestellt, deren Vertreter jedoch krautig sind und stachelige Früchte bilden.

Thailändischer Kapernstrauch

Capparis micracantha
Familie: Kaperngewächse, *Capparidaceae*

Wichtigste Kennzeichen: Jeweils bis zu 6 Blüten(knospen) in einer Reihe oberhalb der Blattstiele. Kronblätter weiß, das oberste mit einem gelben bis purpurnen Fleck. Viele lange Staubfäden; Fruchtknoten gestielt.
Wuchsform: Strauch bis 6 m, selten als kleiner Baum oder kletternd; Zweige überhängend, mit kurzen Dornen.
Blätter: Wechselständig, elliptisch bis länglich, 8–18 cm lang und 4–8 cm breit, glänzend hellgrün.
Blüten: 4-zählig, Kronblätter 1–2,5 cm lang und 3–7 mm breit, Staubblätter und Stiel des Fruchtknotens bis 3 cm lang, weiß, Fruchtknoten grün.
Früchte: Kugelig bis länglich, bis 6,5 cm lang und 4,5 cm dick, ledrig, bei Reife gelb bis rot, mit saftigem Fruchtfleisch und vielen Samen.
Vorkommen: Ursprünglich aus Südostasien und dort auch häufig in Gärten, meist im Halbschatten.
Weiterer Name: Englisch »Thai Caper«.
Wissenswertes: Wie die meisten der rund 250 *Capparis*-Arten wird auch der Thailändische Kapernstrauch von Nachtschwärmern bestäubt, die im Flug vor der Blüte hin und her pendeln und dabei die Staubgefäße und die Narbe berühren. Der lange Stiel des Fruchtknotens ist ein Familienmerkmal. Der Thailändische Kapernstrauch ist zwar verwandt mit dem am Mittelmeer heimischen Echten Kapernstrauch *(C. spinosa)*, doch als Gewürz nicht geeignet. Bei den Kapern handelt es sich um die Blütenknospen des Echten Kapernstrauchs. Sie müssen nach der Ernte kurz welken, um das typische Aroma zu entwickeln, bevor sie gesalzen und eingelegt werden. Wie die meisten anderen *Capparis*-Arten hat der Echte Kapernstrauch ganz weiße Kronblätter ohne dunkleren Fleck.

175

 Sträucher Blätter einfach, wechselständig

Teestrauch

Camellia sinensis
Familie: Teegewächse, *Theaceae*

Wichtigste Kennzeichen: Blattrand mit Zähnen. Blüten mit je 5–7 Kelch- und Kronblättern, vielen Staubblättern und einem deutlich 3-spaltigen Griffel.
Wuchsform: Bis 5 m hoher Strauch, selten bis zu 20 m hoher Baum; in Kultur meist auf etwa 1 m Höhe gehalten.
Blätter: Wechselständig, eiförmig bis langgestreckt, bis 12 cm lang, bei den beiden Hauptsorten etwas verschieden (siehe unten).
Blüten: Einzeln oder bis zu 4 zusammen, 2,5 bis 4 cm groß, Kelchblätter breit, grün, an der Frucht erhalten bleibend, Kronblätter weiß (gelblich bis leicht rosa), Staubgefäße klein und rundlich.
Früchte: Eiförmige, ledrige, von der Spitze her 3-spaltige Kapseln, bis 3 cm groß, mit je 1 dicken, rundlichen, dunkelbraunen Samen pro Fach.
Vorkommen: Verbreitet in Kultur, meist im Hochland, in Form dicht beieinander stehender Hecken; stammt von der Südflanke des Himalaja.
Weitere Namen: Englisch »Tea Plant«, Französisch »Arbre à Thé«, Portugiesisch »Chá da Índia«, Spanisch »Arbol del Té«.
Wissenswertes: Mit über 2,5 Mio. Tonnen Handelsmenge ist Tee eine wichtige Weltwirtschaftspflanze. In China wird er seit über 5000 Jahren angebaut. Der Chinatee (var. *sinensis*) ist mäßig frosthart und hat etwas kleinere, fest ledrige, stark gezähnte Blätter; der erst im 19. Jahrhundert entdeckte Assamtee (var. *assamica*) dagegen ist frostempfindlich und hat etwas größere, dünnere, nur selten und undeutlich gezähnte Blätter. Schwarztee entsteht durch Welke und Fermentation nach der Ernte. Beim grünen Tee dagegen wird die Zersetzung durch Erhitzen und Trocknung frühzeitig unterbunden, sodass die ursprünglichen Inhaltsstoffe besser erhalten bleiben.

Fächerstrauch

Scaevola taccada
Familie: Fächerblumengewächse, *Goodeniaceae*

Wichtigste Kennzeichen: Blätter am Ende der Zweige rosettenartig gehäuft. Blüten mit oben gespaltener Röhre, die 5 Kronlappen zur Seite und nach unten zeigend.
Wuchsform: Dichter, breiter Strauch, bis 3 m hoch, mit kräftigen, bogenförmig aufsteigenden Zweigen; selten bis zu 7 m hoher Baum.
Blätter: Hellgrün, glänzend, etwas fleischig, 12–26 cm lang und 5–10 cm breit, spatelförmig, kurz vor ihrem gerundeten Ende am breitesten, zum Grund hin keilförmig.
Blüten: In kleinen Gruppen zwischen den Blättern, 2–2,5 cm lang, blassgelb bis weiß mit rasch ausbleichenden violetten Linien. Griffel kräftig, mit einem breiten, nach unten gekrümmten Narbenkopf.
Früchte: Weiße, 10–15 mm große Steinfrüchte, gekrönt von den Resten der Blütenhülle, oft angedeutet 2-teilig oder gerippt.
Vorkommen: An Stränden des Indischen und Pazifischen Ozeans und als Heckenpflanze auf sandigen Böden.
Weitere Namen: Englisch »Beach Naupaka«, »Half-Flower«, »Sea Lettuce«.
Wissenswertes: Der Fächerstrauch hat, wie viele Strandpflanzen, seine weite Verbreitung auch ohne Zutun des Menschen erreicht. Seine Früchte werden von Vögeln gefressen und dadurch ausgebreitet, vor allem aber können die Steinkerne mit ihrer korkartigen Außenschicht lange im Seewasser schwimmen, ohne ihre Keimfähigkeit zu verlieren. Der Name Fächerstrauch bezieht sich auf die Blüten, deren Kronblätter wie ein nach unten gerichteter Fächer wirken. Die nahe verwandte australische Fächerblume (*S. aemula*), mit violetten, hellblauen oder weißen Blüten mit gelbem Zentrum, ist seit einigen Jahren auch bei uns als einjährige Sommerblume zu haben.

177

Sträucher — Blätter einfach, wechselständig

Wunderstrauch

Codiaeum variegatum var. *pictum*
Familie: Wolfsmilchgewächse, *Euphorbiaceae*

Wichtigste Kennzeichen: Blätter bunt, oft rot, gelb und grün, gepunktet, gefleckt oder geadert, ledrig, glattrandig, meist einfach, selten gelappt. Blüten relativ unscheinbar, eingeschlechtig.
Wuchsform: Aufrechter Strauch bis 6 m Höhe, in Kultur selten über 3 m.
Blätter: Wechselständig, sehr variabel in Form und Größe, 5–40 cm lang, elliptisch bis bandförmig oder gebuchtet bis gelappt, gelegentlich gewellt.
Blüten: In bis zu 25 cm langen, überhängenden Trauben, mit 5 winzigen Kelchblättern. Männliche Blüten lang gestielt, mit 5 oder 6 winzigen, gezähnten bis geteilten Kronblättern, ebenso vielen Drüsen und 15–35 Staubblättern; weibliche Blüten sitzend, ihr Fruchtknoten mit 3 langen, zurückgekrümmten Narben.
Früchte: Rundlich, schwach 3-lappig, blassgrün, bis 1 cm lang, bei Reife in 3 Teile zerfallend, mit je 1 braunen, gefleckten Samen.
Vorkommen: Einer der häufigsten Ziersträucher, auch als Zimmerpflanze. Herkunft unsicher, stammt vermutlich aus der indomalaiischen Inselwelt.
Weiterer Name: Englisch »Croton«.
Wissenswertes: Die Blätter des Wunderstrauchs zeigen eine ähnliche Vielfalt wie die des Schillernden Nesselblatts (s. u.), die jedoch am Rand gezähnt und dünner krautig sind. Je nach Form und Farbe der Blätter werden zahlreiche Kulturformen unterschieden. In Neuguinea dienen sie zuweilen zur Abgrenzung der Stammesgebiete. Sehr junge Zweige und Blätter werden in Südostasien als Gemüse verzehrt. Dem Samenöl des »Croton« wird oft eine stark abführende Wirkung zugeschrieben, doch das bezieht sich auf eine tatsächlich zur botanischen Gattung *Croton* gehörende Art, *C. tiglium*.

Schillerndes Nesselblatt

Acalypha wilkesiana
Familie: Wolfsmilchgewächse, *Euphorbiaceae*

Wichtigste Kennzeichen: Blätter breit-eiförmig bis herzförmig, mit gesägtem Rand; mindestens 2-farbig, meist überwiegend rot, oder mit hellem Rand.
Wuchsform: Breiter, dichter, bis 5 m hoher Strauch.
Blätter: Wechselständig, 4–22 cm lang und 2–15 cm breit, meist zugespitzt, krautig, mit unterseits deutlich hervortretenden Nerven.
Blüten: Unscheinbar, die männlichen in bis zu 20 cm langen, dünnen, hängenden Ähren, die weiblichen in kurzen, lockeren, aufrechten Ähren.
Früchte: Winzig, rundlich, bei Reife in 3 Teile zerfallend.
Vorkommen: In Gärten und öffentlichen Anlagen; stammt vermutlich von den Fidschi-Inseln.
Weitere Namen: Englisch »Beefsteak Plant«, »Copperleaf«, »Jacob's Coat«, »Fire Dragon«, »Match-Me-If-You-Can«, Spanisch »Capa Roja«.
Wissenswertes: Das Schillernde Nesselblatt wird wegen seiner bunten Blätter gepflanzt; Blüten und Früchte sind unscheinbar. Unzählige Farbvarianten sind im Handel. Zu den beliebtesten gehören die Formen 'Macafeeana', deren Blätter hell karminrot mit dunklen Flecken sind, 'Macrophylla' mit fast gleichmäßig weinroten bis purpurnen Blättern, 'Marginata' mit purpurnen bis olivbraunen Blättern mit rosa oder orange gefärbtem Rand und 'Musaica' mit 3–4-farbigen, olivbraun, purpurn, karmin- und kupferrot, orange oder grün gefleckten Blättern. Die Sorte 'Godseffiana' wurde früher als eigene Art angesehen, denn ihre Blätter sind nicht rot, sondern grün mit hellem, gelbem oder weißem Rand. Von vielen Sorten gibt es außerdem Formen mit in sich gewellten Blättern.

179

 ## Kletterpflanzen — Blätter gefiedert oder dreizählig

Schmetterlingserbse

Clitoria ternatea
Familie: Schmetterlingsblütler, *Fabaceae*

Wichtigste Kennzeichen: Blätter gefiedert. Blüten mit einem großen, nach unten gerichteten Kronblatt, das einen ovalen Saum bildet, der mit seinem oberen Drittel 2 Paar viel kleinerer Kronblätter umfasst.
Wuchsform: Krautig, mit dünnen Sprossen bis 6 m hoch windend.
Blätter: Wechselständig, 6–17 cm lang, mit 5 oder 7 elliptischen, 2–7 cm langen und 1 bis 4 cm breiten Fiederblättchen.
Blüten: Meist einzeln, am Grund mit 2 eiförmigen, 0,5–1 cm langen Blättchen; Kelch 1,5 bis 2,5 cm lang, zur Hälfte verwachsen. Das große Kronblatt 3,5–5 cm lang, 2,5–4 cm breit, blau bis violett, selten weiß, in der Mitte mit einem gelben Fleck mit weißem Rand. Die kleinen Kronblätter etwas wellig, die beiden äußeren knapp halb so lang wie die Blüte, die inneren nochmals um die Hälfte kürzer.
Früchte: Bohnenähnlich, grün, 5–12 cm lang, etwa 1 cm breit, leicht behaart, mit 6–10 Samen.
Vorkommen: Überall in den Tropen, vor allem an Wegrändern; ursprüngliche Herkunft unklar, wahrscheinlich Amerika.
Weitere Namen: Englisch »Butterfly Pea«, »Blue Pea«, »Cordofan Pea«, Spanisch »Azulejo«, »Conchitas«, »Papito«, »Zapatico de la Reina«.
Wissenswertes: Die Blüten der Schmetterlingserbse sind gegenüber denen anderer Schmetterlingsblütler (wie unserer Erbse) um 180° verdreht. Sie werden wie Lackmuspapier in Säuren rot und in Laugen blau. In Asien wird dieser Farbstoff zuweilen zum Färben von Reis oder Gebäck benutzt. Die Pflanze trägt den Namen *Clitoria*, weil die Blüte (mit viel Fantasie) an eine Vulva mit daraus hervorstehender Klitoris erinnern soll.

Glockenrebe

Cobaea scandens
Familie: Sperrkrautgewächse, *Polemoniaceae*

Wichtigste Kennzeichen: Blätter wechselständig, gefiedert, die Endfieder meist durch eine Ranke ersetzt. Blüten sehr groß, 5-zählig, glockenförmig, meist dunkelviolett.
Wuchsform: Große, krautige Liane, erreicht 3–8 m in 1 Jahr, soll bis zu 20 m hoch werden.
Blätter: Mit 3 (selten 2) Paar Fiederblättchen, das unterste mit stumpfem bis herzförmigem Grund sitzend, die oberen bis zu 2 cm lang gestielt, elliptisch bis verkehrt-eiförmig, 3,5 bis 13 cm lang, 1,3–6 cm breit, zugespitzt. Ranke meist verzweigt, am Ende mit einem Haken.
Blüten: Einzeln, Kelch 2,5–3,5 cm groß, zur Hälfte verwachsen, mit 5 flügelartig hervorstehenden Kanten; Krone 4,5–6,5 cm lang, am breiten, gerundeten Lappen, vor dem Öffnen grünlichweiß und selten auch so bleibend. Staubblätter und Griffel unten in der Krone liegend, leicht nach oben gekrümmt und etwas herausragend.
Früchte: Elliptisch bis länglich, 5–9 cm lang, auf einer gelappten Scheibe sitzend, bei Reife mit 3 Klappen öffnend, mit großen geflügelten Samen.
Vorkommen: Verbreitet kultiviert und manchmal verwildert; stammt aus dem tropischen Amerika.
Weitere Namen: »Krallenrebe«, Englisch »Cathedral Bells«, »Cup-and-Saucer Vine«, »Mexican Ivy«.
Wissenswertes: Die Glockenrebe produziert viel Nektar und wird in ihrer Heimat von Fledermäusen bestäubt. Bei uns ist sie gut als einjährige Sommerblume zu halten, denn sie stammt aus Höhen um 2000 m und erträgt daher kühle Nächte, jedoch keinen Frost. Damit sie zur Blüte kommt, muss sie ab Ende Februar bei etwa 20 °C vorgetrieben und nach den Eisheiligen ins Freie gepflanzt werden.

181

Kletterpflanzen

Blätter gefiedert oder dreizählig

Rosa Trompetenwein

Podranea ricasoliana
Familie: Trompetenbaumgewächse, *Bignoniaceae*

Wichtigste Kennzeichen: Blätter gegenständig, unpaarig gefiedert, Fiederblättchen mit gesägtem Rand. Blüten rosa, mit dunkleren Längsstreifen im Schlund.
Wuchsform: Bis 5 m hoch kletternd, mit relativ dünnen, aber schließlich verholzenden Sprossen.
Blätter: Bis 25 cm lang, mit 5–11 eiförmigen, 2,5–4 cm langen und 1,5–2 cm breiten Fiederblättchen.
Blüten: In Rispen am Ende der Zweige. Kelch weit glockenförmig, blass, 1,5–2 cm lang, etwa zur Hälfte in 5 spitze Lappen geteilt. Krone 6 bis 8 cm lang und breit, Saum 5-lappig, ausgebreitet; Kronröhre blassrosa bis gelblichweiß, innen mit pinkfarbenen Streifen und Flecken, am Grund eng, dann glockenförmig, darin 2 lange und 2 kurze Staubblätter.
Früchte: Fast zylindrisch, 25–35 cm lang, ledrig, bei Reife mit 2 Klappen öffnend, mit vielen geflügelten Samen.
Vorkommen: Häufig an Lauben und Hauswänden; heimisch nur bei Port St. Johns in Südafrika.
Weitere Namen: Englisch »Pink Tecoma«, »Pink Trumpetvine«, »Port St. Johns Creeper«.
Wissenswertes: Der Rosa Trompetenwein verliert bei Kälte zwar seine Blätter, überlebt aber Frost bis -5 °C und kann daher auch noch im Mittelmeergebiet gehalten werden. Etwas empfindlicher ist die Nachbarart *P. brycei* (»Zimbabwe Creeper«), die schmalere Fiederblättchen, längere Kelchzipfel und eine am Grund weitere Kronröhre hat. Beide wurden früher oft zur Gattung *Pandorea* gestellt. Deren häufigste Art, *P. jasminoides*, sieht ähnlich aus, ist aber durch ganzrandige Fiederblättchen und einen gleichmäßig dunkelrosa Schlund leicht zu unterscheiden.

Feuerranke

Pyrostegia venusta
Familie: Trompetenbaumgewächse, *Bignoniaceae*

Wichtigste Kennzeichen: Blätter gegenständig, 3-zählig oder meist mit einer 3-teiligen Ranke anstelle der Endfieder. Blüten orange, mit langer Röhre und 5 Zipfeln, von denen die beiden oberen zur Hälfte verbunden sind.
Wuchsform: Bis 15 m hoch rankend (in Kultur niedriger), Zweige etwas kantig.
Blätter: Mit 2 oder 3 gestielten Fiederblättchen, diese 4–10 cm lang, 2–5 cm breit, eiförmig bis länglich, lang zugespitzt, glänzend.
Blüten: In Rispen am Ende der Zweige, 5 bis 7,5 cm lang, die Kronzipfel schließlich zurückgerollt, die 4 Staubblätter und der Griffel aus der Röhre ragend.
Früchte: Langgestreckt, 25–30 cm lang, 1 bis 1,5 cm dick, abgeflacht, mit 2 Klappen öffnend, die Samen mit Flugsaum.
Vorkommen: Häufige, in vielen Gebieten auch eingebürgerte Zierpflanze; stammt aus Brasilien und Paraguay.
Weitere Namen: Englisch »Flame Vine«, »Golden Shower«, »Orange Creeper«, »Sweetheart Vine«, Französisch »Liane Aurore«, Portugiesisch »Cipó de São João«, Spanisch »Chiltote«, »Chorro de Oro«, »San Carlos«, »Triquitraque«.
Wissenswertes: Die Feuerranke bevorzugt Standorte in praller Sonne und ist recht kälteempfindlich. Andere, ebenfalls orange bis kräftiger rot blühende Kletterpflanzen aus derselben Familie ertragen dagegen sogar leichten Frost. Die Kap-Trompetenwinde *(Tecoma capensis)* aus Südafrika hat eher noch kleinere Blüten, während die Klettertrompeten *(Campsis grandiflora* aus China, *C. radicans* aus Nordamerika und deren Mischling *C. × tagliabuana)* viel größere, 5–9 cm breite Blüten haben. Alle diese Arten haben gefiederte Blätter mit 5–9 am Rand gesägten Blättchen, aber keine Ranken.

Kletterpflanzen

Blätter einfach, gegenständig

Purpurkranz

Petrea volubilis
Familie: Eisenkrautgewächse, *Verbenaceae*

Wichtigste Kennzeichen: Blätter gegenständig, sehr rau, wie Sandpapier. Blüten mit 5 langen, hell blauvioletten Kelchblättern und kleinerer, dunklerer Krone mit ungleichen Lappen.
Wuchsform: Windende Liane, bis 13 m lang, manchmal auch als Strauch mit überhängenden Zweigen.
Blätter: Elliptisch, 6–21 cm lang und 2–11 cm breit, hellgrün, sehr rau, mit hervortretenden Nerven, oft etwas wellig.
Blüten: In 8–30 cm langen, meist überhängenden Trauben; Kelchblätter bis 2 cm lang, am Grund zu einer kurzen, über die Zipfel hinaus fortgesetzten Röhre verbunden, schon vor dem Aufblühen ausgebreitet und nachher bleibend; Krone bis 15 mm breit, mit bis zu 8 mm langer Röhre, rasch abfallend.
Früchte: Kleine Steinfrüchte mit wenig Fruchtfleisch und 1 oder 2 Steinkernen, vollständig im ergrünten und etwas verstärkten Kelch eingeschlossen.
Vorkommen: In Gärten; heimisch in Mittelamerika und auf den Antillen.
Weitere Namen: Englisch »Blue Bird Vine«, »Purple Wreath«, »Queen's Wreath«, »Sandpaper Vine«, Spanisch u. a. »Adolfina«, »Corona de la Reina«, »Estrella Azul«, »Flor de Jesús«, »Penitente«, »Santa María«, »Soltero«.
Wissenswertes: Der Purpurkranz gehört wegen der ungewöhnlichen Farbe und Beständigkeit seiner Kelchblätter zu den beliebtesten Zierpflanzen. Unter seinen zahlreichen spanischen Volksnamen sind auffällig viele, die sich auf Heilige oder die Kirche beziehen, vielleicht wegen seiner »kirchenvioletten« Farbe. Selten sieht man auch weiße Formen. Andere der rund 30 *Petrea*-Arten haben dagegen stets weiße Kelche, etwa die baumförmige *P. glandulosa*.

Großblütige Thunbergie

Thunbergia grandiflora
Familie: Akanthusgewächse, *Acanthaceae*

Wichtigste Kennzeichen: Blätter gegenständig, Rand vor allem im unteren Teil mit wenigen groben Zähnen bis schwach gelappt. Blüten groß, himmelblau bis hellviolett, im Schlund meist gelblich. Staubblätter 4, die Staubbeutel mit etwa 3 mm langen, nach hinten gerichteten Spornen.
Wuchsform: Windend, Sprosse kantig, bis zu 30 m lang, schließlich verholzt.
Blätter: Herz- bis eiförmig, 7–20 cm lang, 3–18 cm breit, zugespitzt, mit 5–7 vom meist herzförmigen Grund ausgehenden Nerven.
Blüten: In den Achseln kleiner Blätter oder in hängenden, bis 2 m langen Trauben. Kelch fast ganzrandig, bedeckt durch 2 verwachsene, 2–4 cm lange, blassgrüne Vorblätter mit dunklen Punkten. Krone 5–10 cm breit, 5-lappig, die beiden oberen Lappen etwas überlappend, der untere in der Mitte aufgewölbt; Kronröhre etwas schief, 3–8 cm lang.
Früchte: Kugelig, 1–2 cm dick, mit bis zu 2 cm langem Schnabel.
Vorkommen: Als Zierpflanze in Parks, oft auch verwildert; ursprünglich von Sikkim bis Thailand und Südchina verbreitet.
Weitere Namen: »Bengalische Trompete«, Englisch »Bengal Clockvine«, »Blue Trumpet Vine«, »Sky Flower«, Spanisch »Presidio de Amor«.
Wissenswertes: Die Großblütige Thunbergie wächst sehr stark und bildet Ausläufer, sodass sie in kurzer Zeit ein großes Gebiet überwuchern kann. Bereits am Mittelmeer kann sie im Freien gehalten werden, auch wenn die krautigen Stängel dort regelmäßig abfrieren. Die afrikanische *Th. erecta*, mit ähnlichen, aber viel dunkler violetten Blüten, wird häufig als Zierstrauch gepflanzt. Auch ganz anders aussehende *Thunbergia*-Arten sind in Kultur zu finden (S. 188, 190).

Kletterpflanzen — Blätter einfach, gegenständig

Dipladenie

Mandevilla splendens
Familie: Hundsgiftgewächse, *Apocynaceae*

Wichtigste Kennzeichen: Milchsaft in allen Teilen. Blätter gegenständig. Blüten groß, rosa, trichterförmig.
Wuchsform: Mit dünnen Sprossen bis 4 m hoch windend, selten strauchig.
Blätter: Fast sitzend, meist mit schwach herzförmigem Grund, 8–20 cm lang, elliptisch, mit kleinem Spitzchen und deutlich hervortretenden Nerven.
Blüten: Einzeln oder in kleinen Gruppen, 5-zählig, 5–12 cm groß. Kronröhre weit, meist außen blass, innen entweder gelb oder dunkler rosa, darin 5 Staubblätter, 2 getrennte Fruchtknoten und 2 fleischige Nektardrüsen; Saum ausgebreitet, in der Knospe zusammengedreht.
Früchte: Zigarrenförmig, je 2 zusammen, weit spreizend; in Kultur nur selten zu sehen.
Vorkommen: Meist als Zierpflanze an Klettergestellen gezogen; stammt aus Südostbrasilien.
Weitere Namen: Englisch »Pink Mandevilla«, »Red Riding Hood«.
Wissenswertes: Häufiger als die Wildform der Dipladenie sieht man in Kultur Zuchtformen (*M. × amabilis*) in vielen Farben, von tief Dunkelrot bis Gelb. Auch 'Red Riding Hood' ist eigentlich nur der Name einer roten Sorte. Der deutsche Name geht auf die Bezeichnung 'Dipladenia rosea' zurück, unter der die Pflanze ebenfalls im Handel ist. Auch *M. sanderi*, die sich vor allem durch gestielte Blätter unterscheidet, wird manchmal so bezeichnet. Ebenfalls häufig als Zierpflanze ist die weiß blühende *Mandevilla laxa*, die auch »Chilenischer Jasmin« genannt wird, obwohl sie aus Argentinien und nicht auch Chile stammt. Von echtem Jasmin (S.192) ist sie am leichtesten durch ihren Milchsaft und 5 statt 2 Staubblätter zu unterscheiden.

Rangunschlinger

Quisqualis indica
Familie: Langfadengewächse, *Combretaceae*

Wichtigste Kennzeichen: Blüten mit langer, sehr dünner, stielartiger Röhre, anfangs weiß, dann rosa, schließlich karminrot, regelmäßig 5-zählig; Griffel einseitig in der Röhre angewachsen.
Wuchsform: Bis über 10 m hoch kletternd, anfangs linkswindend, ältere Zweige auch mit Dornen verankert.
Blätter: An blühenden Zweigen gegenständig, sonst auch wechselständig, eiförmig bis länglich, 5–19 cm lang, 2,5–9 cm breit, zugespitzt.
Blüten: In 2–20 cm langen Ähren, meist gehäuft am Ende der Zweige; Röhre 5–8 cm lang, am Ende mit 5 kleinen Kelchzähnen, 5 Kronblättern, die während der Blütezeit von 6–8 auf 10–20 mm heranwachsen, und 10 Staubblättern, davon 5 knapp aus der Röhre ragend.
Früchte: Braun, trocken, im Umriss eiförmig, 2,5–4 cm lang, 1–2 cm dick, mit 5 längs verlaufenden Flügeln.
Vorkommen: Beliebte Zierpflanze, oft verwildert; stammt aus Südostasien.
Weitere Namen: Englisch »Chinese Honeysuckle«, »Drunken Sailors«, »Rangoon Creeper«, Portugiesisch »Arbusto Milagroso«, Spanisch »Barbudo«, »Santa Cecilia«.
Wissenswertes: Vom Rangunschlinger werden oft Sorten mit gefüllten Blüten gezogen (Foto rechts). Er wächst so rasch, dass er in Gärten häufig beschnitten werden muss, damit er nicht alles andere überwuchert. Die Dornen an seinen älteren Sprossen gehen aus Blattstielen hervor, die nach Abwurf der Blattspreiten stehen bleiben. Extrakte aus Blättern, Wurzeln und unreifen Früchten sind ein wirksames Mittel gegen Spulwürmer. Seltener in Kultur sind die verwandten, ebenso attraktiven Langfäden (*Combretum*-Arten), die eine sehr kurze Blütenhülle, aber sehr lange, meist leuchtend rote Staubfäden haben.

Kletterpflanzen Blätter einfach, gegenständig

Chinesenhut

Holmskioldia sanguinea
Familie: Lippenblütler, *Lamiaceae*

Wichtigste Kennzeichen: Blüten ziegelrot bis orange (selten gelb), mit gerundet-fünfeckigem bis fast kreisrundem, wie ein chinesischer Strohhut ausgebreitetem Kelch und dünner, gebogener Kronröhre.
Wuchsform: Anfangs strauchig, später bis 10 m hoch kletternd, mit überhängenden, 4-kantigen Zweigen.
Blätter: Gegenständig, eiförmig bis elliptisch, 3–12 cm lang, 1,5–8 cm breit, zugespitzt, am Rand oft gesägt.
Blüten: In Gruppen in den Blattachseln; Kelch 2–3 cm breit, besonders bei älteren Blüten mit auffälligem Nervennetz; Kronröhre 1,5–2,5 cm lang, mit 5-lappigem Saum, der untere Lappen 3–4 mm lang, die anderen viel kleiner. Staubblätter 4, in zwei unterschiedlich langen Paaren, etwas länger als die Kronröhre.
Früchte: Braun, meist warzig, abgeflacht-rundlich, vierteilig, jeder Teil 2–3 mm groß, mit je einem eigenen Steinkern, insgesamt umgeben vom Kelch.
Vorkommen: Verbreitet in allen Tropengebieten; ursprünglich vom Südhang des Himalaja bis Bangladesh verbreitet.
Weitere Namen: Englisch »Chinese Hat Plant«, »Cup-and-Saucer Plant«, »Mandarin's Hat«, »Parasol Flower«.
Wissenswertes: Der Chinesenhut ist eine der Pflanzen, bei denen die Abgrenzung zwischen Strauch und Liane besonders schwer fällt. Selbst als Baum mit herabhängenden Zweigen ist er manchmal anzutreffen. Die breiten Kelche, die der Pflanze den Namen gaben, sind schon vor Entfaltung der Blütenkrone ausgebreitet und bleiben bis über die Fruchtreife hinaus erhalten. Bisher wurde die Art zu den Eisenkrautgewächsen *(Verbenaceae)* gestellt, doch nach neueren Erkenntnissen muss diese Familie viel enger gefasst werden.

Mysore-Schlinger

Thunbergia mysorensis
Familie: Akanthusgewächse, *Acanthaceae*

Wichtigste Kennzeichen: Blüten höher als breit, Kronröhre und Basis der 5 zurückgeschlagenen Kronlappen gelb, ihre Spitzen meist dunkelrot. 4 Staubblätter und der gekrümmte Griffel oben in der Blüte liegend.
Wuchsform: Windend, bis 10 m hoch.
Blätter: Gegenständig, elliptisch bis länglich, 7–15 cm lang, 2,5–9 cm breit, mit 3 starken, vom Grund ausgehenden Nerven.
Blüten: In hängenden, bis zu 90 cm langen Trauben, mit abwärts gerichtetem Stiel und aufwärts gerichteter Kronröhre. Kelch von 2 bis 2,5 cm langen, meist purpurn gefärbten Vorblättern umschlossen; Krone bis 6 cm hoch und 4 cm breit.
Früchte: Kugelig, etwa 1 cm groß, mit bis zu 2 cm langem Schnabel.
Vorkommen: Nicht sehr häufige, dafür aber umso auffälligere Schlingpflanze, vor allem an Pergolen; ursprünglich aus Südindien.
Weitere Namen: Englisch »Lady's Slipper«, »Mysore Trumpet Vine«.
Wissenswertes: Der Mysore-Schlinger benötigt viel Wärme und trägt schon bei +10 °C Kälteschäden davon. Seine Blüten produzieren so viel Nektar, dass dieser oft aus der Röhre heraustropft. In Indien werden sie von Nektarvögeln aufgesucht, die sich am Blütenstand festklammern. Die Kolibris der amerikanischen Tropen stehen dagegen im Schwirrflug vor den Blüten. Meist sind an den langen Trauben nur 2 oder 3 Blüten gleichzeitig offen, sodass sich die Blütezeit sehr lange hinzieht. Wegen der Anpassungen an die Bestäubung durch Vögel sehen die Blüten des Mysore-Schlingers ganz anders aus als die anderer *Thunbergia*-Arten (S. 184, 190); nur *Th. coccinea* hat ähnliche, aber ganz rote Blüten.

Kletterpflanzen — Blätter einfach, gegenständig

Schwarzäugige Susanne

Thunbergia alata
Familie: Akanthusgewächse, *Acanthaceae*

Wichtigste Kennzeichen: Blätter gegenständig, mit herz- bis spießförmigem Grund. Blüten gelb bis orange, mit fast schwarzem Schlund.

Wuchsform: Mit krautigen Sprossen bis zu 4 m hoch windend.

Blätter: Eiförmig bis langgestreckt-dreieckig, 3,5–15 cm lang, 2,5–11 cm breit, zugespitzt, mit 5–7 Nerven vom Grund, ganzrandig oder mit wenigen groben Zähnen; Blattstiel geflügelt.

Blüten: Einzeln oder in kleinen Gruppen; Kelch mit 11–16 Zähnen, zwischen zwei 1,5–2,5 cm langen Vorblättern verborgen; Krone 5-lappig, 3–4 cm breit, mit 1,5–2 cm langer, etwas krummer Röhre.

Früchte: Kugelig, ca. 1 cm dick, mit ca. 1 cm langem Schnabel, umhüllt von den vertrockneten Vorblättern.

Vorkommen: Weltweit als Zierpflanze, oft auch als Unkraut; stammt aus dem tropischen Afrika.

Weitere Namen: Englisch »Black-Eyed Susan«, »Clock Vine«, Spanisch »Ojitos Negros«, »Príncipe Alberto«.

Wissenswertes: Die Schwarzäugige Susanne gehört zu den wenigen tropischen Pflanzen, die auch in unseren Gärten regelmäßig zu finden sind, wenn auch nur als einjährige Sommerblume. Sie liebt sonnige Standorte, braucht aber viel Wasser und gedeiht daher am besten, wenn es nicht allzu heiß und trocken ist. Beim ersten Frost geht sie allerdings ein. Neben der gelben Wildform sind auch weiß und rot blühende Sorten im Handel, einige sogar ohne das typische dunkle Zentrum. Seltener sieht man die recht ähnliche, ebenfalls aus Afrika stammende, aber leuchtend orange blühende *Th. gregorii*. Auch andere der rund 90 *Thunbergia*-Arten werden zuweilen als Zierpflanzen gehalten (S. 184, 188).

Goldtrompete

Allamanda cathartica
Familie: Hundsgiftgewächse, *Apocynaceae*

Wichtigste Kennzeichen: Milchsaft in allen Teilen. Blätter in Quirlen zu 3 oder 4, selten gegenständig. Blüten groß, gelb, trichterförmig. Früchte stachelig.

Wuchsform: Bis 15 m hoch kletternd, auch als Bodendecker an Böschungen oder als Strauch zurückgeschnitten.

Blätter: Länglich bis (verkehrt-)eiförmig, 5 bis 16 cm lang, 2–6 cm breit, zugespitzt, steif, glänzend.

Blüten: Einzeln oder wenige zusammen, 5-zählig, Kelchzipfel 5–14 mm lang, Kronröhre 4–8 cm lang, in der unteren Hälfte sehr eng und oft rötlich überlaufen, in der oberen viel weiter, innen oft mit rötlichen Längsstreifen und auf Höhe der 5 Staubblätter behaart; Kronlappen 3–5,5 cm lang, in der Knospe schraubig verdreht.

Früchte: Fast kugelig bis eiförmig und etwas abgeflacht, 3–8 cm groß, dicht mit 0,5–2 cm langen Stacheln besetzt, bei Reife öffnend; Samen 1,5–2,5 cm groß, mit rundum laufendem häutigem Flügel.

Vorkommen: Verbreitet kultiviert und oft verwildert; stammt aus dem Nordosten Südamerikas.

Weitere Namen: Englisch »Buttercups«, »Golden Trumpet«, »Yellow Allamanda«, Französisch »Liane à Lait«, »Monette Jaune«, Spanisch »Amanda«, »Campana«, »Copa de Oro«, »San José«.

Wissenswertes: Obwohl die Goldtrompete stark giftig ist, werden ihr Milchsaft und ihre Rinde zuweilen als Abführmittel eingesetzt. In europäischen Gewächshäusern sieht man meist Zuchtformen mit besonders großen Blüten, in Asien dagegen oft kleinwüchsige, nicht kletternde Formen. Die nahe verwandte, aber hell rotviolett blühende *A. blanchetii* ist eher selten zu sehen.

191

Kletterpflanzen — Blätter einfach, gegenständig

Blutendes Herz

Clerodendrum thomsoniae
Familie: Lippenblütler, *Lamiaceae*

Wichtigste Kennzeichen: Blätter gegenständig. Blüten mit weißem, aufgetriebenem Kelch und karminroter Krone.
Wuchsform: Windend, bis 7 m hoch, manchmal strauchig, dann aber viel kleiner, Sprosse kahl.
Blätter: Länglich-eiförmig, 6–18 cm lang und 3–8 cm breit, ganzrandig, fast kahl, mit deutlichen Nerven.
Blüten: In kurzen, überhängenden Rispen; Kelch 2–3 cm lang, eiförmig zugespitzt, 5-kantig und fast bis zum Grund 5-teilig; Kronröhre kaum länger als der Kelch, die 5 Kronlappen etwa 1 cm lang, die 4 Staubblätter und der Griffel ca. 2 cm weit aus der Blüte ragend.
Früchte: Bis zur Reife im violett überlaufenen Kelch eingeschlossen, glänzend schwarz, in 4 Teile zerfallend, dazwischen dunkelrot.
Vorkommen: Beliebt für (halb)schattige Standorte, auch als Zimmerpflanze; stammt aus dem tropischen Westafrika.
Weitere Namen: Englisch »Bagflower«, »Bleeding Heart Vine«, »Broken Hearts«, »Glory Bower«.
Wissenswertes: Das Blutende Herz wuchs der Legende nach aus den Tränen einer verlassenen Jungfrau. Es ist die häufigste der rund 400 *Clerodendrum*-Arten, von denen viele in Kultur sind (siehe S. 132). Sie wurden bisher zu den Eisenkrautgewächsen *(Verbenaceae)* gestellt, doch das scheint nicht richtig zu sein. Ähnliche Blüten wie das Blutende Herz hat *C. splendens*, der ebenfalls aus dem tropischen Afrika stammt und als Strauch oder Liane wachsen kann. Seine Kelche sind jedoch kleiner und schon zur Blütezeit zumindest rot überlaufen, meist aber ebenso rot wie die Krone. Stets als Liane wächst *C. capitatum*, mit Köpfchen von sehr langröhrigen, weißen Blüten in grünen Kelchen.

Arabischer Jasmin

Jasminum sambac
Familie: Ölbaumgewächse, *Oleaceae*

Wichtigste Kennzeichen: Blätter gegenständig. Blüten weiß, mit enger Kronröhre und 5–12 Kelch- und Kronzipfeln, aber nur 2 Staubblättern.
Wuchsform: Strauch mit kletternden oder manchmal nur überhängenden Zweigen, bis 3 m hoch.
Blätter: Eiförmig bis elliptisch, 3–12 cm lang, 2–7 cm breit, Nerven auf der Unterseite deutlich hervortretend.
Blüten: In kleinen, dichten Gruppen am Ende der Zweige, jeweils nur eine oder wenige gleichzeitig offen, stark duftend, Kronröhre 5–15 mm lang, Kronlappen 7–15 mm lang und 5–9 mm breit.
Früchte: Kugelig, schwarz, 6–12 mm groß, selten 2 ganz dicht zusammen.
Vorkommen: Überall in den Tropen kultiviert; ursprünglich altweltlich, vermutlich aus Indien.
Weitere Namen: Englisch »Arabian Jasmine«, Spanisch »Jazmín de Arabia«.
Wissenswertes: Der Arabische Jasmin stammt keineswegs aus Arabien, sondern verdankt seinen Namen der Tatsache, dass schon im Mittelalter arabische Kaufleute seine duftenden Blüten nach Europa brachten. Sie dienen heute zum Aromatisieren von Jasmintee und zur Gewinnung von Öl für die Parfümerie. Für Hindus und Buddhisten sind sie ein Symbol der Reinheit und daher eine beliebte Opfergabe. In Kultur findet man oft Formen mit gefüllten Blüten, die keine Staubblätter haben und daher nur durch Stecklinge vermehrt werden können. Auch viele andere der über 200 *Jasminum*-Arten dienen als Zierpflanzen, nicht nur in den Tropen. *J. polyanthum* etwa, mit gefiederten Blättern und oft rötlich überlaufener Kronröhre, wird häufig als Zimmerpflanze angeboten, während der gelb blühende Winterjasmin *(J. nudiflorum)* im zeitigen Frühjahr unsere Gärten ziert.

193

Kletterpflanzen
Blätter einfach, wechselständig

Elefantenwinde

Argyreia nervosa
Familie: Windengewächse, *Convolvulaceae*

Wichtigste Kennzeichen: Blätter groß, herzförmig, auf der Unterseite hell filzig behaart. Blüten mit weißfilzigem Kelch und hell rotvioletter, im Schlund dunklerer Krone.
Wuchsform: Windend, bis 10 m hoch, die jüngeren Sprosse krautig und dicht hell behaart, die älteren verholzt.
Blätter: Wechselständig, 10–30 cm lang, 8 bis 25 cm breit, mit auf der Oberseite leicht eingesenkten, unten stark hervortretenden Nerven.
Blüten: Jeweils mehrere dicht zusammen an einem langen Stiel, in der Knospe von blassgrünen, 3,5–5 cm langen Hochblättern umhüllt, 5-zählig; Kelchblätter eiförmig, 1–2 cm lang; Krone trichterförmig bis röhrenförmig, mit ausgebreitetem, kaum gelapptem Saum, etwa 6 cm lang, auf der Außenseite mit 5 behaarten Segmenten, Staubblätter und Griffel tief in der Röhre.
Früchte: Kugelig, 1–2 cm groß, gelblichbraun, mit einem kleinen Spitzchen, umgeben von den etwas vergrößerten Kelchblättern.
Vorkommen: Häufig kultiviert, gelegentlich auch verwildert; stammt aus Indien.
Weitere Namen: Englisch »Baby Wood-Rose«, »Elephant Creeper«, »Elephant Ear Vine«, »Silver Morning Glory«.
Wissenswertes: Die Elefantenwinde überwuchert in kurzer Zeit alles, woran sie Halt findet. Ihre getrockneten Früchte mit den vergrößerten, auf der Innenseite rötlichen Kelchblättern sind manchmal in Trockengestecken zu finden. Sie sind etwas kleiner als die von *Merremia tuberosa*, die als »Wood Roses« (Holzrosen) gehandelt werden. In Asien sieht man oft auch andere der rund 90 *Argyreia*-Arten, doch nur diese eine Art wird überall in den Tropen kultiviert.

Kairowinde

Ipomoea cairica
Familie: Windengewächse, *Convolvulaceae*

Wichtigste Kennzeichen: Blätter handförmig fast bis zum Grund in 5–7 Lappen geteilt (fast gefingert). Blüten trichterförmig, hell rotviolett, mit dunklerem Schlund oder mit weißem Rand, selten ganz weiß.
Wuchsform: Mit krautigen Sprossen bis 5 m hoch windend, seltener kriechend.
Blätter: Wechselständig, die Lappen länglich bis eiförmig, 3–6 cm lang und 1–2 cm breit, die unteren Lappen oft nochmals (selten zweimal) geteilt.
Blüten: Einzeln oder in kleinen Gruppen, Kelchblätter 4–6 mm lang, Krone 4,5–6 cm lang.
Früchte: Kugelige, 2-fächrige Kapseln, 1 bis 1,5 cm groß, mit 4 Klappen öffnend, mit bis zu 4 großen, vor allem an den Kanten behaarten Samen.
Vorkommen: Überall in den Tropen an Straßenrändern und auf Brachflächen, ursprüngliche Herkunft unklar.
Weitere Namen: Englisch »Cairo Morning Glory«, »Five-Leaf Morning Glory«, »Mile-a-Minute«, »Railway Creeper«, Spanisch »Aurora«.
Wissenswertes: Wie der englische Name »Mile-a-Minute« andeutet, wächst die Kairowinde so rasch, dass sie zum Problem werden kann. Gleiches gilt für viele andere der rund 650 Prunkwinden-Arten (*Ipomoea* spp., siehe auch S. 200, 204, 226, 270), von denen die meisten einfach herzförmige bis 3-lappige Blätter haben. Häufig sieht man auch *I. purpurea*, deren Wildform blauviolette Blüten mit heller bis weißer Röhre und rötlicheren Streifen in der Mitte der Kronlappen hat. Bei *I. tricolor* sind die geschlossenen Knospen rot, die Blüten dagegen blau, mit hellerer bis weißer Röhre. Von beiden Arten gibt es Kulturformen mit lila oder rosa Streifen auf weißem Grund.

195

Kletterpflanzen

Blätter einfach, wechselständig

Königsgranadilla

Passiflora quadrangularis
Familie: Passionsblumengewächse, *Passifloraceae*

Wichtigste Kennzeichen: Stängel kräftig, 4-kantig, geflügelt. Blüten groß, rosa bis rotviolett, selten weiß, mit einer sehr großen Nebenkrone aus vielen violett und weiß quergestreiften Fäden.
Wuchsform: Mit Ranken kletternd, Sprosse bis 40 m lang, am Grund verholzt.
Blätter: Wechselständig, breit eiförmig bis elliptisch, 9–25 cm lang, 6–18 cm breit, ganzrandig oder am Grund gezähnt, zugespitzt, am Grund gerundet bis herzförmig, mit 2–5 cm langen Nebenblättern.
Blüten: Einzeln, 7–12 cm groß; Kelch und Krone 5-zählig, von oben sehr ähnlich; in der Mitte eine Säule mit 5 Staubblättern, dem Fruchtknoten und 3 kopfigen Narben.
Früchte: Eiförmig bis länglich, gelbgrün, 12–35 cm lang, 10–15 cm dick; Fruchtfleisch bis 4 cm dick, weiß, etwas säuerlich, im Inneren viele graue Samen mit glasigem, weißlichem Samenmantel.
Vorkommen: Heimisch im tropischen Amerika und dort auch häufig, sonst eher selten gepflanzt.
Weitere Namen: »Riesengranadilla«, Englisch »Giant Granadilla«, Französisch »Barbadine«, Portugiesisch »Maracujá Mamão«, Spanisch »Badea«, »Granadilla Real«, »Parcha«, »Tumbo«.
Wissenswertes: Im Gegensatz zu anderen Passionsblumen (siehe auch S. 208) ist bei der Königsgranadilla auch das Fruchtfleisch essbar. Sehr ähnlich sieht die Geflügelte Passionsblume *(P. alata)* aus, die aber viel kleinere Nebenblätter hat. Die Süße Granadilla *(P. ligularis)* kann ähnlich große, allerdings meist cremeweiß bis rosa gefärbte Blüten mit ähnlicher Nebenkrone haben, ist aber durch runde Sprosse leicht zu unterscheiden. Ihre Früchte sind orange, mit hellen Punkten und purpurnen Flecken.

Curuba

Passiflora tripartita var. *mollissima*
Familie: Passionsblumengewächse, *Passifloraceae*

Wichtigste Kennzeichen: Blätter 3-lappig. Blüten mit 3 Hochblättern am Grund einer langen, grünen Röhre; Kelch- und Kronblätter je 5, rosa bis blasslila; Mittelsäule mit 5 Staubblättern, dem Fruchtknoten und 3 kopfigen Narben.
Wuchsform: Mit Ranken kletternd, Sprosse bis 20 m lang, rund bis etwas kantig.
Blätter: Wechselständig, bis zur Hälfte oder tiefer geteilt, 5–17 cm lang, 7–25 cm breit, behaart, am Rand gesägt.
Blüten: Einzeln, hängend, 5–10 cm breit, Blütenröhre 5–12 cm lang, an ihrer Mündung mit weißen Zähnchen.
Früchte: Elliptisch bis lang-oval, 5–12 cm lang, 3–4,5 cm dick, grün bis blassgelb, weich behaart, innen viele Samen mit glasigem, orangefarbenem Samenmantel.
Vorkommen: Vor allem im Hochland kultiviert; stammt aus den Anden.
Weitere Namen: Englisch »Banana Poka«, »Banana Passion Fruit«, Spanisch »Curuba de Castilla«, »Tacso«, »Tumbo«.
Wissenswertes: Die Curuba ist die häufigste unter den Passionsblumen mit langer Blütenröhre. Sie wächst so rasch, dass sie sich auf Hawaii stellenweise zu einer ernsthaften Bedrohung der heimischen Flora entwickelt hat. Die sehr ähnliche, aber meist kräftiger gefärbte *P. mixta* gilt als ein Elternteil mancher roten Zierform. Noch leuchtender rot sind die Blüten einiger Arten mit kurzer Blütenröhre, etwa *P. racemosa*. Passionsblumen gibt es in allen Größen und Farben, von winzig bis riesig und von grün bis leuchtend gelb *(P. citrina)* oder rot (vgl. auch S. 208). Bei vielen Arten sind auch die Blätter sehr auffällig, z. B. 2-spaltig oder quer zu ihrer Längsachse gestreckt, gefleckt oder mit Punkten versehen, die an Schmetterlingseier erinnern.

197

Kletterpflanzen — Blätter einfach, wechselständig

Costa-Rica-Nachtschatten

Solanum wendlandii
Familie: Nachtschattengewächse, *Solanaceae*

Wichtigste Kennzeichen: Sprosse und Blätter mit zurückgekrümmten Stacheln. Blüten groß, fliederfarben, schwach 5-lappig, in der Mitte mit gelbem Staubblattkegel.
Wuchsform: Liane, bis 6 m hoch, wächst ohne Stütze als Bodendecker.
Blätter: Wechselständig, an dünneren Sprossen oft einfach oder 3-lappig, sonst fiederschnittig mit bis zu 7 Lappen, bis 25 cm lang und 15 cm breit, mit eiförmigen bis ovalen Abschnitten, Endabschnitt bis 13,5 cm lang und 10 cm breit.
Blüten: In bis zu 20 cm langen Rispen, 3,5 bis 6 cm groß, jeder Lappen mit einem feinen Spitzchen; Staubblattkegel oft mit lila Spitze.
Früchte: Eiförmige, 3,5–8 cm lange, gelb bis orange gefärbte Beeren.
Vorkommen: In Gärten, selten verwildert; stammt aus Costa Rica.

Weitere Namen: Englisch »Costa Rican Nightshade«, »Divorce Vine«, »Giant Potato Creeper«, »Grand Potato Vine«, »Marriage Vine«, Spanisch »Elisa«, »Jazmín Italiano«, »Quixtán«.
Wissenswertes: Der Costa-Rica-Nachtschatten ist wohl die auffälligste der kletternden *Solanum*-Arten (siehe auch S.104, 150). Seine Früchte werden in Guatemala gegessen, während sie sonst als giftig gelten, möglicherweise wegen der Verwechslungsgefahr mit ähnlichen Arten. Eine davon ist *S. seaforthianum*, der aber keine Dornen, kleinere, sternförmige Blüten mit fast bis zum Grund getrennten Kronlappen und kleinere, rote Früchte hat. Auch er war beliebt als Zierpflanze, hat sich aber vielerorts als aggressives Unkraut erwiesen. Auch der Jasmin-Nachtschatten oder Kartoffelwein *(S. laxum)* ist ähnlich, hat aber nur etwa 2 cm große, bläulichweiße Blüten.

Bougainvillea

Bougainvillea spectabilis
Familie: Wunderblumengewächse, *Nyctaginaceae*

Wichtigste Kennzeichen: Je 3 Blüten umgeben von 3 eiförmigen, am Blütenstiel angewachsenen, meist karminroten bis rosavioletten Hochblättern.
Wuchsform: Holzige, bis 25 m hoch in die Bäume steigende Liane, vor allem in Asien oft zum Strauch geschnitten; mit langen grünen Sprossen, die oft kräftige Dornen in den Blattachseln tragen.
Blätter: Wechselständig, eiförmig bis länglich, 4–10 cm lang, 2–6 cm breit, zugespitzt, auf der Unterseite samtig behaart.
Blüten: In Rispen, die Hochblätter 2,5–6,5 cm lang und 1,5–4 cm breit; die Blüten schmalröhrenförmig, meist blassgelb, 1,5–3 cm lang, mit 5-lappigem, 3,5–5 mm breitem Saum, in der Röhre meist 8 Staubblätter.

Früchte: Spindel- bis birnenförmig, 1–1,5 cm lang, mit 5 Längsrippen.
Vorkommen: Häufig in allen tropischen und subtropischen Gebieten; stammt aus Brasilien.
Weitere Namen: »Drillingsblume«, Spanisch auch »Flor de Verano«, »Lustrosa«, »Manto de Jesús«, »Napoleón«, »Pompilla«, »Tres Marias«, »Trinitaria«.
Wissenswertes: Die Bougainvillea ist benannt nach dem französischen Admiral Louis Antoine Comte de Bougainville, auf dessen Schiff ihr Entdecker nach Brasilien gereist war. In Kultur sind heute meist Mischlinge dreier sehr ähnlicher Arten, in allen Farben von Weiß über Orange bis Rotviolett und manchmal mit einer größeren Anzahl von Hochblättern. Die beiden anderen Arten, *B. peruviana* und *B. glabra*, haben nur ganz spärlich behaarte Blätter, Erstere außerdem kleinere, kahle Blüten. Die letztere Art erträgt Frost bis −7 °C und kann daher auch im Mittelmeergebiet noch im Freien gehalten werden.

199

Kletterpflanzen

Blätter einfach, wechselständig

Kardinalswinde

Ipomoea quamoclit
Familie: Windengewächse, *Convolvulaceae*

Wichtigste Kennzeichen: Blätter fiedrig in viele sehr schmale Lappen geteilt. Blüten leuchtend rot, mit enger Röhre und 5-eckigem bis sternförmigem Saum.
Wuchsform: Mit dünnen, krautigen Sprossen bis 3 m hoch windend, selten kriechend.
Blätter: Wechselständig, im Umriss eiförmig bis länglich, 1,5–10 cm lang, 1–6 cm breit, mit 17–41 Lappen, die untersten Lappen oft nochmals geteilt.
Blüten: Einzeln oder wenige zusammen; Kelchblätter 4–7 mm lang, zugespitzt; Kronröhre 2–3,5 cm lang, Saum 1,5–2 cm weit ausgebreitet, Staubblätter und Griffel aus der Röhre herausragend.
Früchte: Eiförmige Kapseln, 0,5–1 cm lang, zugespitzt, mit 4 Klappen öffnend, mit bis zu 4 großen, dunklen Samen.
Vorkommen: Verbreitet als Zierpflanze, oft auch eingebürgert; stammt aus dem tropischen Amerika.
Weitere Namen: Englisch »Cardinal Climber«, »Cypress Vine«, »Cupid Flower«, »Red Jasmine«, »Star Glory«, Französisch »Cheveux de Venus«, »Liane Rouge«, Portugiesisch »Corda de Viola«, Spanisch »Cabello de Angel«, »Cundeamor«, »Estrella del Sol«, »Regadero«.
Wissenswertes: Die Kardinalswinde wächst an warmen, geschützten Stellen so rasch, dass sie sogar bei uns noch als einjährige Sommerblume gehalten werden kann. Anders als die meisten anderen *Ipomoea*-Arten (S.194, 226, 270) hat sie keine trichterförmigen Blüten, sondern eine lange, enge Röhre, was auf Bestäubung durch Schmetterlinge schließen lässt. Hier sind es Tagfalter, im Gegensatz zur nahe verwandten *I. alba*, die mit ihren weißen Blüten mit einer 7–15 cm langen Röhre auf Nachtschwärmer mit einem ebenso langen Rüssel angewiesen ist.

Mexikanischer Knöterich

Antigonon leptopus
Familie: Knöterichgewächse, *Polygonaceae*

Wichtigste Kennzeichen: Blätter mit oberseits eingesenkten, unten hervortretenden Nerven. Blüten rosa (selten weiß), mit 3 größeren, äußeren und 2 kleineren, inneren Blütenhüllblättern.
Wuchsform: Bis 12 m hoch rankend, mit kantigen, krautigen Sprossen aus einer verholzten Basis.
Blätter: Wechselständig, dreieckig bis herzförmig, 3–15 cm lang, 2–12 cm breit, lang zugespitzt, Rand wellig und meist leicht gebuchtet.
Blüten: In Trauben oder Rispen, deren Spitzen zu Ranken umgewandelt sind. Äußere Blütenhüllblätter herzförmig, bis 1 cm lang und 8 mm breit, die inneren elliptisch, schmaler. Staubblätter 8, zur Hälfte verbunden und meist mit je 1 Zahn zwischen den Staubfäden.
Früchte: Braune Nüsse, dreikantig-pyramidenförmig, etwa 1 cm lang, umschlossen von den 3 äußeren, auf bis zu 2,5 cm vergrößerten Blütenhüllblättern.
Vorkommen: Verbreitet kultiviert und oft verwildert; stammt aus Mexiko.
Weitere Namen: Englisch »Bride's Tears«, »Chain of Love«, »Confederate Vine«, »Coral Vine«, »Honolulu Creeper«, »Mexican Creeper«, »Pink Vine«, Französisch »Liane Corail«, Spanisch »Cadena de Amor«, »Colación«, »Corallillo«, »Coralita«, »Flor de San Miguel«, »San Diego«.
Wissenswertes: Der Mexikanische Knöterich wächst sehr rasch und überzieht dabei Zäune und andere Pflanzen mit einem dichten Geflecht von Sprossen, das fast ganzjährig rosa Blüten trägt. Wenn er unten nicht kahl werden soll, muss er allerdings regelmäßig beschnitten werden. In Thailand werden seine jungen Blätter und Blüten paniert und frittiert gegessen. Auch die stärkereiche Wurzelknolle soll essbar sein.

Kletterpflanzen — Blätter einfach, wechselständig

Rote Bauhinie

Bauhinia galpinii
Familie: Johannisbrotgewächse, *Caesalpiniaceae*

Wichtigste Kennzeichen: Blätter rundlich-zweilappig. Blüten groß, mit 5 gestielten, leuchtend roten Kronblättern.
Wuchsform: Meist kletternd, manchmal strauchig mit überhängenden Zweigen, selten als bis zu 5 m hoher Baum mit breiter Krone.
Blätter: Wechselständig, bis 12 cm groß, am Grund rundlich bis schwach herzförmig, an der Spitze breit eingekerbt, zu etwa 1 Fünftel bis 1 Drittel der Länge.
Blüten: Einzeln oder in wenigblütigen Rispen am Ende der Zweige, 6–8 cm groß; die Kronblätter lachs- bis ziegelrot, paddelartig gegliedert in einen Stiel und eine rundliche bis herzförmige Spreite.
Früchte: Bis 10 cm lang und 2 cm breit, abgeflacht, bei Reife dunkelbraun und in 2 Teile zerspringend.
Vorkommen: Meist als Spalierstrauch, auch in subtropischen Gärten; stammt aus dem südöstlichen Afrika.
Weitere Namen: Englisch »Red Bauhinia«, »Pride of De Kaap«.
Wissenswertes: Die Rote Bauhinie ist eine sehr robuste Pflanze. Bei Dürre oder Kälte kann sie zwar ihre Blätter verlieren, treibt aber bald wieder aus. Im Gegensatz zu ihr besitzen viele der zahlreichen Lianen unter den rund 300 *Bauhinia*-Arten (vgl. S. 98, 172) auch Ranken. Eine der häufigsten rankenden Arten ist die südostasiatische, im englischen Sprachraum auch als »Phanera« bekannte *B. corymbosa*. Sie hat kleine, fast ganz geteilte Blätter, Büschel von blassrosa Blüten mit je 3 nach oben und 2 nach unten gerichteten Kronblättern und kräftig roten Staubblättern. Viele kletternde Arten können ihre Sprosse in Wellen oder sprungfederartig zusammenziehen, dann in die Dicke wachsen und damit die so genannten Affentreppen (S. 18) bilden.

Ruhmeslilie

Gloriosa superba
Familie: Zeitlosengewächse, *Colchicaceae*

Wichtigste Kennzeichen: Blattspitzen zum Teil zu Ranken verlängert. Blüten groß, 6-zählig, meist rot und gelb, Griffel zur Seite abgeknickt.
Wuchsform: Kletternd, 1,5–6 m hoch, mit krautigen Sprossen aus einem knolligen Wurzelstock.
Blätter: Überwiegend wechselständig, teils auch gegenständig oder in Dreierquirlen, sitzend, 8–25 cm lang (ohne die Ranke), 1 bis 4,5 cm breit, lang-eiförmig bis fast grasartig, sehr fein zugespitzt, mit feinen, parallel zur Mittelrippe verlaufenden Nerven.
Blüten: Einzeln an langen Stielen, nach unten gekehrt. Kronblätter 5–9 cm lang, 1–3 cm breit, nach oben zurückgeschlagen, meist am Grund gelb und an der Spitze rot, selten einfarbig, während der Blütezeit dunkler werdend. Staubblätter zur Seite ausgebreitet, 2,5–5 cm lang, Fruchtknoten grün, deutlich 3-teilig.
Früchte: Länglich, ledrig, 4–10 cm lang, 1,5–3,5 cm dick, bei Reife mit 3 Klappen öffnend; Samen leuchtend rot.
Vorkommen: Schon vor Ankunft der Europäer über fast ganz Afrika und Asien verbreitet, jetzt überall in den Tropen.
Weitere Namen: »Flammenlilie«, »Prachtlilie«, »Tigerklaue«, Englisch »Climbing Lily«, »Glory Lily«, »Flame Lily«, »Malabar Lily«, »Superb Lily«, Französisch »Lis de Malabar«, Spanisch »Gorra de Turco«, »Lirio Gloriosa«, »Lirio de Malabar«.
Wissenswertes: Die Ruhmeslilie wächst wild nur in Gebieten mit ausgeprägter Trockenzeit, während der ihre oberirdischen Teile absterben. Sie enthält das gleiche Gift wie unsere heimische Herbstzeitlose *(Colchicum autumnale)*, vor allem in der Knolle. Als Zierpflanze ist die Sorte 'Rothschildiana' besonders beliebt, die wellige, unten grüne, dann gelbe und im oberen Teil rote Kronblätter hat.

203

Kletterpflanzen — Blätter einfach, wechselständig

Spanische Flagge

Ipomoea lobata
Familie: Windengewächse, *Convolvulaceae*

Wichtigste Kennzeichen: Blätter überwiegend 3-lappig. Blüten langgestreckt urnenförmig, 5-kantig, leicht gekrümmt, in der Knospe rot, beim Aufblühen über gelb nach fast weiß wechselnd.
Wuchsform: Mit dünnen, krautigen Sprossen bis 6 m hoch windend.
Blätter: Wechselständig, herzförmig bis 5-lappig, 6–15 cm lang und breit, die Lappen zugespitzt, die beiden seitlichen meist mit wenigen groben Zähnen.
Blüten: In bis zu 40 cm langen, manchmal gegabelten, aufrechten, traubenartigen Blütenständen; Kelchblätter etwa 0,5 cm lang, mit aufgesetzter Spitze. Krone 2–3 cm lang, kurz über dem Grund am weitesten, mit enger Mündung und 5 winzigen, roten Zipfeln; Staubblätter und Griffel weit aus der Röhre ragend.
Früchte: Eiförmig, 6–8 mm lang, 4-fächrig, bei Reife mit 4 Klappen öffnend, mit bis zu 4 Samen.
Vorkommen: Weltweit als Zierpflanze gehalten, in gemäßigten Gebieten als einjährige Sommerblume; stammt aus dem tropischen und subtropischen Amerika.
Weitere Namen: Englisch »Exotic Love«, »Firecracker Vine«, »Spanish Flag«, Spanisch »Bandera Española«.
Wissenswertes: Die Spanische Flagge hat ihren Namen von den roten und gelben Knospen, die meist alle zu einer Seite des Blütenstandes gekehrt sind und fast waagerecht von ihrem »Fahnenmast« abstehen. Durch ihre röhrenartigen Blüten ohne ausgebreiteten Saum unterscheidet sie sich so stark von anderen *Ipomoea*-Arten (S. 194, 200, 226, 270), dass sie oft in eine eigene Gattung gestellt wird. Im Handel ist sie meist als *Mina lobata*. In den amerikanischen Tropen gilt sie als eine der Pflanzen, die sich am besten zum Anlocken von Kolibris eignen.

Bittergurke

Momordica charantia
Familie: Kürbisgewächse, *Cucurbitaceae*

Wichtigste Kennzeichen: Ranken unverzweigt. Blätter handförmig 5–7-lappig. Blüten eingeschlechtig, 5-zählig, Kronblätter gelb, mit deutlichen Nerven. Früchte warzig.
Wuchsform: Mit bis zu 5 m langen, krautigen Sprossen kletternd oder kriechend.
Blätter: Wechselständig, 3–17 cm lang und breit, die Lappen verkehrt-eiförmig bis rhombisch mit schmalem Grund, ihr Rand grob gezähnt bis fiedrig gelappt.
Blüten: Einzeln, mit einem rundlichen Hochblatt am Stiel. Männliche Blüten mit 1,5–2 cm langen Kronblättern und 3 Staubblättern; weibliche kleiner, mit 3 zweilappigen Narbenästen; Fruchtknoten unterständig, spindelförmig, 1–3 cm lang, warzig-weichstachelig.
Früchte: Hängend, sehr vielgestaltig, an den Enden meist zugespitzt, 3,5–30 cm lang, 2 bis 8 cm dick, mit 8–10 Längsrippen, dicht warzig, bei Reife orange; mit 3 Klappen öffnend und dann Samen mit roter Hülle heraushängend.
Vorkommen: Verbreitet in allen tropischen Gebieten, sowohl als Nutzpflanze als auch verwildert; ursprüngliche Herkunft unklar, wahrscheinlich altweltlich.
Weitere Namen: »Balsambirne«, Englisch »Balsam Pear«, »Bitter Gourd«, Französisch »Concombre Africain«, »Margose«, Spanisch »Bálsamo«, »Cundeamor«.
Wissenswertes: Junge Sprosse und Blätter der Bittergurke werden in vielen tropischen Gebieten als Gemüse genutzt. Die Früchte sind roh sehr bitter und finden medizinische Verwendung. Bei mehreren der vielen Kulturformen können sie jedoch genießbar gemacht werden, indem man sie unreif erntet, längere Zeit in Salzwasser einlegt und dann sorgfältig kocht. Der nahe verwandte Balsamapfel (*M. balsamina*) unterscheidet sich vor allem durch weniger tief gelappte Blätter.

Kletterpflanzen — Blätter einfach, wechselständig

Goldbecher

Solandra maxima
Familie: Nachtschattengewächse, *Solanaceae*

Wichtigste Kennzeichen: Blätter wechselständig. Blüten sehr groß, mit am Grund enger, dann weit glockenförmiger Röhre und breitem 5-lappigem Saum; gelblich, mit einem violetten bis braunen Streifen von der Mitte jedes Kronlappens bis tief in den Schlund der Kronröhre.
Wuchsform: Bis 12 m hoch kletternd, in Kultur oft zum Strauch mit überhängenden Zweigen zurückgeschnitten.
Blätter: Breit-elliptisch bis länglich, 5–18 cm lang, 2–9 cm breit, ledrig, oberseits glänzend, meist kurz zugespitzt.
Blüten: Meist einzeln, Kelch 5–8 cm lang, 5-kantig, mit 3–5 Zipfeln; Krone 15–24 cm lang, mit großen gerundeten Lappen, 8–15 cm breit, beim Aufblühen cremeweiß bis hellgelb, später dunkler, schließlich ocker bis orange; Staubblätter 5.
Früchte: Kugelige Beeren, bis 7 cm groß, mit erhalten bleibendem Kelch.
Vorkommen: Beliebte Zierpflanze, vor allem an Zäunen; stammt aus Mexiko.
Weitere Namen: Englisch »Cup of Gold«, »Golden Chalice Vine«, »Trumpet Plant«, Spanisch »Bolsa de Judas«, »Copa de Oro«, »Gorro de Napoleón«.
Wissenswertes: Mehrere Arten der Gattung *Solandra* sehen einander so ähnlich, dass sie von verschiedenen Botanikern unterschiedlich abgegrenzt oder sogar gleichgesetzt werden. Wegen ihres starken Wachstums gelten sie als ungeeignet für kleine Gärten. Ihre Knospen sind vor dem Öffnen mit Wasser gefüllt, das gegen Bindehautentzündungen helfen soll. Die Pflanzen selbst sind giftig und werden auch zur Herstellung berauschender Drogen benutzt. Der abendlichen Entfaltung ihrer Blüten kann man mit bloßem Auge zusehen. Sie verströmen einen starken Duft, mit dem sie Fledermäuse zur Bestäubung anlocken.

Haarblume

Trichosanthes cucumerina
Familie: Kürbisgewächse, *Cucurbitaceae*

Wichtigste Kennzeichen: Blätter handförmig gelappt. Blüten weiß, mit langer Röhre, die 5 Kronzipfel mit langen, oft eingerollten Fransen.
Wuchsform: Kriechend oder kletternd, bis 6 m hoch, mit verzweigten Ranken.
Blätter: Mehr oder weniger tief 3–7-lappig, meist gekerbt oder gezähnt, 5–25 cm lang und breit, behaart.
Blüten: Eingeschlechtig, 3–4,5 cm breit, die männlichen in Trauben, die weiblichen einzeln; Blütenröhre 1,5–2,5 cm lang, an ihrem Ende 5 kurze Kelchzipfel und 5 Kronzipfel, deren flächiger Anteil 0,5–1,5 cm lang.
Früchte: Sehr variabel; bei Wildformen spindelförmig, bis 6 cm lang, meist orangerot; bei Kulturformen bis 2 m lang, aber nur 5–6 cm dick, oft schlangenartig gedreht und verschiedenfarbig gestreift.
Vorkommen: In allen Tropengebieten als Zierpflanze, in Westafrika und Südostasien auch als Nutzpflanze angebaut. Die ursprüngliche Verbreitung reicht von Pakistan bis zu den Philippinen und nach Nordaustralien.
Weitere Namen: »Schlangengurke«, Englisch »Club Gourd«, »Serpent Gourd«, »Snake Gourd«.
Wissenswertes: Haarblumen sind kurzlebige, rasch wachsende Pflanzen, die sich auch bei uns als einjährige Sommerblumen halten lassen. Sie werden von Nachtschwärmern bestäubt und zeigen sich daher am schönsten in den Abend- oder frühen Morgenstunden. Am Tag trocknen die grazilen Blüten rasch ein. Als Schlangengurken bezeichnet man vor allem die Früchte der Kulturform (var. *anguina*). Sie werden wie Zucchini unreif geerntet und auch ebenso zubereitet, haben aber wenig Geschmack. Auch ganz junge Sprosse und Blätter werden zuweilen als Gemüse genutzt.

Kletterpflanzen

Blätter einfach, wechselständig

Maracuja

Passiflora edulis
Familie: Passionsblumengewächse,
Passifloraceae

Wichtigste Kennzeichen: Blätter tief 3-lappig, kahl. Blüten leicht grünlichweiß, darüber eine Nebenkrone aus vielen am Grund violetten, zur Spitze hin weißen, oft welligen Fäden.
Wuchsform: Mit Ranken kletternd, Sprosse bis 15 m lang, am Grund verholzt.
Blätter: Wechselständig, 5–22 cm lang und breit, mit elliptischen bis länglichen, am Rand drüsig gezähnten Lappen.
Blüten: Einzeln, am Grund mit 3 eiförmigen, 1,5–2,5 cm langen Hochblättern. Kelch und Krone 5-zählig, von oben sehr ähnlich, 5–8 cm breit; in der Mitte eine Säule mit 5 gelben Staubblättern, dem Fruchtknoten und 3 kopfigen Narben.
Früchte: Rundlich bis eiförmig, 4–10 cm lang, mit zäher, dunkel purpurn oder gelb gefärbter Schale; innen viele dunkle Samen, die von einem glasigen, gelborangefarbenen Samenmantel umhüllt sind.
Vorkommen: Häufig angepflanzt und oft verwildert; stammt aus Südamerika.
Weitere Namen: »Purpurgranadilla«, Englisch »Passion Fruit«, »Purple Granadilla«, Französisch »Grenadille«, Portugiesisch »Maracujá«, Spanisch »Maracuyá«.
Wissenswertes: Aus dem Samenmantel der Maracuja wird ein Saft gepresst, der auch bei uns im Handel ist. Viele andere der rund 430 Passionsblumen-Arten (S.196) werden ebenfalls kultiviert, und manche sehen recht ähnlich aus. Als Zimmerpflanze sieht man vor allem Mischlinge der Blauen Passionsblume *(P. caerulea)*, die 5–7-lappige Blätter und breite Nebenblätter besitzt. Die Wasserlimone *(P. laurifolia)* hat ungeteilte Blätter, und ihre Nebenkrone ist breiter als die Krone selbst. Ein häufiges Unkraut ist die Stinkende Passionsblume *(P. foetida)*, leicht erkennbar an einer fein zerschlitzten Hülle um die Blüten.

Riesen-Pfeifenblume

Aristolochia gigantea
Familie: Osterluzeigewächse,
Aristolochiaceae

Wichtigste Kennzeichen: Blüten sehr groß, mit hängender, ballonartig erweiterter Basis, gefolgt von einer engeren, aufwärts gekrümmten Röhre, die nach vorn in einen ausgebreiteten, purpurnen Saum mit heller Aderung mündet.
Wuchsform: Windende, bis 10 m hohe, holzige Lianen mit tief rissiger, korkiger Rinde; die jungen Sprosse krautig, kahl.
Blätter: Wechselständig, eiförmig bis herzförmig, 10–20 cm lang, 7–12 cm breit, zugespitzt, auf der Unterseite dicht weißlich behaart.
Blüten: Einzeln oder wenige zusammen an älteren Sprossen; Basis bis 8 cm lang und 3 cm breit; Saum 15–20 cm lang und 12–16 cm breit, unten tief eingekerbt; Fruchtknoten unterständig, die 6 Staubblätter und Narbenäste bilden ein kopfiges Gebilde am Grund der Blüte.
Früchte: Zylindrische Kapseln, 8–13 cm lang, 1–3 cm dick, vom Grund her aufspringend, mit zahlreichen Samen.
Vorkommen: Verbreitet als Zierpflanze; ursprünglich Panama bis Amazonien.
Weiterer Name: Englisch »Pelican Flower«.
Wissenswertes: Die Blüten der Riesen-Pfeifenblume sehen nicht nur aus wie Aas, sie riechen auch so. Damit locken sie Fliegen an, die in die Röhre kriechen und dort von reusenartigen Haaren so lange zurückgehalten werden, bis sie mit Blütenstaub eingepudert sind. Auch die anderen etwa 120 *Aristolochia*-Arten stellen derartige Fallen, haben aber meist kleinere Blüten, wie auch die heimische Osterluzei *(A. clematitis)*. Die Großblütige Pfeifenblume *(A. grandiflora)* wird oft mit der Riesen-Pfeifenblume verwechselt, hat aber am unteren Ende des Blütensaums einen schwanzartigen Fortsatz von 12 cm bis über 4 m Länge.

209

 ## Kletterpflanzen — Blätter einfach, wechselständig

Fensterblatt

Monstera deliciosa
Familie: Aronstabgewächse, *Araceae*

Wichtigste Kennzeichen: Dicke Sprosse mit zahlreichen herabhängenden Luftwurzeln. Blätter meist riesig, mit kräftigen Seitennerven, dazwischen tief eingeschnitten und mit Löchern.
Wuchsform: Kletternd, oft mehr als 10 m hoch, mit bis zu 7 cm dicken Sprossen, manchmal auf Bäumen wachsend, meist mit Luftwurzeln bis zum Boden.
Blätter: Wechselständig, mit kräftigem Stiel, dessen Flanken um den Spross greifen, ledrig, dunkelgrün, mit helleren Nerven; anfangs klein, herzförmig und ungeteilt, später bis zu 1 m groß.
Blüten: Winzig, in bis zu 30 cm langen und 5 cm dicken, aufrechten, cremefarbenen Kolben, die von einem hellen Hochblatt eingehüllt sind.
Früchte: Bis zu 1 cm große Beeren, dicht gedrängt und dadurch 6-eckig am zur Fruchtzeit bis zu 9 cm dicken Kolben, bei Reife cremeweiß oder violett überlaufen.
Vorkommen: An Bäumen und Häusern, oft auch als Kübelpflanze; stammt aus Mittelamerika.
Weitere Namen: Englisch »Ceriman«, »Mexican Breadfruit«, »Split Leaf Philodendron«, »Swiss Cheese Plant«, Portugiesisch »Banana de Macaco«, Spanisch »Harpón«, »Hojadillo«, »Piñanona«.
Wissenswertes: Das Fensterblatt wird nicht nur als Zierpflanze, sondern auch wegen seiner Früchte geschätzt. Sie duften und schmecken wie eine Mischung aus Ananas und Banane. Allerdings ist Vorsicht geboten, denn oft enthalten sie so viel Oxalsäure und andere Giftstoffe, dass es zu Reizungen der Schleimhäute und anderen Nebenwirkungen kommt. Aus den Luftwurzeln können Seile und Körbe gefertigt werden. Die Jugendform der Pflanze erinnert an kletternde *Philodendron*-Arten und ist auch als *Ph. pertusum* bekannt.

Efeutute

Epipremnum pinnatum 'Aureum'
Familie: Aronstabgewächse, *Araceae*.

Wichtigste Kennzeichen: Wurzelkletterer mit lang gestielten, eiförmigen bis leicht herzförmigen Blättern mit gelben Streifen und Flecken, bei älteren Pflanzen sehr groß, meist mit Löchern und tiefen seitlichen Einschnitten.
Wuchsform: Bis 15 m hoch kletternd, die fleischigen Sprosse dicht an die Unterlage geschmiegt, mit Luftwurzeln.
Blätter: Wechselständig, mit kräftigem Stiel, der mit seinen häutigen Flanken um den Spross greift. Blätter an Jungpflanzen ungeteilt, bis 15 cm lang, an großen Pflanzen bis 80 cm lang und 60 cm breit.
Blüten: Winzig, zu Hunderten in einem etwa 15 cm langen Kolben, der von einem blassgrünen bis gelblichen Hüllblatt umgeben ist.
Früchte: Viele kleine gelbliche Beeren, am Kolben dicht gedrängt.

Vorkommen: Überall in den Tropen, an Hauswänden und Baumstämmen; stammt von den Salomon-Inseln.
Weitere Namen: »Buntes Herzblatt«, »Goldranke«, Englisch »Devil's Ivy«, »Golden Pothos«, »Marble Queen«; international auch als *Scindapsus pictus* im Blumenhandel.
Wissenswertes: Die Efeutute ist eine gute Bekannte, die man in den Tropen aber kaum wiedererkennt. Sie ist uns vertraut als anspruchslose Zierpflanze, die selbst in den dunkelsten Ecken unserer Büros und Wohnungen noch überlebt. Dort kommt sie allerdings nie über ihre Jugendform hinaus, während in den Tropen vor allem große Pflanzen ins Auge fallen. In Kultur ist fast ausschließlich die hier beschriebene Form 'Aureum' mit ihren gelb gefleckten Blättern. Die Wildform hat grüne Blätter und ist nur an winzigen Details der Blüten von ihren Verwandten aus den Gattungen *Monstera* und *Philodendron* zu unterscheiden.

Kräuter und Stauden Blätter gegenständig

Schnappmäulchen

Torenia fournieri
Familie: Braunwurzgewächse, *Scrophulariaceae*

Wichtigste Kennzeichen: Kraut mit 4-kantigem Stängel. Blüten hellviolett, die beiden seitlichen Kronlappen dunkelviolett, der untere mit dunkelviolettem Rand und einem gelben Fleck am Schlund.
Wuchsform: Aufrecht oder etwas kriechend, 15-35 cm hoch oder bis zu 60 cm lang, oft reich verzweigt.
Blätter: Gegenständig, eiförmig, 2,5-5 cm lang, 1-3 cm breit, zugespitzt, hellgrün, am Rand gesägt.
Blüten: Einzeln oder paarweise in den Blattachseln sowie in kleinen Gruppen am Ende des Stängels; Kelch 5-lappig, 1,5-2 cm lang, mit flügelartigen Kanten; Krone mit 2,5 bis 3,5 cm langer, etwas gekrümmter Röhre und 4 Lappen, der obere etwas breiter als die anderen und in der Mitte etwas eingekerbt, darunter 2 Paar ungleich langer Staubblätter und die 2-lappige Narbe.
Früchte: Elliptische, zweifächrige Kapseln, etwa 1 cm lang und 5 mm dick, im Kelch eingeschlossen.
Vorkommen: Weltweit als Zierpflanze und als Unkraut; stammt aus Südostasien.
Weitere Namen: Englisch »Bluewings«, »Florida Pansy«, »Wishbone Plant«, Spanisch »Lazo de Amor«.
Wissenswertes: Das Schnappmäulchen ist eine attraktive, aber recht kurzlebige Pflanze. Da es schon wenige Wochen nach der Aussaat zur Blüte kommt, kann es auch bei uns als Sommerblume gehalten werden. Im Handel sind auch Formen mit blauen, rosa, gelblichen oder weißen Blüten sowie hängende Sorten für Balkonkästen erhältlich. Während das Schnappmäulchen in den Tropen eher schattige Standorte bevorzugt, gedeiht es bei uns auch in voller Sonne, wenn eine ausreichende Wasserversorgung gewährleistet ist.

Kugelamaranth

Gomphrena globosa
Familie: Fuchsschwanzgewächse, *Amaranthaceae*

Wichtigste Kennzeichen: Pflanze fein behaart, meist rötlich überlaufen. Blätter gegenständig. Blütenstände kugelig bis eiförmig, pink bis rot (selten weiß).
Wuchsform: Einjähriges Kraut, 15-60 cm hoch, aufrecht oder kriechend.
Blätter: Eiförmig bis länglich, 2,5-15 cm lang, 2-6 cm breit, am Grund allmählich in den kurzen Stiel übergehend, am Ende mehr oder weniger stumpf.
Blüten: Blütenköpfchen 1,5-2,5 cm groß; jede Blüte mit einem 3-6 mm langen Tragblatt und zwei steifen, 8-12 mm langen, schmalen, meist rötlichen Vorblättern mit gezähnter Spitze. Blütenhülle 5-zählig, 4-6 mm lang, gelblich, behaart; Staubblätter 5, großenteils verwachsen, mit Zipfeln zwischen den Staubbeuteln.
Früchte: Rundlich bis eiförmig, 1,5-2,5 mm groß, rötlich, trocken, verborgen zwischen den Trag- und Vorblättern.
Vorkommen: In Gärten und auf Ödland in allen Tropengebieten; ursprünglich aus trockenen Gebieten der Neuen Welt.
Weitere Namen: Englisch »Bachelor's Button«, »Globe Amaranth«, Spanisch »Amarantina«, »Amor Seco«.
Wissenswertes: Der Kugelamaranth wird gern für Blumengestecke benutzt, denn seine Blütenstände behalten sehr lange ihre Form und Farbe, auch in Trockensträußen. Die Blüten selbst welken zwar, aber sie sind ohnehin unscheinbar im Vergleich zu den farbigen Vorblättern. Im Handel sind Sorten in allen Farben, von Weiß über Orange bis tief Violett. Da der Kugelamaranth innerhalb weniger Wochen zur Blüte kommt, kann er auch bei uns als Sommerblume gehalten werden. In tropischen Ziergärten wird er meist alle 3 Monate ausgetauscht, weil er sonst unansehnlich wird.

213

Kräuter und Stauden — Blätter gegenständig

Wunderblume

Mirabilis jalapa
Familie: Wunderblumengewächse, *Nyctaginaceae*

Wichtigste Kennzeichen: Blätter überwiegend gegenständig. Blüten 5-zählig, meist rötlich, mit langer Röhre und trichterförmigem Saum. Staubblätter und Griffel anfangs in die Röhre zurückgekrümmt.
Wuchsform: Reich verzweigtes Kraut, 50 bis 150 cm hoch, oft etwas rötlich an den Ansatzpunkten der Blätter; mit dicker, rübenförmiger Wurzel.
Blätter: Eiförmig, 3–10 cm lang, 2–5 cm breit, dünn krautig, etwas zugespitzt, am Grund gerundet bis fast herzförmig.
Blüten: In dichten Gruppen am Ende der Sprosse (manchmal nur wenige gleichzeitig offen), meist karminrot bis rotviolett, aber auch weiß, gelb, orange oder mehrfarbig gestreift; Röhre 3–5 cm lang, über dem dicken Fruchtknoten zunächst sehr dünn, Saum 2,5–3,5 cm breit, Staubblätter und Griffel etwas aus der Röhre ragend.
Früchte: Eiförmig, 6–10 mm lang, runzelig, schwarz, von einer kelchartigen Hülle eingeschlossen.
Vorkommen: Als Zierpflanze und Unkraut in vielen tropischen und subtropischen Gebieten; stammt aus Mexiko und dem Süden der USA.
Weitere Namen: Englisch »Four-o'clock«, »Marvel of Peru«, Französisch »Belle de Nuit«, Spanisch »Buenas Tardes«.
Wissenswertes: Die Wunderblume ist zwar mehrjährig, kann aber als einjähriges Kraut auch bei uns kultiviert werden. Ihren Namen verdankt sie der Vielfalt ihrer Blütenfarben. Die meisten Namen in anderen Sprachen gehen dagegen auf die Tatsache zurück, dass sich die Blüten erst am späten Nachmittag öffnen und gegen Morgen wieder schließen. Ihr vermeintlicher Kelch ist eigentlich eine Hochblatthülle. Die als »Falsche Jalapa« bezeichneten Wurzeln liefern ein starkes Abführmittel, und die Blüten dienen in Asien zum Färben von Lebensmitteln.

Catharanthe

Catharanthus roseus
Familie: Hundsgiftgewächse, *Apocynaceae*

Wichtigste Kennzeichen: Blätter gegenständig, mit heller Mittelrippe. Blüten regelmäßig 5-zählig, rosa (selten weiß), in der Mitte dunkler, mit enger, unterhalb des Kronsaums verdickter Röhre.
Wuchsform: Krautig bis halbstrauchig, 30 bis 60 cm hoch, reich verzweigt, mit fleischigen Zweigen.
Blätter: Länglich, 2,5–10 cm lang, 1–3 cm breit, am breitesten oberhalb der Mitte, glänzend, am Ende meist gerundet.
Blüten: Einzeln oder paarweise, 3–5 cm groß, Röhre 2–3 cm lang, Kronlappen in der Knospe verdreht, die 5 Staubblätter in der Verdickung der Röhre.
Früchte: Je 2 aus einer Blüte, stielrund, grün, 1–3,5 cm lang, 2–3 mm dick, bei Reife längs aufspringend, mit vielen schwarzen Samen.
Vorkommen: Überall in den Tropen; ursprünglich aus Madagaskar, von sandigen Standorten in Küstennähe.
Weitere Namen: »Madagassisches Immergrün«, Englisch »Madagascar Periwinkle«, »Old Maid«, »Rosy Periwinkle«, Spanisch »Chula«, »Clavelina«, »Pervinca de Madagascar«, »Vicaria«.
Wissenswertes: Die Catharanthe ist auch als Zimmerpflanze beliebt. Sie blüht fast immer und wird daher manchmal auch als »Fleißiges Lieschen« verkauft, obwohl dieser Name eigentlich *Impatiens walleriana* gilt (S. 216), dessen meist kräftiger gefärbte Blüten einen langen Sporn besitzen. Wie die meisten Vertreter ihrer Familie ist auch die Catharanthe giftig, doch haben sich einige ihrer Alkaloide auch als wirksam gegen bestimmte Krebsformen (z. B. Morbus Hodgkin) erwiesen. Allerdings sind die Wirkstoffe in so geringer Menge enthalten, dass über 500 kg Pflanzen benötigt werden, um 1 g der Substanz zu gewinnen.

215

Kräuter und Stauden

Blätter gegenständig

Fleißiges Lieschen

Impatiens hawkeri
Familie: Springkrautgewächse, *Balsaminaceae*

Wichtigste Kennzeichen: Blätter gegenständig oder meist in Dreierquirlen. Blüten mit 2 kleinen seitlichen Kelchblättern, 1 größeren unteren Kelchblatt mit langem, krummem Sporn sowie 5 leuchtend roten Kronblättern.
Wuchsform: Kraut mit glasig-saftigen Zweigen, 20–60 cm hoch.
Blätter: Länglich, an beiden Enden zugespitzt, 5–15 cm lang, 2–7 cm breit, am Rand fein gezähnt, dunkel- bis fast olivgrün oder rötlich, Mittelrippe oft rot, angrenzende Blattfläche oft hell gelblich.
Blüten: Einzeln oder wenige zusammen, 4 bis 7 cm groß, Kronblätter am Ende etwas eingekerbt, Staubblätter zu einer roten bis gelblichen Haube verbunden, rasch abfallend, dann der grüne Fruchtknoten im Blütenzentrum erkennbar.
Früchte: Länglich bis keulenförmig, grün; bei Reife beim Berühren aufspringend.
Vorkommen: Häufige Gartenpflanze, auch in gemäßigtem Klima; ursprünglich aus Neuguinea.
Weitere Namen: »Neuguinea-Impatiens«, Englisch »New Guinea Impatiens«, »Sunshine Impatiens«.
Wissenswertes: Die hier beschriebene Art ist schon seit 1886 bekannt, spielte aber im Gartenbau zunächst keine Rolle. Erst als 1960 in Neuguinea besonders farbenprächtige und widerstandsfähige Sorten gefunden wurden, begann die planmäßige Züchtung. Heute gibt es Formen mit verschieden gemusterten Blättern und Blüten in allen Farben von Weiß bis Violett, auch zweifarbig oder gefüllt. Sie haben das afrikanische, früher als »Fleißiges Lieschen« (Englisch »Busy Lizzie«) gehandelte *I. walleriana* fast vollständig vom Markt verdrängt. Es hat sehr ähnliche Blüten, ist aber lockerer im Wuchs und hat wechselständige Blätter.

Zimmerhopfen

Justicia brandegeana
Familie: Akanthusgewächse, *Acanthaceae*

Wichtigste Kennzeichen: Blüten weiß bis blassviolett, mit purpurnen Flecken auf der Unterlippe, in 4-kantigen, meist überhängenden, rötlichen, an der Spitze oft grünlichen Ähren.
Wuchsform: Reich verzweigtes Kraut, 30 bis 50 cm hoch; selten bis 120 cm hoch und am Grund schwach verholzt.
Blätter: Gegenständig, eiförmig, 4–9 cm lang, 2–5 cm breit, zugespitzt, am Grund gerundet, weich behaart.
Blüten: In 3–12 cm langen, dicht mit 1–2 cm langen, eiförmigen Hochblättern besetzten Ähren; Krone 3 bis 3,5 cm lang, tief in eine ungeteilte oder 2-lappige Oberlippe und eine 3-lappige Unterlippe gespalten.
Früchte: Etwa 1 cm große, gestielte, eiförmige Kapseln, bei Reife mit 2 Klappen öffnend, mit 2–4 Samen.
Vorkommen: Vor allem in Gärten; stammt aus Mexiko.
Weitere Namen: »Garnelenblume«, Englisch »False Hop«, »Mexican Shrimp Plant«, Französisch »Chevrette«, Spanisch »Carpintero«, »Cola de Camarón«.
Wissenswertes: Wie der Name »Zimmerhopfen« schon andeutet, ist diese Art bei uns auch als Zimmerpflanze erhältlich. Im Handel wird sie oft noch unter ihrem früher gebräuchlichen Namen *Beloperone guttata* geführt. Den Namen »Garnelenblume« verdankt sie ihren Blütenständen, die mit ihren schuppenartig überlappenden, rötlichen Hochblättern an Garnelenschwänze erinnern. Wie bei vielen anderen Mitgliedern der Familie sind auch hier die Hochblätter weitaus attraktiver als die Blüten, zumal sie fast das ganze Jahr vorhanden sind. Auch Formen mit rein gelben oder leuchtend roten Hochblättern sind im Handel. Im Süden der USA wird die Garnelenblume zum Anlocken von Kolibris empfohlen.

Kräuter und Stauden Blätter wechselständig

Fledermausblume

Tacca chantrieri
Familie: Fledermausblumengewächse, *Taccaceae*

Wichtigste Kennzeichen: Blüten dunkelviolett bis fast schwarz, in einer Dolde, die am Grund 4 große, fast schwarze Hochblätter und zwischen den Blüten viele lange Fäden trägt.
Wuchsform: Blätter und Blütenstand aus einem kriechenden Wurzelstock hervorgehend, 20–70 cm hoch.
Blätter: Lang gestielt, länglich, 20–55 cm lang, 4,5–22 cm breit, an beiden Enden zugespitzt, glänzend grün, mit kräftiger Mittelrippe, zwischen den Seitennerven oft etwas wellig.
Blüten: 6-zählig, 1–2 cm groß, Blütenblätter zurückgeschlagen, Fruchtknoten unterständig. Dolde mit 5–25 Blüten, die beiden äußeren Hochblätter sitzend, 2–9 cm lang, 1–4 cm breit, nach oben und unten gerichtet, die inneren breiter, ei- bis fast herzförmig, zur Seite gerichtet, sitzend oder sehr kurz gestielt.
Früchte: Elliptisch, 2–4 cm lang, 1–2 cm dick, rundlich bis 3-kantig, etwas fleischig, kräftig orangerot bis purpurn, mit vielen Samen.
Vorkommen: An schattigen Stellen in Gärten; stammt aus Südostasien.
Weitere Namen: Englisch »Bat Flower«, »Black Lily«, »Cat's Whiskers«, »Devil Flower«.
Wissenswertes: Die Fledermausblume wird wegen ihrer fast schwarzen Blüten oft als Kuriosität gepflanzt, und die jüngsten Blätter werden in Asien gegessen. Die sehr ähnliche *T. integrifolia* mit meist hellen, aufrechten Hochblättern im Blütenstand (»White Bat Flower«) ist ebenfalls oft zu sehen. Aus der Knolle von *T. leontopetaloides* (»Tahiti Arrowroot«), mit tief zerteilten Blättern und grünlichen Blüten, wird Stärke gewonnen. Nach Auswaschen eines giftigen Bitterstoffs ist sie so vielseitig verwendbar wie Mehl.

Blauer Ingwer

Dichorisandra thyrsiflora
Familie: Commelinengewächse, *Commelinaceae*

Wichtigste Kennzeichen: Staude mit kräftigen, bambusartigen Stängeln. Blätter mit röhrenartiger Blattscheide. Blüten violett, Staubblätter 6, gelb, die 2 oder 3 unteren länger als die 3 oder 4 oberen.
Wuchsform: Aufrecht, bis 2 m hoch.
Blätter: Wechselständig, am Ende des Stängels gehäuft, langgestreckt, 15–40 cm lang, 5 bis 13 cm breit, an beiden Enden zugespitzt, glänzend, unterseits oft etwas violett, mit kräftiger Mittelrippe.
Blüten: In 5–20 cm langen, schmalen Rispen am Ende des Stängels, 3-zählig; Kelchblätter außen violett, innen weiß; Kronblätter violett, mit weißem Stiel, 12–16 mm lang und breit.
Früchte: Elliptisch, bei Reife mit 3 Klappen öffnend, Samen mit orangerotem Samenmantel.
Vorkommen: Beliebte Gartenpflanze für halbschattige Standorte, vor allem in Australien und auf Hawaii; stammt aus Brasilien.
Weitere Namen: Englisch »Blue Ginger«.
Wissenswertes: Der deutsche wie der englische Name dieser Art sind irreführend; der Blaue Ingwer ist nicht mit dem Ingwer verwandt. Seine tief blauvioletten Blüten machen ihn zu einem begehrten Farbakzent. Allerdings ist er recht heikel, denn er braucht fruchtbaren Boden, stets genug Wasser, und er verträgt weder Temperaturen unter 10 °C noch längere Zeit über 27 °C. Aus der gleichen Familie stammt der ebenfalls sehr auffällige Schneckenfaden (*Cochliostema odoratissimum*; Foto rechts). Er wächst als große, stammlose Rosette, am Wildstandort meist auf Bäumen. Seine Blüten sind ähnlich gebaut, jedoch etwa doppelt so groß, heller violett, und sie stehen in kurz gestielten, dichten Büscheln in den Achseln der Blätter.

Kräuter und Stauden Blätter wechselständig

Gefaltete Spatelzunge

Spathoglottis plicata
Familie: Orchideen, *Orchidaceae*

Wichtigste Kennzeichen: Blüten in aufrechten, 0,7–2 m hohen Trauben, rosa bis violettrot (selten weiß), mit 5 ungleich großen, elliptischen bis eiförmigen Blütenblättern, einer gekrümmten Säule oben in der Blüte und einer 3-lappigen Lippe unten in der Blüte.
Wuchsform: Kräftige Staude mit knolligen Verdickungen jeweils am Grund einer Gruppe von Blättern.
Blätter: Alle vom Boden ausgehend, an der Spitze überhängend, mit undeutlich abgesetztem Stiel und meist violetter Blattscheide, schmal und langgestreckt, 60–120 cm lang, 5–20 cm breit, zugespitzt, zwischen den längs verlaufenden Nerven furchig-längsfaltig.
Blüten: Etwa 5–25 pro Traube, 3–5 cm groß, die 3 äußeren Blütenblätter etwas schmaler als die 2 inneren; Lippe mit dunkler violettroten, nach oben gerichteten Seitenlappen, in der Mitte mit einem fleischigen, 2-lappigen, gelblichen Gebilde und einem gestielten Endlappen.
Früchte: Grüne, fast zylindrische Kapseln, bis etwa 5 cm lang und 3 cm dick, mit 3 hellgrünen Längsstreifen, bei Reife dort öffnend, mit sehr vielen winzigen Samen.
Vorkommen: Heimisch in Südostasien und dort eine der häufigsten Orchideen, in Grasland und an Straßenrändern; auch sonst häufig verwildert, z. B. auf Hawaii.
Weitere Namen: Englisch »Boat Orchid«, »Grapette«, »Philippine Ground Orchid«, »Palm Orchid«.
Wissenswertes: Wie die meisten Orchideen hat diese Art eigentlich keinen deutschen Namen. Hier wurde der wissenschaftliche Name übersetzt, aber das ist problematisch, weil sich »Spatelzunge« auf den Mittellappen der Lippe bezieht, »Gefaltete« dagegen auf die Blätter. Im asiatischen Bergland findet man entlang der Straßen immer wieder auch andere, gelb blühende *Spathoglottis*-Arten.

Große Flamingoblume

Anthurium andraeanum
Familie: Aronstabgewächse, *Araceae*

Wichtigste Kennzeichen: Blätter groß, herzbis fast spießförmig. Blütenstand mit einem leuchtend roten, glänzenden, wie Plastik aussehenden Hochblatt am Grund eines gelblichen Kolbens.
Wuchsform: Krautig, ohne aufrechten Stängel, alle Blätter mit langen, kräftigen Stielen vom Boden ausgehend.
Blätter: Wechselständig, 20–40 cm lang, 10 bis 16 cm breit, zugespitzt, mit meist 7 kräftigen, vom Stielansatz ausgehenden Nerven, von denen das untere Paar in die basalen Lappen des Blattes zieht und sich dort gleich weiter verzweigt.
Blüten: Hochblatt herzförmig, 9–12 cm lang, am Grund tief eingeschnitten, netzadrig und zwischen den Nerven meist etwas dellig. Kolben 6–10 cm lang, aufrecht oder überhängend; die Blüten selbst winzig, nur als weiße Punkte erkennbar.
Früchte: Gelbe, verkehrt-eiförmige Beeren, dicht gedrängt am Kolben. Hochblatt zur Fruchtzeit teilweise grünlich.
Vorkommen: Verbreitet kultiviert, auch als Zimmerpflanze. Die auch als Epiphyt (S. 18) wachsende Wildform stammt aus Kolumbien.
Weitere Namen: Englisch »Flamingo Lily«, »Tail Flower«, Spanisch »Cresta de Gallo«, »Lengua del Diablo«.
Wissenswertes: Die Große Flamingoblume gehört zu den beliebtesten Zierstauden schattiger Standorte. In Kultur sind meist Formen mit größeren, oft auch rosa oder weiß gefärbten Hochblättern. Als Zimmerpflanze ist die etwas robustere Kleine Flamingoblume *(A. scherzerianum)* noch beliebter. Sie unterscheidet sich durch längliche, schmale Blätter, glatte, eiförmige, am Grund kaum eingeschnittene Hochblätter und einen meist gebogenen oder gewundenen Kolben.

221

Kräuter und Stauden Blätter wechselständig

Fackelingwer

Etlingera elatior
Familie: Ingwergewächse, *Zingiberaceae*

Wichtigste Kennzeichen: Blüten in dichten Köpfen aus rosa bis leuchtend roten, wachsartigen Tragblättern mit hellerem Rand, die unteren deutlich größer als die oberen, an meist blattlosen, 1–2 m hohen Trieben im Schatten der beblätterten Sprosse.

Wuchsform: Sehr große Staude mit kräftigen Halmen, 2–6 m hoch.

Blätter: 2-zeilig angeordnet, mit langer Blattscheide, kurz gestielt, 30–90 cm lang, 12 bis 20 cm breit, zugespitzt, mit kräftiger Mittelrippe und vielen feinen Seitennerven.

Blüten: Meist nur ihre Lippe sichtbar, rot mit gelbem oder weißem Saum, fast röhrenförmig, oberseits offen, nur auf einer Ebene im Blütenkopf gleichzeitig offen. Untere Tragblätter ohne Blüten, bis zu 12 cm lang, nach oben zu immer kleiner.

Früchte: Rundlich, etwas fleischig, 2–2,5 cm groß, grün bis rötlich, in kugeligen, etwa 10 cm großen Köpfen.

Vorkommen: Als Zierstaude in allen Tropengebieten; stammt aus dem indomalaiischen Raum.

Weitere Namen: »Kaiserzepter«, Englisch »Philippine Wax Flower«, »Torch Ginger«, Französisch »Rose de Porcelaine«, Spanisch »Boca de Dragón«.

Wissenswertes: Der Fackelingwer gehört zu den wenigen Pflanzen, bei denen auch über den wissenschaftlichen Namen keine Einigkeit besteht. Oft wird er auch als *Nicolaia elatior* oder *Phaeomeria magnifica* bezeichnet. Junge Blütenstände werden in Südostasien roh im Salat gegessen. Ähnlich gebaute, aber kleinere, weniger auffällige Blütenstände findet man bei sehr vielen Ingwergewächsen. Bei der Gelbwurzel *(Curcuma longa)*, die auch das im Curry enthaltene Gewürz Kurkuma liefert, sind die Tragblätter und Blüten weiß mit Grün bzw. Gelb.

Ananas-Ingwer

Tapeinochilos ananassae
Familie: Ingwergewächse, *Zingiberaceae*

Wichtigste Kennzeichen: Halme bambusartig, hellbraun bis rötlich, mit grünen Knoten, ihr beblätterter Teil meist spiralig eingedreht. Blüten gelb, in leuchtend roten, zapfenartigen Ähren, meist an blattlosen Sprossen im Schatten der Blätter.

Wuchsform: Aufrecht, 1,5–4 m hoch; mit kräftigem Wurzelstock.

Blätter: Wechselständig, fast sitzend, eiförmig bis länglich, 8–25 cm lang, 1,5–7 cm breit, mit rötlichbrauner Blattscheide, mäßig deutlicher Mittelrippe und feinen Seitennerven.

Blüten: Asymmetrisch, mit 1 Staubblatt, kürzer als die harten, spitzen, wachsartig aussehenden Tragblätter, meist nur wenige gleichzeitig offen. Ähren 7–20 cm lang und 7–10 cm dick, auf 20–200 cm langen, meist direkt aus dem Boden kommenden Stielen.

Früchte: Zwischen den Tragblättern des Blütenstands verborgen, von außen nur die schwarz gewordenen Reste der Blütenblätter zu sehen.

Vorkommen: An halbschattigen Stellen in Parks und Gärten; ursprünglich von Indonesien bis Nordaustralien verbreitet.

Weitere Namen: Englisch »Giant Spiral Ginger«, »Indonesian Wax Ginger«, »Pineapple Ginger«.

Wissenswertes: Der Ananas-Ingwer verdankt seinen Namen einer weitläufigen Verwandtschaft mit dem echten Ingwer sowie den entfernt an eine Ananas erinnernden Blütenständen. Mit der Ananas ist er jedoch nicht verwandt. Näher verwandt ist er mit der Kostwurz (S. 238), bei der ebenfalls spiralig aufgerollte Sprosse zu beobachten sind. Mehrere Arten aus diesem Verwandtschaftskreis haben Ähren mit farbigen Tragblättern, doch keine wirkt so künstlich wie der Ananas-Ingwer, der geradezu wie aus Plastik gefertigt aussieht.

Kräuter und Stauden Blätter wechselständig

Blumenrohr

Canna indica
Familie: Blumenrohrgewächse, *Cannaceae*

Wichtigste Kennzeichen: Blüten asymmetrisch, auffällig gefärbt, meist rot und gelb, mit unterständigem, warzig-stacheligem Fruchtknoten.
Wuchsform: Aufrecht, 0,6–2 m hoch; mit kriechendem, knolligem Wurzelstock.
Blätter: Wechselständig, mit langen, ineinander geschachtelten Blattscheiden; Spreite eiförmig bis länglich, 15–60 cm lang, 8–25 cm breit, zugespitzt, fiedernervig, mit vielen parallelen Seitennerven; gelegentlich rot oder purpurbraun.
Blüten: In aufrechten, dichten Rispen am Ende des Stängels, in der Achsel schmaler, bis 15 cm langer Tragblätter, 5–7,5 cm groß, mit 2–3 größeren und mehreren kleineren Blütenblättern; auch das einzige fruchtbare Staubblatt teilweise blumenblattartig und am Griffel angewachsen.
Früchte: Rundlich, 2–4 cm lang, 1,5–3 cm dick, weichstachelig; bei Reife mit 3 Klappen öffnend, mit vielen schwarzen, an Schrotkugeln erinnernden Samen.
Vorkommen: Eine der häufigsten Zierpflanzen; stammt trotz des Namens *indica* aus dem tropischen Amerika.
Weitere Namen: Englisch »Indian Shot«, Französisch »Balisier«, Spanisch »Bandera Española«, »Platanillo«, »Yuquilla«.
Wissenswertes: Blumenrohr ist eine der wenigen Pflanzen mit völlig asymmetrischen Blüten. Meist sind sie rot mit gelben Flecken oder umgekehrt, doch gibt es auch einfarbige, weinrot, orange, rosa oder cremeweiß blühende Sorten (rechts: *eine Wildform*). Die auffälligsten Blütenblätter gehören dabei nicht etwa zur Krone, sondern sind umgewandelte Staubblätter. Erst die schmaleren Organe weiter außen sind Kronblätter. Blumenrohr verträgt zwar keinen Frost, lässt sich aber auch bei uns kultivieren, wenn man die Wurzelstöcke im Herbst ausgräbt und frostfrei lagert.

Scharlachrote Alpinie

Alpinia purpurata
Familie: Ingwergewächse, *Zingiberaceae*

Wichtigste Kennzeichen: Blätter meist 2-zeilig angeordnet, mit einer Blattscheide, die am oberen Ende ein aufrechtes Blatthäutchen trägt. Blütenstand mit auffälligen roten Tragblättern und vergleichsweise unscheinbaren weißen Blüten.
Wuchsform: Kräftige Staude, meist 1,5–2,5 m, selten bis 5 m hoch.
Blätter: Länglich, 30–80 cm lang, 5–20 cm breit, fast sitzend bis kurz gestielt, kahl, mit deutlicher Mittelrippe und feinen, fast geraden, in spitzem Winkel abzweigenden Seitennerven. Blatthäutchen 7–20 mm lang, behaart, meist mit 2 ungleichen Lappen.
Blüten: In aufrechten oder an der Spitze überhängenden, 15–35 cm langen Ähren am Ende der Sprosse; Tragblätter 2,5–6 cm lang, in ihrer Achsel jeweils 1–2(–5) etwa 2 cm lange Blüten.
Früchte: Fast kugelig, 2–3 cm groß, mit 3 Klappen öffnend; selten zu sehen.
Vorkommen: Beliebte Zierpflanze in allen Tropengebieten, oft auch verwildert; ursprünglich vermutlich von Indonesien bis zu den Neuen Hebriden verbreitet.
Weitere Namen: Englisch »Red Ginger«, Französisch »Lavande Rouge«, Spanisch »Gengibre Rojo«.
Wissenswertes: Die Scharlachrote Alpinie wird gern wegen ihrer auffälligen Blütenstände gepflanzt, deren Hochblätter fast das ganze Jahr erhalten bleiben, selbst wenn die kurzlebigen Blüten längst abgefallen sind. Neben der roten Wildform ist auch eine Form mit rosa Hochblättern in Kultur, die als »Rosa Alpinie« (Englisch »Pink Ginger«) bezeichnet wird. Dabei weist »Ginger« auf die nahe Verwandtschaft zum Ingwer *(Zingiber officinale)* hin, der aber viel kleiner bleibt und kurze, dichte Ähren mit grünen, gelb berandeten Hochblättern sowie gelbe Blüten mit violetter Lippe besitzt.

Kräuter und Stauden Blätter wechselständig

Ziegenfußwinde

Ipomoea pes-caprae
Familie: Windengewächse, *Convolvulaceae*

Wichtigste Kennzeichen: Sprosse kriechend. Blätter am Ende mehr oder weniger tief und breit dreieckig eingeschnitten, selten fast gerade abgestutzt. Blüten groß, rosa bis rotviolett, mit dunklerem Schlund, nur vormittags offen.
Wuchsform: Mit krautigen Sprossen bis zu 30 m weit über den Sand kriechend.
Blätter: Wechselständig, im Umriss fast rechteckig-länglich bis quer-elliptisch, 3–12 cm lang und breit, etwas fleischig.
Blüten: Einzeln, selten in kleinen Gruppen; Kelchblätter 0,5–1,5 cm lang, die äußeren kleiner als die inneren; Krone trichterförmig, 3 bis 7 cm lang.
Früchte: Eiförmig bis abgeflacht-rundlich, 1 bis 2 cm groß, 2-fächrig, mit 4 Klappen öffnend; mit 4 großen, schwarzen, meist behaarten Samen.
Vorkommen: Verbreitet an nahezu allen tropischen Küsten, gelegentlich auch an größeren Binnenseen.
Weitere Namen: »Strandwinde«, Englisch »Beach Morning Glory«, »Goat's Foot Vine«, »Sea Morning Glory«, Französisch »Patate Marron«, Portugiesisch »Batata de Mar«, Spanisch »Bejuco de Playa«.
Wissenswertes: Die Ziegenfußwinde verdankt ihren Namen ihrer Blattform, die an den Klauenabdruck einer Ziege erinnert. Ihre weite Verbreitung hat die Pflanze ohne Zutun des Menschen durch wurzelnde Bruchstücke und schwimmfähige Samen erreicht. Mit immer neuen Wurzeln an den Knoten ihrer Sprosse bindet sie den Sand und trägt so zur Festigung der Strände bei. Wie bei den meisten *Ipomoea*-Arten (S. 194, 200, 206, 270) sind die Blüten nur vormittags offen und nachmittags schon wieder verwelkt (daher »Morning Glory«). Der Saft ihrer Sprosse dient den Malaien zur Behandlung von Stichen giftiger Fische.

Globba

Globba winitii
Familie: Ingwergewächse, *Zingiberaceae*

Wichtigste Kennzeichen: Blütenstand mit rotvioletten Tragblättern an der Hauptachse und bizarren, hakenförmigen, gelben Blüten an den Seitenzweigen.
Wuchsform: Krautig, 30–90 cm hoch.
Blätter: Wechselständig, oft 2-zeilig, mit Blattscheide, bis 10 cm lang gestielt, langgestreckt-eiförmig, 10–25 cm lang, zugespitzt, am Grund gerundet bis herzförmig, Nerven in sehr spitzem Winkel von der Mittelrippe abzweigend.
Blüten: In 5–20 cm langen, überhängenden, traubenartigen Rispen am Ende des Stängels, Tragblätter nur selten mehr als 3 cm lang. Meist nur 1 Blüte pro Zweig offen. Kelch fast waagerecht, mit 3 winzigen Zipfeln; Kronröhre dünn, über dem Kelch abgeknickt und steil nach oben gerichtet; Kronzipfel und flächige, sterile Staubblätter zurückgeschlagen; das einzige fruchtbare Staubblatt viel länger als die Krone, bogenförmig nach vorn gekrümmt, am Ende mit 4 Zipfeln.
Früchte: Kleine, kugelige Kapseln; die Samen mit zerfranstem Samenmantel.
Vorkommen: Beliebte Zierpflanze für sehr schattige Standorte; ursprünglich aus Thailand.
Weitere Namen: Englisch »Dancing Lady Ginger«, »Mauve Dancing Girl«.
Wissenswertes: Die Globba wird wegen ihrer bizarren Blüten oft für eine Orchidee gehalten, ist jedoch näher mit dem Ingwer verwandt. Die anderen der etwa 35 *Globba*-Arten haben weniger auffällige Tragblätter, zum Teil aufrechte Blütenstände und weiße, orange, rote oder violette Blüten. Die meisten von ihnen können in der Achsel der unteren Tragblätter anstelle von Blüten Brutknospen hervorbringen und sich so ohne Befruchtung vermehren. Die Brutknospen werden oft für Früchte gehalten, denn sie sind meist auffällig rot und/oder schwarz gefärbt.

227

Kräuter und Stauden　　　　Blätter wechselständig

Celosie

Celosia argentea
Familie: Fuchsschwanzgewächse, *Amaranthaceae*

Wichtigste Kennzeichen: Stängel stark kantig. Blätter schmal, an beiden Enden zugespitzt. Blüten in dichten Ähren am Ende des Stängels, papierartig, meist pink, nach der Blüte rasch ausbleichend.
Wuchsform: Aufrechtes, einjähriges Kraut, 0,3–1,5 m hoch.
Blätter: Wechselständig, 4–18 cm lang, 0,5 bis 6,5 cm breit, oft mit rötlicher Mittelrippe, manchmal violett überlaufen.
Blüten: Ähren aufrecht, 2–22 cm lang, schlank, manchmal auch verzweigt (siehe unten); Blüten 5–10 mm lang, 5-zählig, mit einfacher Blütenhülle, Staubfäden am Grund verbunden.
Früchte: Rundlich, 3–4 mm groß, von der trockenen Blütenhülle eingeschlossen, bei Reife ringförmig öffnend, mit schwarzen Samen.
Vorkommen: Überall in den Tropen, als Zier- und Nutzpflanze ebenso wie als Unkraut; stammt vermutlich aus Afrika.
Weitere Namen: Englisch »Fireweed«, »Quailgrass«, »Red Fox«, Spanisch »Amor Seco«, »Boria«, »Moño«.
Wissenswertes: Die Celosie findet man wild vor allem auf Flächen, auf denen es erst vor kurzer Zeit gebrannt hat (daher »Fireweed«). Junge Sprosse können als Gemüse gegessen werden, gelten aber als minderwertig. Den Wurzeln werden verschiedene medizinische Wirkungen zugeschrieben. In Gärten findet man vor allem Kulturformen, die mit der Wildart oft nicht mehr viel Ähnlichkeit haben. Ihre Blütenstände sind meist stark verzweigt oder flächig verbreitert und gewellt. Die letztere Form (var. *cristata*, rechts) wird auch als »Hahnenkamm« (Englisch »Cockscomb«, Spanisch »Cresta de Gallo«, »Mano de León«) bezeichnet. Es gibt sie in allen Farben, von Weiß über Gelb und Orange bis tief dunkel Weinrot.

Kongo-Springkraut

Impatiens niamniamensis
Familie: Springkrautgewächse, *Balsaminaceae*

Wichtigste Kennzeichen: Kraut mit glasigfleischigem Stängel. Blüten kurz gestielt, zwischen den Blattstielen, meist vorn grün, dann gelb und hinten rot (selten vorn weiß oder ganz rot); auf der Unterseite mit nach vorn gekrümmtem Sporn.
Wuchsform: Aufrecht, meist 30–90 cm, selten bis 2 m hoch.
Blätter: Wechselständig, lang gestielt, eiförmig bis elliptisch, 5–22 cm lang, 3–9 cm breit, an beiden Enden zugespitzt, mit gekerbtem Rand.
Blüten: Einzeln oder bis zu 8 zusammen, 1,5 bis 3 cm lang, mit 2 winzigen seitlichen Kelchblättern, 1 sackartig erweiterten, gespornten unteren Kelchblatt, das den größten Teil der Blüte ausmacht, und 3 hellgrünen, etwa 1 cm großen Kronlappen, davon einer nach oben gerichtet, haubenartig, die beiden anderen nach unten gerichtet, 2-lappig (eigentlich aus je 2 Kronblättern verwachsen). Staubblattröhre kurz, gelb, nach unten gekrümmt.
Früchte: Spindelförmig, etwa 1,5 cm lang und 0,5 cm dick, grün; bei Reife beim Berühren aufspringend.
Vorkommen: In Gärten an schattigen, feuchten Stellen; stammt aus dem tropischen Afrika.
Weiterer Name: Englisch »Congo Cockatoo«.
Wissenswertes: Mit seinen bizarr geformten, meist grün-gelb-roten Blüten lockt das Kongo-Springkraut Vögel an, die aus dem Sporn Nektar saugen und dabei die Blüten bestäuben. Im Gegensatz zu den Kolibris der Neuen Welt beherrschen die altweltlichen Blumenvögel jedoch nicht den Schwirrflug, sodass sie sich zum Trinken niederlassen müssen. Daher dürfen die Blüten nicht zu weit vom Stängel entfernt sein.

Kräuter und Stauden   Blätter wechselständig

Gelbe Hedychie

Hedychium gardnerianum
Familie: Ingwergewächse, *Zingiberaceae*

Wichtigste Kennzeichen: Blätter 2-zeilig angeordnet, mit einem aufrechten, 1,5–4 cm langen Blatthäutchen am Ende der Blattscheide. Blüten in mäßig dichten aufrechten Ähren, goldgelb, duftend, mit 1 roten Staubblatt.
Wuchsform: Große Staude, 1–2 m hoch, mit kräftigem Wurzelstock.
Blätter: Sitzend, langgestreckt, 20–45 cm lang, 4–15 cm breit, zugespitzt, unterseits behaart.
Blüten: In 25–45 cm langen Ähren am Ende des Stängels, einzeln oder paarweise in der Achsel 3–7 cm langer, schmaler Tragblätter; Kronröhre 3,5–6 cm lang, dünn, am Ende mit 3 sehr schmalen und 3 breiten, 2,5–4 cm langen Zipfeln, der größte davon 1,5–2 cm breit, ungeteilt bis tief 2-lappig; das einzige Staubblatt länger, bis 4,5 cm lang.
Früchte: Länglich-elliptisch, bis 3 cm lang, bei Reife mit 3 Klappen öffnend, innen orange, Samenmantel scharlachrot.
Vorkommen: Als Gartenpflanze in vielen tropischen und subtropischen Gebieten; stammt aus dem östlichen Himalajagebiet.
Weitere Namen: »Zier-Ingwer«, Englisch »Kahili Ginger«, Portugiesisch »Roca de Velha«.
Wissenswertes: Die Gelbe Hedychie wächst wild in Höhen bis 2500 m. Deshalb ist sie recht robust und kann auch bei uns gehalten werden, wenn man ihre Wurzelstöcke im Winter frostfrei lagert. Sie wurde weltweit als Zierpflanze eingeführt, gilt aber heute vielerorts (z. B. auf den Azoren, auf Hawaii und in Neuseeland) als zu bekämpfendes Unkraut. Die breiten Schaublätter in ihren Blüten sind in Wahrheit umgewandelte Staubblätter; die schmalen Zipfel sind die echten Kronblätter. In den Tropen ist auch die Weiße Hedychie (*H. coronarium*, rechtes Bild) sehr häufig zu sehen.

Geschnäbelte Heliconie

Heliconia rostrata
Familie: Bananengewächse, *Musaceae*

Wichtigste Kennzeichen: Riesenstaude, Blütenstände hängend, mit großen, überwiegend roten, an der Spitze gelben und ganz am Rand grünen Tragblättern.
Wuchsform: Aufrecht, 2–5 m hoch, mit kräftigem Wurzelstock.
Blätter: Lang gestielt, ledrig, mit kräftiger Mittelrippe, 0,5–2 m lang, 15–40 cm breit, am Grund breit gerundet, zwischen den steil abzweigenden Seitennerven oft fiedrig eingerissen.
Blüten: Blütenstände 30–100 cm lang, aus 1–3 m Höhe herabhängend, mit geschlängelter Achse und etwa 12–35 sehr festen, 6–15 cm langen, 2–8 cm breiten, bootförmig gefalteten Tragblättern. Blüten in Gruppen, 1–3 cm lang gestielt, röhrenförmig, leicht gekrümmt, 3,5–5,5 cm lang, gelb, am Grund blass, an der Spitze oft grünlich.
Früchte: Rundlich-dreieckig, etwa 1 cm groß, am Ende stumpf, anfangs gelblich, bei Reife violett, mit 3 Steinkernen.
Vorkommen: Überall in den Tropen angepflanzt und nicht selten verwildert; stammt aus Südamerika.
Weitere Namen: Englisch »Crab's Claws«, »Hanging Lobster Claws«, Französisch »Bec de Perroquet«.
Wissenswertes: Die Geschnäbelte Heliconie verdankt ihren Namen dem gelb-grünen »Schnabel« an den roten Tragblättern ihres Blütenstandes. Jedes Tragblatt umschließt viele Blüten, von denen aber nur selten mehr als 2 gleichzeitig aus der Spitze hervorschauen. Sie werden von Vögeln bestäubt, die sich auf den Tragblättern niederlassen, um Nektar zu saugen. Die Pflanze gedeiht nur im Tiefland, denn sie erträgt keine Temperaturen unter +15 °C. Wie die Bananen, denen sie ohne Blüten sehr ähnlich sieht, bildet sie einen Scheinstamm aus ineinander geschachtelten Blattscheiden.

Kräuter und Stauden Blätter wechselständig

Papageien-Heliconie

Heliconia psittacorum
Familie: Bananengewächse, *Musaceae*

Wichtigste Kennzeichen: Kräftige Staude mit einem Stängel aus ineinander geschachtelten Blattscheiden. Blütenstände aufrecht, mit 2–6 leuchtend orangefarbenen oder an der Spitze roten Tragblättern, die in ihrer Achsel jeweils mehrere röhrenförmige, leicht gekrümmte Blüten tragen.
Wuchsform: Aufrecht, mit kriechendem Wurzelstock, meist etwa 1 m, selten bis 3 m hoch.
Blätter: 2-zeilig angeordnet, die unteren lang gestielt, die oberen fast sitzend, länglich, 15–60 cm lang, 6–12 cm breit, ledrig, mit kräftiger Mittelrippe, zugespitzt, am Grund meist gerundet.
Blüten: Tragblätter 3–15 cm lang, bootförmig; Blüten bis 2 cm lang gestielt, schlank, 2,5–5 cm lang, orange, gelb oder grünlich, mit grüner bis fast schwarzer Spitze.
Früchte: Rundlich-kegelförmig, bis 1 cm groß, etwas kantig, am Ende stumpf, anfangs gelblich, bei Reife dunkelblau, mit 3 Steinkernen.
Vorkommen: Überall in den Tropen, in Gärten und auf Ödland; stammt aus Guyana und Brasilien.
Weitere Namen: Englisch »Parakeet Flower«, »Parrot Flower«, »Parrot's Plantain«, Französisch »Petit Balisier«.
Wissenswertes: Die Papageien-Heliconie ist wahrscheinlich die häufigste der über 200 *Heliconia*-Arten, von denen viele als Zierpflanzen gehalten werden. In der Natur bevorzugt sie feuchte Savannen, doch mittlerweile ist sie auch an Straßenrändern nicht selten. Angepflanzt werden auch Kreuzungen mit nahe verwandten Arten und zahlreiche Farbvarianten, von Blassgelb und Rosa bis tief Rot, oft ohne die charakteristische dunkle Blütenspitze. Besonders die rein orange Sorte 'Golden Torch' und Sorten mit roten Hochblättern sind sehr beliebt.

Paradiesvogelblume

Strelitzia reginae
Familie: Bananengewächse, *Musaceae*

Wichtigste Kennzeichen: Blätter bananenartig, aber matt und bläulich- oder graugrün. Blütenstand mit einem bootförmigen Hochblatt, aus dem oben 1–3 orange und violett gefärbte Blüten herausragen.
Wuchsform: Kräftige, bis 2 m hohe Staude.
Blätter: 2-zeilig angeordnet, bis 1,2 m lang gestielt, Spreite 20–70 cm lang, 6–15 cm breit, länglich, steifledrig, mit sehr starker Mittelrippe und vielen feinen Seitennerven.
Blüten: Nacheinander aufblühend, jeweils mit 3 maximal 8–12 cm langen, freien, orangefarbenen und 3 violetten Kronblättern, von denen 2 als spießförmiges Gebilde den Griffel und die 5 Staubblätter umfassen, das 3. viel kleiner. Hochblatt 12–18 cm lang, oft fast in rechtem Winkel zum Stiel, graugrün, am Rand in der Regel rötlich.
Früchte: Ledrige, 3-fächrige Kapseln mit vielen Samen, die jeweils ein orangefarbenes Anhängsel tragen.
Vorkommen: In allen tropischen und subtropischen Gebieten häufig kultiviert; stammt aus Südafrika.
Weitere Namen: Englisch »Bird of Paradise«, »Crane Flower«, Französisch »Oiseau de Paradis«, Spanisch »Flor Ave del Paraíso«.
Wissenswertes: Die Volksnamen beziehen sich zwar auf die kräftigen Farben, die Pflanze wird aber auch von Vögeln bestäubt. Diese setzen sich auf die langen violetten Kronblätter, die dadurch auseinander gedrückt werden, sodass die Staubblätter und die Narbe die Füße oder das Brustgefieder berühren. Gleiches gilt für die nahe verwandte *S. nicolai*, die weiß blüht und bis zu 10 m hoch werden kann. Mit dem Namen *Strelitzia* ehrte Sir Joseph Banks die Gemahlin des Königs Georg III. von England, Charlotte von Mecklenburg-Strelitz.

Kräuter und Stauden Blätter wechselständig

Stachelmohn

Argemone mexicana
Familie: Mohngewächse, *Papaveraceae*

Wichtigste Kennzeichen: Alle grünen Teile mit Stacheln und gelbem Milchsaft. Blüten gelb, mit vielen Staubblättern und purpurnem Narbenkopf.
Wuchsform: Aufrecht, kaum verzweigt, 15–130 cm hoch.
Blätter: Wechselständig, die oberen sitzend und stängelumfassend, bis zu 20 cm lang und 7 cm breit, bläulichgrün, mit weißen Nerven, tief fiedrig gelappt, die Lappen in spitzen Stacheln endend, Rand meist nach oben gerollt.
Blüten: Einzeln am Ende des Stängels, 4–8 cm groß, Kelchblätter 3, früh abfallend, Kronblätter meist 6, in der Knospe verknittert, später meist schalenförmig ausgebreitet.
Früchte: Rundlich bis länglich, 2,5–3,5 cm lang, mit 3–6 Klappen öffnend, mit vielen, etwa 2 mm großen Samen.
Vorkommen: Als Unkraut in allen tropischen und subtropischen Gebieten; ursprünglich aus Mittelamerika.
Weitere Namen: Englisch »Devil's Fig«, »Mexican Poppy«, »Prickly Poppy«, Portugiesisch »Cardo Santo«, Spanisch »Cardo Amarillo«, »Chicalote«.
Wissenswertes: Der Stachelmohn ist mit unserem Mohn *(Papaver)* nur weitläufig verwandt. Als Zierpflanze wurde er in viele Gebiete eingeführt, erwies sich dann aber als Unkraut. Weil er nicht nur stachelig, sondern auch giftig ist, wird er von kaum einem Tier gefressen. Zudem vermehrt er sich sehr rasch, denn er braucht nur wenige Monate von der Keimung bis zur Samenreife. Er braucht allerdings offene, eher trockene Standorte und verdrängt daher nicht intakte heimische Vegetation. Aus seinen Samen kann Öl gepresst werden, das früher zu verschiedenen medizinischen und technischen Zwecken herangezogen wurde, heute aber kaum noch benutzt wird.

Großblättrige Damiana

Turnera ulmifolia
Familie: Damianagewächse, *Turneraceae*

Wichtigste Kennzeichen: Blätter wechselständig, nesselartig. Blüten etwa 5 cm groß, mit 5 gelben Kronblättern, 5 Staubblättern und 3 Griffeln, am Ende mit ausgefransten Narben.
Wuchsform: Krautig bis halbstrauchig, 0,5–1,2 m hoch.
Blätter: Elliptisch bis sehr schmal, 8–15 cm lang, 1,5–5 cm breit, am Rand grob gesägt, vor allem unterseits behaart.
Blüten: Einzeln oder in kleinen Gruppen in den obersten Blattachseln, 5-zählig, Kelchblätter etwa 1 cm lang, Kronblätter 2–2,5 cm lang, breit spatelförmig, blass bis kräftig gelb, am Grund oft mit einem dunkleren bis fast schwarzen Fleck, am Ende oft mit einem kleinen Zipfel oder etwas eingekerbt.
Früchte: Grüne, elliptische bis kegelförmige Kapseln, 3–5 mm groß.
Vorkommen: Als Zierpflanze oder Unkraut in allen Tropengebieten; stammt aus dem tropischen Amerika.
Weitere Namen: Englisch »Bahama Buttercup«, »Sage Rose«, »Large-Leaf Damiana«, »West Indian Holly«, »Yellow Alder«, Französisch »La Coquette«, Portugiesisch »Albina«, »Chanana«, Spanisch »Marilope«.
Wissenswertes: Die Großblättrige Damiana umfasst viele geringfügig verschiedene Formen, die manchmal auch als getrennte Arten aufgefasst werden. Einem Tee aus ihren Blättern wird eine kräftigende, harntreibende und krampflösende Wirkung nachgesagt, doch sind darin auch Blausäure abspaltende Stoffe enthalten. Noch stärker soll die Echte Damiana *(T. diffusa)* wirken, deren Extrakte oft in Mitteln zur sexuellen Stimulation eingesetzt werden. Wegen ihrer vermeintlich heilenden Wirkung wurde die Pflanze St. Damian gewidmet, dem Schutzpatron der Ärzte, Apotheker und Barbiere.

235

Kräuter und Stauden — Blätter wechselständig

Nonnenorchidee

Phaius tankervilliae
Familie: Orchideen, *Orchidaceae*

Wichtigste Kennzeichen: Blüten groß, in einer kräftigen, aufrechten, 1–1,5 m hohen Traube, mit 5 schmalen, außen weißen, auf der Innenseite hellbraunen Blütenblättern und einer eingerollten, teilweise purpurrötlichen Lippe.
Wuchsform: Kräftige Staude mit knolligen Verdickungen jeweils am Grund einer Gruppe von Blättern.
Blätter: Alle vom Boden ausgehend, aufrecht, mit undeutlich abgesetztem Stiel, schmal und langgestreckt, 60–100 cm lang, zugespitzt, zwischen den längs verlaufenden Nerven furchig-längsfaltig.
Blüten: Waagerecht zur Seite gerichtet, 8 bis 12 cm groß, mit recht kräftigen, nach oben und schräg zur Seite abstehenden Blütenblättern. Lippe um eine Mittelsäule gewickelt, am Grund mit einem hakenförmigen Sporn und am Ende mit einem etwas verlängerten Mittellappen, entweder am Grund gelblich, in der Mitte weiß und nur am Ende rötlich oder insgesamt rötlich und am Ende heller.
Früchte: Hängende, längsfurchige Kapseln mit sehr vielen winzigen Samen; selten zu sehen.
Vorkommen: Auf feuchtem Grasland und in Gärten, manchmal verwildert; schon die natürliche Verbreitung reicht von Indien und Südchina bis Neuguinea und Nordaustralien.
Weitere Namen: Englisch »Nun's Orchid«, »Veiled Nun Orchid«.
Wissenswertes: Die Nonnenorchidee gehört zu den größten bodenlebenden Orchideen; die meisten anderen der über 18 000 Arten dieser Familie wachsen bevorzugt auf Bäumen (S. 246–250). Obwohl sie ursprünglich von relativ guten Böden in 600–1300 m Höhe stammt und nicht ganz einfach zu kultivieren ist, hat sie sich inzwischen auch vielerorts im Tiefland ausgebreitet.

Amerikanische Agave

Agave americana
Familie: Agavengewächse, *Agavaceae*

Wichtigste Kennzeichen: Blätter langgestreckt, dickfleischig, mit Stachelspitze und Stacheln am Rand, dazwischen leicht eingebuchtet. Blütenstand riesig, reichblütig.
Wuchsform: Große, kräftige Rosetten ohne Stamm; junge Blätter aufrecht, ältere meist S-förmig erst nach oben, dann nach unten gekrümmt.
Blätter: Stark bewachst, bläulich- oder graugrün, manchmal mit hellen Längsstreifen, 1–2,5 m lang, 12–30 cm breit und 4–8 cm dick, in der Mitte breiter als kurz über dem verbreiterten Blattgrund; die Stacheln mit breiter Basis, oft nach oben gekrümmt.
Blüten: An Seitenzweigen eines 5–14 m hohen Blütenstandes, gelblichgrün, 6-zählig, 8–10 cm lang, davon etwa die Hälfte der unterständige Fruchtknoten.
Früchte: Elliptisch bis länglich, am Ende zugespitzt, bei Reife mit 3 Klappen öffnend, mit vielen Samen.
Vorkommen: In allen tropischen und subtropischen Gebieten gepflanzt, oft auch verwildert; stammt aus Mittelamerika.
Weitere Namen: Englisch »American Aloe«, »Century Plant«, Spanisch »Maguey«, »Pita Común«.
Wissenswertes: Die wasserspeichernden Blätter der Agave lassen erkennen, dass sie aus Trockengebieten stammt, doch auch in den feuchten Tropen wird sie oft kultiviert. Jede Rosette blüht ein einziges Mal, nach 8–20 Jahren, und stirbt nach der Fruchtreife ab. Die Pflanze hat meist aber schon vorher Ableger gebildet, die dann heranwachsen können. Der Saft mehrerer Agaven-Arten ist zuckerhaltig und wird zu »Pulque« vergoren, woraus dann Tequila gebrannt werden kann. Die Sisal-Agave (*A. sisalana*) liefert bis zu 1 m lange, holzige Fasern, aus denen vor allem Taue hergestellt werden.

237

Kräuter und Stauden Blätter wechselständig

Nickende Alpinie

Alpinia zerumbet
Familie: Ingwergewächse, *Zingiberaceae*

Wichtigste Kennzeichen: Blätter 2-zeilig angeordnet, mit einer Blattscheide, die am oberen Ende ein aufrechtes Blatthäutchen trägt. Blütenstand überhängend; Blütenhüllblätter weiß mit rosa Spitze, nur die Lippe größer, gelb mit roten Streifen und rotem Schlund.
Wuchsform: Kräftige Staude, 2–4 m hoch, mit starkem Wurzelstock.
Blätter: Länglich, 30–70 cm lang, 6–15 cm breit, fast sitzend bis 3 cm lang gestielt, anfangs zumindest am Rand behaart; mit deutlicher Mittelrippe und feinen, fast geraden, in spitzem Winkel abzweigenden Seitennerven. Blatthäutchen 1–3 cm lang, behaart.
Blüten: In überhängenden, 10–30 cm langen Trauben am Ende der Sprosse, ohne auffällige Tragblätter, Blütenhülle 2–3 cm lang, Lippe bis 5 cm lang.
Früchte: Kugelig, ca. 2 cm groß, orangerot, beerenartig, bei Reife jedoch mit 3 Klappen öffnend.
Vorkommen: Beliebte Zierpflanze in allen Tropengebieten; genaue Herkunft unklar, vermutlich Südostasien.
Weitere Namen: Englisch »Pink Porcelain Lily«, »Shell Ginger«, Französisch »Lavande Blanche«, »Grand Dégonflé«, Portugiesisch »Colônia«, Spanisch »Lírio de Colón«.
Wissenswertes: Die Nickende Alpinie verdankt ihre englischen Namen den wie feines Porzellan durchscheinenden Blütenhüllblättern, von denen die 3 äußeren muschelartig verwachsen sind. Die anders gestaltete Lippe wird, wie bei allen Ingwergewächsen, von 2 umgewandelten Staubblättern gebildet. Zu den über 200 *Alpinia*-Arten gehören auch die Scharlachrote Alpinie (S. 224) sowie der Große und der Kleine Galgant (*A. galanga* und *A. officinarum*), die beide in Asien als Gewürze genutzt werden.

Kostwurz

Costus speciosus
Familie: Ingwergewächse, *Zingiberaceae*

Wichtigste Kennzeichen: Blüten in dichten, aufrechten Ähren am Ende des Stängels, meist nur wenige gleichzeitig offen; mit einem sehr großen, zusammengerollten Blütenblatt, weiß mit gelbem Zentrum, am Rand etwas ausgefranst.
Wuchsform: Große Staude mit kräftigem Wurzelstock, bis 3 m hoch, Stängel oft überhängend oder spiralig wachsend, dann alle Blätter nach außen gekehrt.
Blätter: Wechselständig, länglich, 14–45 cm lang, 4–10 cm breit, kurz gestielt, zugespitzt, glänzend, unterseits behaart, Seitennerven in sehr spitzem Winkel von der Mittelrippe abzweigend.
Blüten: Ähre 2,5–11 cm lang, 2,5–8 cm dick, Trag- und Kelchblätter rötlich, spitz, Kronblätter weiß, 3–5 cm lang, klein im Vergleich zur 5–9 cm großen, schief-trichterförmigen Lippe.
Früchte: Leuchtend rot, elliptisch, 1–3 cm groß, behaart, gekrönt vom Kelch, bei Reife mit 3 Spalten öffnend.
Vorkommen: Heimisch im tropischen Asien und dort auch sehr verbreitet; sonst vor allem in Parks.
Weitere Namen: Englisch »Crape Ginger«, »Malay Ginger«, »Spiral Ginger«, »White Costus«, Spanisch »Caña Mejicana«.
Wissenswertes: Die Kostwurz spielt in der asiatischen Volksmedizin eine große Rolle, und aus ihrem Wurzelstock kann eine Vorstufe künstlicher Hormone gewonnen werden. Während die Wildform vorwiegend aufrecht wächst, findet man in Kultur oft stark spiralige Sorten, zum Teil auch mit gelb gestreiften Blättern. Auch andere der etwa 40 *Costus*-Arten, mit gelben, orangen oder roten Blüten, werden als Zierpflanzen gehalten. Das zuweilen in der Parfümerie benutzte, aber oft Allergien auslösende Costuswurzelöl stammt nicht von ihnen, sondern vom Korbblütler *Saussurea lappa*.

239

Kräuter und Stauden   Blätter wechselständig

Einblatt

Spathiphyllum floribundum
Familie: Aronstabgewächse, *Araceae*

Wichtigste Kennzeichen: Blätter mit einer als Saum den Blattstiel heraufaufenden Blattscheide und einem Blattgelenk kurz unterhalb der Spreite. Blütenstand mit einem weißen oder teils grünlichen, ausgebreiteten Hochblatt am Grund eines gelblichen Kolbens.

Wuchsform: Kraut mit kriechendem Spross, 20–45 cm hoch.

Blätter: Fast alle vom Boden ausgehend, 10–20 cm lang gestielt, länglich-eiförmig bis sehr schmal, 12–25 cm lang, 3–7 cm breit, an beiden Enden zugespitzt, mit kräftiger Mittelrippe, zwischen den Seitennerven etwas wellig.

Blüten: Winzig, dicht gedrängt in einem 2 bis 8 cm langen, 5–8 mm dicken, 20–35 cm lang gestielten Kolben. Hochblatt 6–10 cm lang, 2–3 cm breit, zugespitzt, Mittelrippe und Spitze oft grünlich.

Früchte: Klein, eiförmig, gelblich bis orange, dicht gedrängt am Kolben, das Hochblatt zur Fruchtreife grün.

Vorkommen: Vor allem in Gärten; ursprünglich aus Panama und Kolumbien.

Weitere Namen: »Blattfahne«, »Scheidenblatt«, Englisch »Peace Lily«, »Snow Flower«, »Spathe Flower«, »White Flag«.

Wissenswertes: Das Einblatt gehört bei uns zu den beliebtesten Zimmerpflanzen und in den Tropen zu den häufigsten Gartenpflanzen für (halb)schattige Standorte. Durch seinen hohen Gehalt an Oxalsäure ist es allerdings giftig. Neben der hier beschriebenen Art sind noch mehrere weitere der 36 *Spathiphyllum*-Arten in Kultur. Sie alle werden als »Einblatt« bezeichnet, stammen fast alle aus dem tropischen Amerika und unterscheiden sich oft nur wenig. Besonders häufig sind auch *Sp. cannaefolium*, mit stärker ledrigen Blättern, *Sp. wallisii*, das mehr als 1 m hoch werden kann, sowie das asiatische *Sp. commutatum*.

Zantedeschie

Zantedeschia aethiopica
Familie: Aronstabgewächse, *Araceae*

Wichtigste Kennzeichen: Blätter herz- bis pfeilförmig. Blütenstand mit einem weißen, am Grund grünlichen, trichterartig zusammengerollten Hochblatt um einen hellgelben Kolben.

Wuchsform: Staude mit kräftigem Wurzelstock, 60–150 cm hoch.

Blätter: Alle vom Boden ausgehend, mit bis zu 60 cm langem, etwas fleischigem Stiel; Blattspreite 15–50 cm lang, 10–25 cm breit, derb, mit kräftiger Mittelrippe und vielen parallel zueinander verlaufenden, unterschiedlich starken, kaum vertreten Seitennerven.

Blüten: Hochblatt 12–25 cm lang, mit einer feinen, überhängenden Spitze. Kolben 6–8 cm lang, aufrecht, die Blüten selbst winzig, kaum erkennbar.

Früchte: Kugelige Beeren, umschlossen von den Resten des Hochblatts.

Vorkommen: In vielen tropischen und subtropischen Gebieten kultiviert und oft eingebürgert, bevorzugt an sumpfigen Stellen; stammt aus Südafrika.

Weitere Namen: »Zimmerkalla«, Englisch »Calla Lily«, »Pig Lily«, »Trumpet Lily«, »White Arum Lily«, Französisch »Pied de Veau«, Portugiesisch »Copo de Leite«, Spanisch »Cala Blanca«.

Wissenswertes: Die meisten Namen dieser Pflanze sind irreführend. Es ist weder eine *Calla*, mit der sie immerhin verwandt ist, oder gar eine Lilie (»Lily«), noch stammt sie aus Äthiopien. Sie gedeiht überall, wo es feucht genug ist und weder stark noch lange genug friert, um den im Schlamm verborgenen Wurzelstock zu erreichen. Selbst im Süden und Westen Europas ist sie stellenweise eingebürgert. Zudem ist sie giftig und wächst rasch aus fast jedem Bruchstück ihres Wurzelstocks wieder heran. In Australien und Neuseeland gilt sie deshalb als zu bekämpfendes Unkraut.

Kräuter und Stauden　　　　Blätter wechselständig

Weiße Hakenlilie

Crinum asiaticum
Familie: Amaryllisgewächse, *Amaryllidaceae*

Wichtigste Kennzeichen: Kräftige Staude mit langen Blättern. Blüten groß, weiß, 6-zählig, in Dolden mit kräftigem, seitlich etwas abgeflachtem Stiel.
Wuchsform: Bis 2 m hoch, mit langgestreckter Zwiebel, oft mit bis zu 75 cm hohem, stammartigem Zwiebelhals.
Blätter: Etwas fleischig, 30–150 cm lang, 4–20 cm breit, am Ende zugespitzt, mit überwiegend längs verlaufenden Nerven.
Blüten: Etwa 10–40 pro Dolde, Doldenstiel 45–80 cm lang, Kronröhre 6–13 cm lang; Kronlappen 6–12 cm lang, 4–16 mm breit, ausgebreitet oder zurückgekrümmt, weiß oder rötlich überlaufen; Staubfäden 5–10 cm lang, am Ende violett, Fruchtknoten unterständig.
Früchte: Kugelig, grün, 4,5–6,5 cm groß, mit 2–4 cm großen, grünen Samen.
Vorkommen: In allen Tropengebieten kultiviert; heimisch in Südostasien, an Stränden und in Sümpfen.
Weitere Namen: Englisch »Poison Lily«, »Spider Lily«, »Swamp Lily«.
Wissenswertes: Die Weiße Hakenlilie wächst wild stets nahe am Wasser, denn ihre Samen sind schwimmfähig und werden mit der Strömung ausgebreitet. Alle Teile der Pflanze sind giftig und werden für verschiedene medizinische Zwecke genutzt. Neben der Wildform mit hellgrünen Blättern und weißen Blüten mit grünlicher Röhre sind auch Sorten mit hell gestreiften oder ganz violetten Blättern und Blüten in Kultur. Die etwas kleinere Rote Hakenlilie *(C. amabile)* hat dagegen stets grüne Blätter, aber hell rotviolett gefärbte Blüten und dunkle Knospen. Als »Spider Lily« wird auch *Hymenocallis littoralis* bezeichnet. Sie sieht der Weißen Hakenlilie recht ähnlich, aber ihre Staubblätter sind im unteren Teil durch einen häutigen Saum verbunden.

Buntwurz

Caladium bicolor
Familie: Aronstabgewächse, *Araceae*

Wichtigste Kennzeichen: Blätter bunt, zumindest mit weißen Flecken und roten Nerven, am Grund tief eingeschnitten, aber nicht bis zum Ansatz des Stiels.
Wuchsform: Krautig, ohne aufrechten Stängel, alle Blätter mit sehr langen, kräftigen Stielen vom Boden ausgehend.
Blätter: Wechselständig, im Umriss ei- bis pfeilförmig, 10–35 cm lang, 6–20 cm breit, mit 3–7 kräftigen, vom Stielansatz ausgehenden Nerven, von denen das untere Paar in die basalen, am Ende gerundeten Lappen des Blattes zieht und sich dort gleich weiter verzweigt.
Blüten: Blütenstand mit einem grünlichen bis cremeweißen Hochblatt, das im unteren Drittel eine eiförmige Hülle um einen weißlichen bis blass orangefarbenen Kolben bildet und darüber sehr lang zugespitzt absteht. Die Blüten selbst winzig.
Früchte: Weißliche Beeren mit vielen Samen, dicht gedrängt am Kolben.
Vorkommen: Als Zierpflanze in allen Tropengebieten; die Wildform stammt aus dem nördlichen Südamerika.
Weitere Namen: »Buntblatt«, »Kaladie«, Englisch »Heart of Jesus«, »Mother-in-Law Plant«, Französisch »Palette de Peintre«, Spanisch »Capa de Rey«, »Corazón de Jesús«, »Corazón Sangrienta«, »Hoja de Adorno«, »Hocha de Leche«.
Wissenswertes: Die Buntwurz gehört in tropischen Gärten ebenso wie in unseren Gewächshäusern zu den dekorativsten Pflanzen. Blüten und Früchte sieht man allerdings ebenso selten wie die Wildform, die nur kleine weiße Flecke auf den Blättern und rote Färbung nur auf den Hauptnerven hat. Stattdessen sind zahlreiche Zuchtformen in Kultur, vor allem auch Hybriden mit *C. schomburgkii*, das sich durch stärker pfeilförmige, bis fast zum Stielansatz eingeschnittene Blätter mit spitzen Lappen unterscheidet.

Kräuter und Stauden   Blätter wechselständig

Cayennepfeffer

Capsicum annuum
Familie: Nachtschattengewächse, *Solanaceae*

Wichtigste Kennzeichen: Reich verzweigtes Kraut, meist mit 2–3 Seitenzweigen neben jeder Blüte, oft mit kleinen Blättern in der Achsel der großen. Blüten grünlichweiß bis blassviolett, 5-zählig, mit violetten Staubblättern. Früchte hohl, mit linsenförmigen Samen.
Wuchsform: Breitwüchsig, 0,3–1,5 m hoch, am Grund oft schwach verholzt.
Blätter: Wechselständig, 1,5–12 cm lang, 0,5–7,5 cm breit, dünn krautig, eiförmig bis länglich, zugespitzt, Blattrand etwas am Stiel herablaufend.
Blüten: Meist einzeln, überhängend, 1,5 bis 2,5 cm groß, Kelch nur schwach gezähnt, Krone mindestens zur Hälfte verwachsen, Fruchtknoten 2–3-fächrig.
Früchte: Vielfältig in Größe, Form und Farbe (siehe unten), mit relativ dünner Wand und vielen, 3–5 mm großen, cremeweißen Samen.
Vorkommen: Weltweit kultiviert; stammt aus dem tropischen Amerika.
Weitere Namen: Sehr zahlreich, je nach Sorte verschieden (siehe unten).
Wissenswertes: Die Kultursorten von *Capsicum annuum* haben so vielfältige Früchte, dass man sie kaum für Abkömmlinge einer einzigen Art halten mag. Sie reichen von kleinen, sehr scharfen, als »Chili« bezeichneten Formen (Spanisch auch »Ají«) über längliche »Cayennepfeffer« und »Peperoni« bis hin zu den großen, rundlichen, milden »Paprika« (Englisch »Bell Pepper«, Spanisch »Pimiento«). Sie werden fast überall auf der Welt als einjährige Pflanzen gezogen, spielen aber in den Tropen eine besondere Rolle, weil Ihre Schärfe auch bei Hitze den Appetit anregt. Als »Chili« werden auch nahe verwandte Arten bezeichnet, vor allem *C. frutescens*, erkennbar an aufrechten, zu 2–3 zusammenstehenden Blüten und Früchten.

Rhoeo

Tradescantia spathacea
Familie: Commelinengewächse, *Commelinaceae*

Wichtigste Kennzeichen: Blätter langgestreckt, oberseits dunkelgrün, unterseits rotviolett. Blütenstände tief in den Blattachseln, mit einer bootförmigen Hochblatthülle.
Wuchsform: Rosettenpflanze, 25–60 cm hoch, davon bis zu 20 cm Spross.
Blätter: Dolchförmig, 15–45 cm lang, 2,5 bis 8 cm breit, etwas dicklich, meist recht steil nach oben gerichtet.
Blüten: Weiß, 1–1,5 cm groß, mit 3 kleinen Kelchblättern, 3 Kronblättern und 6 Staubblättern, kaum aus der 2,5–4 cm breiten Hochblatthülle herausschauend, jeweils nur wenige gleichzeitig offen.
Früchte: Elliptische, 2–3-fächrige Kapseln, etwa 5 mm groß, umschlossen von der Hochblatthülle, mit je 1 Samen pro Fach.
Vorkommen: In Gärten und öffentlichen Anlagen; stammt aus Mittelamerika.
Weitere Namen: »Bootspflanze«, »Wiegenlilie«, Englisch »Boat Lily«, »Moses-in-the-Cradle«, »Oyster Plant«, Portugiesisch »Roel«.
Wissenswertes: Diese Art wurde früher als *Rhoeo discolor* bezeichnet, woher sich auch der gebräuchlichste deutsche Name erhalten hat. Die meisten anderen ihrer Volksnamen beziehen sich auf die boot- oder muschelförmige Hülle ihrer Blütenstände. Die Pflanze ist in den Tropen als Bodendecker ebenso beliebt wie bei uns als Zimmerpflanze, denn sie ist recht anspruchslos und braucht wenig Pflege. Auch Formen mit gelblichen Längsstreifen auf den Blättern sind in Kultur. Einen noch auffälligeren Farbakzent setzt in vielen Gärten die nahe verwandte *T. pallida*, deren Blätter insgesamt violett sind. Andere *Tradescantia*-Arten sind zwar ebenfalls recht attraktiv, aber meist empfindlicher.

245

Epiphyten

Blaue Vanda

Vanda coerulea
Familie: Orchideen, *Orchidaceae*

Wichtigste Kennzeichen: Blütenblätter 5, dunkler geadert bis fast schachbrettartig gemustert, meist bläulich; die 3 oberen etwas kleiner als die 2 unteren, das 6. Blütenblatt zu einer kurzen, nach einem Knick in der Basis fast geraden, dunkler gefärbten Lippe umgebildet.
Wuchsform: Aufrecht, kräftig, 60–100 cm hoch, mit dicken Luftwurzeln.
Blätter: 2-zeilig angeordnet, riemenförmig, 12–25 cm lang, 1,5–3 cm breit, dick-ledrig, am Ende stumpf.
Blüten: Je 5–20 in 30–50 cm hohen, meist seitlich aus den Blattachseln hervorgehenden Trauben, 7–11 cm groß, meist hellviolett bis azurblau. Blütenblätter kurz gestielt, länglich-eiförmig bis breit-rundlich. Lippe an Grund mit 2–3 Längsfalten und 2 kleinen, spitzen, weißen Seitenlappen.
Früchte: Mit Längsschlitzen öffnende Kapseln mit vielen winzigen Samen.
Vorkommen: Häufig in Kultur; heimisch am Südhang des Himalaja von Nordostindien bis Südchina sowie in Südostasien, meist in 1000–1700 m Höhe.
Weitere Namen: Englisch »Blue Orchid«, »Blue Vanda«.
Wissenswertes: Die Blaue Vanda ist in der Natur so selten geworden, dass sie im internationalen Artenschutzabkommen (CITES) unter strengste Auflagen fällt. Wenn man nicht nachweisen kann, dass sie legal aus Zuchtbeständen erworben wurde, ist schon ihr Besitz strafbar. Zwar wird sie meist wegen ihrer für Orchideen höchst ungewöhnlichen blauen Blüten kultiviert, doch gibt es auch andere Farbvarianten, von Rosa bis Schiefergrau. Bei anderen *Vanda*-Arten und unzähligen Zuchtformen findet man darüber hinaus fast alle Farben des Regenbogens (bis auf Grün), oft kombiniert mit einem interessanten Fleckenmuster.

Weihnachtsorchidee

Cattleya trianae
Familie: Orchideen, *Orchidaceae*

Wichtigste Kennzeichen: Blüten sehr groß, die 3 äußeren Blütenblätter schmal, 2 innere breit-eiförmig, zur Seite gerichtet, das 3. innere als röhrenförmige, oben offene Lippe ausgebildet, mit karmin- bis purpurrotem, welligem Rand, im Schlund gelb bis orange.
Wuchsform: Aufrecht, jeweils mit einem langgestreckten, verdickten, meist von einer häutigen Hülle umgebenen Stück Stängel unter jedem Blatt.
Blätter: Langgestreckt, 15–25 cm lang, 4 bis 8 cm breit, ledrig, entlang der Mittelrippe ein wenig gefaltet.
Blüten: Je 1–4 pro Stängel, bei der Wildform ganz blass rosa, 15–18 cm groß, mit in der Lippe verborgener Mittelsäule.
Früchte: Eiförmig bis länglich, mit stark hervortretenden Längsrippen.
Vorkommen: Häufig kultiviert, meist auf Bäumen; stammt aus Kolumbien.
Weitere Namen: Englisch »Christmas Orchid«, »Winter Cattleya«.
Wissenswertes: Die Weihnachtsorchidee blüht in Europa im Gewächshaus von Dezember bis Februar, daher die Volksnamen. Sie ist die Nationalblume Kolumbiens, dort aber nur noch sehr selten wild anzutreffen. In Kultur gibt es zahlreiche Farbvarianten, von rein Weiß über gelbliche und rote Töne bis hin zu Lavendelblau. Sie sind die wichtigsten Ausgangsformen für die Züchtung der oft unnatürlich großen und grell gefärbten *Cattleya*-Hybriden, die ebenfalls häufig zu sehen sind. Eine andere wichtige Elternart ist *C. bowringiana* (Foto rechts), die zwar nur etwa halb so große Blüten besitzt, dafür aber bis zu 45 pro Stiel und kräftiger gefärbt. Auch die nahe verwandten Gattungen *Epidendrum* (S. 248), *Laelia* und *Sophronitis* sind häufig an den Zuchtformen beteiligt.

Epiphyten

Feuerorchidee

Epidendrum ibaguense
Familie: Orchideen, *Orchidaceae*

Wichtigste Kennzeichen: Stängel lang und dünn. Blätter 2-zeilig angeordnet. Blüten dunkelrot bis fast gelb, mit 5 Blütenblättern und einer an der Mittelsäule angewachsenen, am Ende 3-lappigen und ausgefransten Lippe.

Wuchsform: Stängel aufrecht, niederliegend oder kletternd, oft etwa 1 m lang und nur 5 mm dick, großenteils bedeckt von bräunlichen Blattscheiden.

Blätter: Stängelumfassend sitzend, eiförmig bis langgestreckt, 3,5–16 cm lang, 0,8–5 cm breit, fleischig.

Blüten: Meist schräg bis steil nach oben gerichtet, in kugeligen oder bis zu 15 cm langen, dichten Trauben am Ende des Stängels, der auf den letzten 10–50 cm nur Schuppenblätter trägt. Blütenblätter einander recht ähnlich, 12–22 mm lang, 4–8 mm breit, Lippe 8–15 mm lang.

Früchte: Schief-elliptisch, 2,5–4 cm lang, mit vielen winzigen Samen.

Vorkommen: Sehr verbreitet in Mittel- und Südamerika, oft auf Felsen, seltener auf Bäumen; anderswo nur in Kultur.

Weitere Namen: Englisch »Fiery Reed Orchid«, »Reed Stem Epidendrum«, Spanisch »Boca de Fuego«, »Rancho Viejo«.

Wissenswertes: Die Feuerorchidee kann beinahe überall wachsen, auf nackten Felsen ebenso wie auf Sandflächen, auf Bäumen oder sogar auf schwimmenden Inseln, die sich aus Treibgut und Wasserpflanzen bilden. Oft findet man sie auf Ödland zusammen mit Seidenpflanze und Wandelröschen (S. 142), die ähnliche Blütenfarben haben. Wenn ihre Stängel den Boden berühren, schlagen sie oft neue Wurzeln an ihren Knoten und setzen ihr Wachstum fort. Auf diese Weise soll der Stängel bis zu 10 m lang werden können. Viele andere der rund 800 *Epidendrum*-Arten werden ebenfalls als Zierpflanzen gehalten (z. B. *E. magnificum*; Foto rechts).

Oncidium

Oncidium flexuosum
Familie: Orchideen, *Orchidaceae*

Wichtigste Kennzeichen: Blüten 1,5–2 cm groß, mit 5 kleinen, länglichen, gelb und braun gefleckten oder gebänderten, meist zurückgeschlagenen Blütenblättern und einer leuchtend gelben Lippe mit 2 kleinen Seitenlappen und einem großen, breit-rundlichen, am Ende tief eingekerbten Endlappen.

Wuchsform: Mit verdickten, 2–8 cm langen, eiförmigen bis länglichen, abgeflachten Sprossen im Abstand von 2–5 cm auf einem kletternden Wurzelstock.

Blätter: Einzeln oder paarweise auf jedem Sprossabschnitt, länglich-zungenförmig, 10 bis 35 cm lang, 2,5–5 cm breit.

Blüten: Zahlreich in 60–120 cm langen Rispen; Blütenblätter am Rand gekräuselt, Lippe glatt, an ihrem Grund ein 3-teiliges, fleischiges, geripptes, teils rötliches, teils helles Gebilde.

Früchte: Mit Längsschlitzen öffnende Kapseln mit vielen winzigen Samen.

Vorkommen: Verbreitet kultiviert; stammt aus Brasilien.

Weitere Namen: Englisch »Dancing Doll Orchid«, Portugiesisch »Chuva de Oro«.

Wissenswertes: Die Gattung *Oncidium* ist mit rund 700 Arten fast überall im tropischen Amerika vertreten. Die meisten Arten haben in ihren Blüten leuchtend gelbe und glänzend braune Farbtöne, was ansonsten bei Orchideen nicht allzu häufig ist. Bei einigen dominieren allerdings auch rötliche oder violette Töne. Im Wind tanzende Blütenrispen von *Oncidium* werden zuweilen von männlichen Wildbienen immer wieder kurz und heftig angestoßen. Möglicherweise gleichen sie in der Wahrnehmung der Bienen einem Nebenbuhler. Weibliche Wildbienen der gleichen Arten verhalten sich allerdings ganz anders. Sie lassen sich friedlich auf der Lippe nieder und sammeln Öl als Nahrung für ihre Larven.

Epiphyten

Dendrobium

Dendrobium nobile
Familie: Orchideen, *Orchidaceae*

Wichtigste Kennzeichen: Blütenblätter am Grund fast weiß, an der Spitze (violett-)rosa; die 3 äußeren schmal, 2 innere etwas breiter, elliptisch, zur Seite bis leicht nach oben gerichtet; das 3. innere als tütenförmige, oben offene Lippe ausgebildet, an der Spitze (violett-)rosa, in der Mitte weiß bis gelblich, im Schlund samtig weinrot bis purpurbraun.
Wuchsform: Aufrecht, mit mehreren, fleischigen, 30–75 cm langen, etwas längsfurchigen Stängeln, meist abschnittsweise von häutigen Hüllen umgeben.
Blätter: 2-zeilig angeordnet, langgestreckt-elliptisch, 7–11 cm lang, 2–3 cm breit, mit schiefer Spitze.
Blüten: Duftend, 5–8 cm groß, mit in der Lippe verborgener Mittelsäule; meist zahlreiche Blütenstände an langen, meist blattlosen Stängeln mit je 2–4 Blüten.
Früchte: Kurze, kantige Kapseln mit vielen winzigen Samen.
Vorkommen: Häufig kultiviert; ursprünglich von Nordindien bis Südchina und Thailand verbreitet.
Weitere Namen: Überall unter dem wissenschaftlichen Namen bekannt; andere Namen (»Noble Orchid«, »Shi Hu«) sind nicht wirklich gebräuchlich.
Wissenswertes: *Dendrobium nobile* ist die Nationalblume von Sikkim. Sie gedeiht am besten in Berglagen bis 1800 m Höhe und braucht kühle Nächte, um zur Blüte zu kommen. Große Exemplare können 200–300 Blüten gleichzeitig tragen. Auch viele andere der über 900 *Dendrobium*-Arten werden gern als Zierpflanzen gehalten. Die meist roten Blüten von *D. phalaenopsis* erinnern in der Gestalt an die Gattung *Phalaenopsis* (unten), haben aber eine tütenförmige, lang zugespitzte Lippe. Die Blüten von *D. thryrsiflorum* hängen in dichten Trauben herab und sind weiß mit gelber Lippe.

Mondorchidee

Phalaenopsis amabilis
Familie: Orchideen, *Orchidaceae*

Wichtigste Kennzeichen: Blüten weiß, mit 3 schmalen und 2 breiten Blütenblättern; das 6. zur Lippe umgebildet, gestielt, am Grund mit 2 großen, nach oben gekrümmten Seitenlappen, dazwischen gelb mit roten Punkten und einem kräftigen Doppelhöcker in der Mitte, weiter vorn drachen- bis pfeilförmig, am Ende stumpf, mit 2 fädigen Anhängseln.
Wuchsform: Mit meist nur 2–4 Blättern an einem kurzen Spross mit dicken, grünlichweißen Luftwurzeln.
Blätter: Länglich oder oberhalb der Mitte etwas breiter, 20–30 cm lang, 4–12 cm breit, fleischig, meist nach unten gekrümmt, am Ende meist stumpf, unterseits oft etwas rötlich.
Blüten: Zu je 6–15 in (über)hängenden, 30–100 cm langen Rispen, 8–12 cm groß; die äußeren Blütenblätter schmal-elliptisch, die beiden unteren meist etwas schief, die inneren zur Seite gerichtet, kurz gestielt, gerundet-rhombisch.
Früchte: Stabförmig, bis 6 cm lang, mit vielen winzigen Samen.
Vorkommen: Eine der am häufigsten kultivierten Orchideen; stammt aus der indomalaiischen Inselwelt.
Weitere Namen: »Falterorchidee«, »Malaienblume«, Englisch »Butterfly Orchid«, »Moth Orchid«.
Wissenswertes: Die Mondorchidee ist eine der 3 Nationalblumen Indonesiens, deshalb wird hier die deutsche Übersetzung ihres dortigen Volksnamens benutzt. Dieser Name bezieht sich nicht nur auf die Gestalt und Farbe der Blüte, sondern vor allem auf ihre lange Haltbarkeit von einer ganzen Mondphase. Auch andere der etwa 45 *Phalaenopsis*-Arten werden kultiviert und zur Züchtung neuer Formen herangezogen, insbesondere die rosa blühende *Ph. schilleriana* (Foto rechts).

Epiphyten

Wachsblume

Hoya carnosa
Familie: Seidenpflanzengewächse, *Asclepiadaceae*

Wichtigste Kennzeichen: Blätter dickfleischig, gegenständig an dünnen, kletternden Sprossen. Blüten in Dolden, weißlich und rötlich, 5-zählig, sternförmig.
Wuchsform: Sprosse dünn, bis 6 m lang, mit kurzen Wurzeln an Bäumen und Felsen haftend.
Blätter: Eiförmig bis elliptisch, 5–10 cm lang, 2,5–5,5 cm breit, wachsartig glänzend, manchmal kurz zugespitzt, am Grund gerundet bis schwach herzförmig.
Blüten: In dichten, 1–3 cm lang gestielten Dolden mit bis zu 30 Blüten, jeweils 2–4 cm lang gestielt und 1,5–2 cm groß. Kelchblätter bis 3 mm lang, verborgen unter der samtartig papillösen, weißen bis zart rosa Krone, darüber eine kleinere, sternförmige, glänzende, cremeweiße, in der Mitte rote Nebenkrone.
Früchte: Langgestreckt, 6–10 cm lang, 0,5 bis 1,5 cm dick, zugespitzt.
Vorkommen: Auf Bäumen und Felsen, selten auch auf weißem Sand; ursprünglich von Indien bis China und Australien verbreitet, als Zierpflanze auch in anderen Gebieten.
Weitere Namen: »Porzellanblume«, Englisch »Honey Plant«, »Porcelain Flower«, »Wax Plant«, Portugiesisch und Spanisch »Flor de Cera«.
Wissenswertes: Die Wachsblume ist die häufigste der etwa 70 *Hoya*-Arten, die man vor allem in Südostasien auf vielen Bäumen findet. Die meisten von ihnen wirken irgendwie künstlich, wie aus Wachs oder Porzellan gefertigt. Der Name »Honey Plant« geht darauf zurück, dass sich auf der Nebenkrone oft große Nektartropfen sammeln. Sie dienen vor allem nachtaktiven Insekten als Nahrung, denn die Blüten beginnen abends stark zu duften. In der Neuen Welt werden sie allerdings auch von Kolibris besucht.

Lippenstiftblume

Aeschynanthus radicans
Familie: Gesneriengewächse, *Gesneriaceae*

Wichtigste Kennzeichen: Blätter gegenständig. Blüten leuchtend rot, mit langer Röhre und gelben Flecken im Schlund, am Ende mit 5 Lappen, von denen die beiden oberen zu mehr als der Hälfte verwachsen sind.
Wuchsform: Kriechend oder bis zu 1,5 m lang herabhängend, alle Teile behaart.
Blätter: Eiförmig bis länglich-elliptisch, 2 bis 4,5 cm lang, 1–2,5 cm breit, etwas fleischig.
Blüten: Einzeln in den Blattachseln oder gehäuft am Ende der Stängel. Kelch grün bis dunkel purpurbraun, röhrenförmig, 2–2,5 cm lang, am Ende mit 5 kurzen, relativ stumpfen Zipfeln. Kronröhre 4,5–6 cm lang, etwas gekrümmt, Griffel und 4 Staubblätter (2 längere und 2 kürzere) unter der Oberlippe.
Früchte: Längliche Kapseln, 2,5–4 cm lang, bei Reife mit 2 Klappen öffnend.
Vorkommen: In Südostasien wild auf Bäumen und Felsen, sonst nur als Zierpflanze im Topf.
Weitere Namen: »Schamblume«, Englisch »Lipstick Plant«.
Wissenswertes: Überall in Südostasien, vor allem aber in Bergwäldern, trifft man auf Vertreter der etwa 140 Arten umfassenden Gattung *Aeschynanthus*. Einige gedeihen auch auf dem Waldboden, doch die Mehrzahl wächst auf Bäumen. Ihre leuchtend roten Blüten lassen erkennen, dass sie von Vögeln bestäubt werden. In den amerikanischen Tropen nimmt die sehr ähnliche, aber Beeren bildende Gattung *Columnea* mit etwa 75 Arten den gleichen Platz ein. Viele andere Mitglieder dieser Familie sind beliebte Zierpflanzen, etwa das Usambaraveilchen *(Saintpaulia)*, die Gloxinien *(Sinningia)* und die Drehfrucht *(Streptocarpus)*, doch sind sie nur selten wild anzutreffen.

253

Epiphyten

Aechmea

Aechmea fasciata
Familie: Ananasgewächse, *Bromeliaceae*

Wichtigste Kennzeichen: Blätter eine trichterförmige Zisterne bildend, dunkelgrün, beidseitig oder zumindest außen hellgrau gefleckt und querstreifig, selten fast ganz grau. Blütenstand rosa, mit vielen schmalen, zugespitzten, am Rand gezähnten Hochblättern; Blüten anfangs rosa, später blau.
Wuchsform: Trichterförmige Rosetten mit 10–20 Blättern.
Blätter: Breit-bandförmig, 30–100 cm lang, 3–8 cm breit, sehr steif, am Rand mit scharfen Stacheln, steil aufsteigend, an der Spitze meist überhängend.
Blüten: 3-zählig, 3–3,5 cm lang, mit unterständigem Fruchtknoten, gedrängt zwischen den viel längeren und dicht zusammenstehenden Hochblättern des kegel- bis eiförmigen, 6–8 cm langen, bis 30 cm lang gestielten Blütenstandes.
Früchte: Beeren, gekrönt von den Resten der Blütenhülle, verborgen zwischen den Hochblättern des Blütenstandes.
Vorkommen: Beliebte Zierpflanze, oft auch im Blumentopf gehalten; stammt aus Brasilien.
Weitere Namen: »Lanzenrosette«, Englisch »Silver Vase«, »Urn Plant«, Portugiesisch »Aequiméia«.
Wissenswertes: Die Aechmea steht hier stellvertretend für die große Familie der Bromelien oder Ananasgewächse mit über 2400 Arten, von denen die meisten auf Bäumen wachsen. Bei den Blüten zeigen sie eine beeindruckende Vielfalt (z. B. Foto rechts, *Guzmania sanguinea*), doch die Wuchsform ist meist sehr ähnlich. In der von den Blattbasen gebildeten Zisterne sammeln sie Laubstreu und Regenwasser, wodurch sie vom Boden unabhängig werden. Oft ist die Zisterne Lebensraum für andere Arten, wie Mückenlarven, Baumfrösche und sogar einige Wasserpflanzen.

Nestfarn

Asplenium nidus
Familie: Streifenfarngewächse, *Aspleniaceae*

Wichtigste Kennzeichen: Blätter zungenförmig, auf der Unterseite oft mit schrägen braunen Strichen, eine trichterförmige Rosette bildend, deren breites Zentrum flach aufgewölbt und dicht mit fast schwarzen Schuppen bedeckt.
Wuchsform: Rosette mit schräg aufrechten frischen Blättern und meist auch herabhängenden alten Blättern.
Blätter: Langgestreckt, 30–150 cm lang, 4 bis 20 cm breit, am breitesten oberhalb der Mitte, undeutlich gestielt, mit welligem Rand, meist fast schwarzer Mittelrippe und feinen, nur am Rand miteinander verbundenen Seitennerven; die jüngsten Blätter eingerollt.
Sporenlager: Als schräge Striche auf der Unterseite mancher Blätter erkennbar, 1,5–4 cm lang, näher an der Mittelrippe als am Rand.
Vorkommen: Auf Bäumen im Schatten der Krone; heimisch in den Tropen der Alten Welt.
Weitere Namen: Englisch »Bird's Nest Fern«, Französisch »Fougère Nid-d'oiseau«, Spanisch »Helecho Nido«.
Wissenswertes: Der Nestfarn braucht zum Wachsen nur wenig Licht und ist daher auch als Zimmerpflanze sehr beliebt. Allerdings sollte die Luftfeuchtigkeit nicht zu niedrig sein, sonst verkrüppeln die jungen Blätter. Anders als bei vielen Bromelien (siehe oben) ist sein Blatttrichter nicht dicht genug, um Wasser zu halten. Im Laufe der Zeit sammelt sich darin jedoch eine Menge Laubstreu, aus der die Pflanze nicht nur Nährstoffe, sondern auch Feuchtigkeit entziehen kann. Dazu wachsen viele kleine Wurzeln vom breiten Scheitel des Sprosses in den Trichter hinein. Manche Farne verfügen außerdem über Saugschuppen an ihren kriechenden Sprossachsen, nicht jedoch an ihren Blättern (vgl. S. 258).

Epiphyten

Kronen-Geweihfarn

Platycerium coronarium
Familie: Tüpfelfarngewächse, *Polypodiaceae*

Wichtigste Kennzeichen: Meist große, auf Bäumen wachsende Pflanze mit breiten, sitzenden, schräg aufrechten, am Rand gelappten Nischenblättern und hängenden, mehrfach gegabelten Laubblättern.
Wuchsform: Meist als (halbe) Rosette in Astgabeln oder seitlich am Baumstamm.
Blätter: Nischenblätter 50–100 cm lang, bis 25 cm tief gelappt, mit stark hervortretenden, gabelig verzweigten Nerven, am Grund breitherzförmig und dick fleischig. Laubblätter am Grund in einige kurze und einen sehr langen Lappen geteilt; der lange Lappen 1–4 m lang, mit bandförmigen, 2–4 cm breiten, oft verdrehten Abschnitten, an seinem Grund (verdeckt unter den kurzen Lappen) ein halbkreis- bis nierenförmiges, bis 25 cm breites Gebilde, dessen konkave Unterseite ganz vom Sporenlager bedeckt ist.
Sporenlager: Braun filzig, an dem gerade beschriebenen rundlichen Lappen der Laubblätter (siehe oben).
Vorkommen: Ursprünglich von Myanmar bis zu den Philippinen verbreitet; jetzt auch als Zierpflanze in Parks.
Weitere Namen: Englisch »Antler Fern«, »Crown Staghorn Fern«.
Wissenswertes: Junge Pflanzen tragen anfangs nur Nischenblätter. Sie bleiben lange grün und bilden einen großen Korb, in dem sich reichlich Laubstreu sammelt. Später werden sie braun, krümmen sich nach innen und sichern so den unter ihnen verborgenen Kompost. Die Sporen tragenden Laubblätter wachsen erst später. Bei dem sehr ähnlichen *P. superbum* tragen die Laubblätter ein großes Sporenlager an ihrer ersten Gabelung. Bei dem kleineren, auch als Zimmerpflanze gehaltenen Geweihfarn *(P. bifurcatum)* dagegen bedeckt das Sporenlager unterseits die Spitzen der Blattlappen. Von Laien wird es oft für eine Krankheit gehalten.

Eichenblattfarn

Drynaria quercifolia
Familie: Tüpfelfarngewächse, *Polypodiaceae*

Wichtigste Kennzeichen: Farn mit langen, tief fiederteiligen Wedeln und viel kleineren, sitzenden, an Eichenblätter erinnernden, meist braunen Nischenblättern.
Wuchsform: Meist als (halbe) Rosette in Astgabeln oder am Ende einer am Baum aufsteigenden, etwa 2 cm dicken, mit von langen braunen Schuppen bedeckten Sprossachse.
Blätter: Laubblätter 30–130 cm lang, aufrecht bis etwas überhängend, ihre Fiedern 2–32 cm lang, 1–5 cm breit, zugespitzt, breit sitzend und überwiegend entlang der Mittelrippe verbunden. Nischenblätter 6–40 cm lang, 9–30 cm breit, 2–5 cm tief gebuchtet.
Sporenlager: Rund, 1–2 mm groß, auf der Unterseite einiger Laubblätter, in je 2 regelmäßigen Reihen zwischen den größeren Seitennerven der Fiedern.
Vorkommen: Ursprünglich von Indien bis Fidschi über das ganze tropische Asien verbreitet; jetzt auch in anderen Gebieten.
Weiterer Name: Englisch »Oak Leaf Fern«.
Wissenswertes: Die Nischenblätter des Eichenblattfarns sind nur kurze Zeit grün, bleiben aber sehr lange an der Pflanze. Ihre wichtigste Funktion bleibt auch dann erhalten, wenn sie längst abgestorben sind. Zwischen ihnen sammelt sich nämlich Laubstreu, die sich im feucht-warmen Klima rasch zersetzt und damit die Nährstoffversorgung der Pflanze sichert. Auch Ameisen siedeln manchmal in den Nischen und tragen zusätzlich Nährstoffe ein. Die nahe verwandte Art *D. sparsisora* wird ebenfalls als Eichenblattfarn bezeichnet und unterscheidet sich vor allem durch unregelmäßig angeordnete Sporenlager. Auch der Korbfarn *(D. rigidula)*, mit gestielten Blattfiedern und meist hängenden Wedeln, ist häufig zu sehen.

Epiphyten

Louisianamoos

Tillandsia usneoides
Familie: Ananasgewächse, *Bromeliaceae*

Wichtigste Kennzeichen: Graue, flechtenartig herabhängende Pflanze, aus der Nähe betrachtet grünlich und mit winzigen silbrigen Schüppchen bedeckt, grün bei Befeuchtung.
Wuchsform: Mit fadenförmigen, kaum 1 mm dicken Stängeln bis zu 8 m lang herabhängend, reich verzweigt.
Blätter: Fadenförmig, 1,5–6 cm lang, etwas abgeflacht und allmählich zugespitzt, sonst kaum von den Sprossen zu unterscheiden.
Blüten: Einzeln, 3-zählig, mit 6–7 mm langen, häutigen, kaum erkennbaren Kelchblättern und 8–10 mm langen, grünlichgelben bis blass bläulichen Kronblättern, die letzten 3–4 mm ausgebreitet bis zurückgekrümmt; selten zu sehen.
Früchte: Zylindrische, bis 2,5 cm lange Kapseln mit einem kleinen Spitzchen.
Vorkommen: Auf Bäumen, Felsen, Häusern und sogar Freileitungen in allen warmen Gebieten Amerikas, vom Südosten der USA bis Argentinien; gelegentlich auch in der Alten Welt eingeschleppt.
Weitere Namen: Englisch »Louisiana Moss«, »Old Man's Beard«, »Spanish Moss«, Portugiesisch »Barba de Velho«, »Barba de Pau«, Spanisch »Barba de Viejo«, »Musgo Blanco«.
Wissenswertes: Das Louisianamoos ist kein Moos, sondern gibt sich durch die Blüten als Bromelie (vgl. S. 254) zu erkennen. Wurzeln treten nur noch an Sämlingen auf; später versorgt sich die Pflanze ausschließlich über die silbrigen Saugschuppen auf ihren Blättern und Sprossen mit Wasser und Nährstoffen. Bereits bei den Azteken soll sie zum Schmücken der Tempel verwendet worden sein; in Mittelamerika wurde diese Sitte auf christliche Altäre übertragen. Ansonsten dient die Pflanze profaneren Zwecken: in Blumengestecken und als Verpackungsmaterial.

Mistelkaktus

Rhipsalis baccifera
Familie: Kakteen, *Cactaceae*

Wichtigste Kennzeichen: Stabförmige, hängende Sprosse ohne Blätter, regelmäßig gepunktet, oft mit kleinen gelblich- bis grünlichweißen Blüten oder weißen bis rosa Beeren.
Wuchsform: Sprosse 0,5–3 m lang vom Baum hängend, 1–8 mm dick, in Abständen von 5–30 cm quirlig verzweigt, manchmal mit kurzen Luftwurzeln.
Blätter: Allenfalls als winzige, kaum 0,5 mm lange Schuppen erkennbar.
Blüten: Sitzend, bis 6 mm lang, davon die Hälfte der unterständige Fruchtknoten, mit 5 winzigen Kelchblättern, meist 5 eiförmigen, 2,5 bis 3 mm langen und 1,5 mm breiten Kronblättern, vielen gelben Staubblättern und einem Griffel mit 3–5 Narben.
Früchte: Kugelig oder etwas länglich, 3–8 mm groß, gekrönt von den Resten der Blütenhülle, durchscheinend, innen mit vielen schwarzen Samen in einem sehr klebrigen Saft.
Vorkommen: Vom tropischen Amerika über Afrika und Madagaskar bis Sri Lanka verbreitet; eher selten kultiviert.
Weitere Namen: Englisch »Mistletoe Cactus«.
Wissenswertes: Dem Mistelkaktus sieht man auf den ersten Blick gar nicht an, dass er ein Kaktus ist. Erst ein zweiter Blick auf die kleinen Punkte (Areolen) an seinen Stängeln und auf die Blüten lässt keinen Zweifel. Bei Jungpflanzen ist die Verwandtschaft deutlicher, denn sie haben noch kantige Stängel mit 5–8 mm langen Stacheln. An die Mistel erinnern nur das Leben auf Bäumen und die weißlichen, sehr klebrigen Früchte. Ihnen verdankt er seine weite Verbreitung; es ist der einzige auch in der Alten Welt heimische Kaktus. Anders als die Mistel ist er kein Parasit, sondern benutzt seine Wirtspflanze nur als Unterlage.

259

Sumpf- und Wasserpflanzen

Wasserhyazinthe

Eichhornia crassipes
Familie: Hechtkrautgewächse, Pontederiaceae

Wichtigste Kennzeichen: Blattstiele meist zu einem Schwimmkörper aufgeblasen. Blüten hellblau bis violett, das oberste der 6 Kronblätter mit einem gelben Fleck, umgeben von einem dunkleren Bereich.
Wuchsform: Frei schwimmende, seltener im Schlamm verankerte Rosetten, 20–50 cm hoch, mit langen, behaarten Wurzeln.
Blätter: Rundlich bis nierenförmig, 5–15 cm groß, glänzend grün, mit sehr feinen, bogig verlaufenden Nerven.
Blüten: In 4–35 cm hohen ährenartigen Blütenständen, 4–6 cm groß, mit 3 kurzen und 3 langen, nach oben gebogenen Staubblättern.
Früchte: Grüne, runzelige Kapseln, etwa 1,5 cm groß, verborgen zwischen den Resten der Blütenhülle, mit vielen schmal geflügelten Samen.
Vorkommen: Auf stehenden und langsam fließenden Gewässern überall in den Tropen; stammt aus Südamerika.
Weitere Namen: Englisch »Water Hyacinth«, Französisch »Jacinthe d'Eau«, Portugiesisch »Aguapé«, »Jacinto Aquático«, Spanisch »Buchón de Agua«, »Camalote«, »Lirio Aquático«.
Wissenswertes: Die Wasserhyazinthe wurde wegen ihrer schönen Blüten in alle tropischen Gebiete eingeführt, hat sich dann aber oft als Plage erwiesen. Mehr noch als durch Samen vermehrt sie sich durch Ausläufer, und fast jedes Bruchstück kann wieder zu einer Pflanze heranwachsen. Auf diese Weise kann eine einzige Rosette in einem Jahr über 3000 Nachkommen hervorbringen. Besonders in der Alten Welt, wo ihre natürlichen Feinde fehlen, bildet die Wasserhyazinthe oft so dichte Matten, dass sogar die Schifffahrt behindert wird. In Südostasien dient sie als beinahe unerschöpfliche Quelle von Schweinefutter.

Paraná-Riesenseerose

Victoria cruziana
Familie: Seerosengewächse, Nymphaeaceae

Wichtigste Kennzeichen: Sehr große Schwimmblätter mit nach oben gebogenem Rand. Blüten sehr groß, anfangs weiß, später immer dunkler rosa.
Wuchsform: Schwimmblattpflanze mit dickem Wurzelstock im Schlamm.
Blätter: Kreisförmig, 50–150 cm groß, mit 8–20 cm hohem Rand, auf der Unterseite mit kräftigen Rippen und Stacheln.
Blüten: Einzeln an der Wasseroberfläche, 25 bis 35 cm groß, mit 4 am Grund stacheligen Kelchblättern, vielen ineinander übergehenden Kron- und Staubblättern sowie einer schüsselförmigen Narbe, am Rand mit gekrümmten Fortsätzen.
Früchte: Unter Wasser reifend.
Vorkommen: Verbreitet in stehenden Gewässern kultiviert; heimisch in Paraguay, Südbrasilien und Nordargentinien.
Weitere Namen: Englisch »Santa Cruz Water Lily«, Spanisch »Irupé«.
Wissenswertes: Die Paraná-Riesenseerose ist nicht ganz so berühmt wie die Amazonas-Riesenseerose *(V. amazonica)*, wird aber häufiger kultiviert. Sie gedeiht nämlich bereits bei einer Wassertemperatur von 20–25 °C, während *V. amazonica* 27–30 °C benötigt, was auch in den Tropen nicht immer gewährleistet ist. *V. amazonica* hat bis zu 2 m große Blätter, deren Rand aber nur 4–10 cm hoch wird. Die Blätter beider Arten können ein kleines Kind tragen; bei Fotos mit Erwachsenen auf den Blättern wurde stets mit einer Hilfskonstruktion nachgeholfen. Auch eine Kreuzung zwischen beiden Arten ist in Kultur. Auch von den echten Seerosen *(Nymphaea)* findet man in den Tropen zahlreiche Arten. Besonders beliebt sind die blau blühende *N. caerulea* aus Afrika und die karminrote *N. rubra* aus Indien mit ihren Zuchtformen.

Sumpf- und Wasserpflanzen

Lotusblume

Nelumbo nucifera
Familie: Lotusblumengewächse, *Nelumbonaceae*

Wichtigste Kennzeichen: Blätter nahezu kreisrund, Stielansatz fast in der Mitte. Blüten groß, mit vielen rosa (selten weißen) Blütenblättern, vielen gelben Staubblättern und in der Mitte einem auf der Spitze stehenden, gelben Kegel mit kleinen Löchern auf der Oberseite.
Wuchsform: Mit kräftigem, im Schlamm kriechendem Wurzelstock; Blätter und Blüten aus dem Wasser gehoben.
Blätter: Jüngste Blätter schwimmend, ältere auf langen Stielen bis zu 1,5 m über dem Wasser, flach-kegelig eingesenkt, 30–90 cm breit, bewachst.
Blüten: Einzeln, meist etwas weiter über dem Wasser stehend als die Blätter, 12–30 cm groß, duftend.
Früchte: Elliptisch, 1,5–2,5 cm groß, oft bläulich, einzeln in den Hohlräumen des zur Fruchtreife 5–12 cm breiten, grünen bis braunen, korkigen Blütenkegels.
Vorkommen: In stehenden Gewässern, die nicht bis zum Grund durchfrieren; heimisch in Asien, vom Wolga-Delta bis Japan und bis Australien.
Weitere Namen: In den meisten Sprachen »Lotus«, mit vielen Beinamen, z. B. Englisch »Sacred Lotus«.
Wissenswertes: Die Lotusblume ist Hindus und Buddhisten heilig als Symbol der Wiedergeburt und der Reinheit. Das verhindert aber nicht ihre Nutzung. Gegessen werden der Wurzelstock, junge Blätter und vor allem die Früchte ohne den bitteren Embryo. Obwohl die Lotusblume in schlammigen Teichen wächst, ist sie stets sehr sauber. Submikroskopisch kleine Wachsstrukturen auf ihrer Oberfläche sorgen dafür, dass Schmutz sich nicht festsetzen kann, sondern stets vom nächsten Regen abgewaschen wird. Dieser »Lotuseffekt« wird neuerdings auch bei Bad-Keramik und Farben nachgeahmt.

Gelber Froschlöffel

Limnocharis flava
Familie: Froschlöffelgewächse, *Alismataceae*

Wichtigste Kennzeichen: Stängel und Blattstiele 3-kantig. Blätter mit bogig verlaufenden Nerven. Blütenstiele dicker als die Knospen. Blüten mit 3 grünen Kelchblättern, 3 gelben Kronblättern sowie vielen Staub- und Fruchtblättern.
Wuchsform: Aufrechte Rosetten aus kriechendem Wurzelstock, 30–110 cm hoch.
Blätter: Stumpf und relativ blass grün, 10 bis 85 cm lang gestielt; Spreite elliptisch, 7–28 cm lang, 3–21 cm breit, am Grund gerundet bis herzförmig.
Blüten: Je 3–12 in einer Dolde am Ende des 25–75 cm langen Stängels, 3–8 cm lang gestielt. Kelchblätter etwa 1,5 cm groß, Kronblätter 2–2,5 cm.
Früchte: An heruntergebogenen Stielen, je 15–20 halbkreisförmige, 1–1,5 cm lange Bälge.
Vorkommen: Auf sumpfigen Wiesen, in Gräben und auf Reisfeldern; stammt aus Südamerika.
Weitere Namen: Englisch »Sawah Flowering Rush«, »Sawah Lettuce«, »Velvetleaf«, »Yellow Burhead«, Spanisch »Cebolla de Chucho«, »Hoja de Buitre«.
Wissenswertes: Wie die meisten Wasserpflanzen wächst der Gelbe Froschlöffel sehr rasch und entwickelt sich daher leicht zu einer Plage. Seine spanischen Namen drücken denn auch Verachtung aus. In Südostasien wird er mehr geschätzt, weil seine jungen Blätter und Blütenstände dort als Gemüse gegessen werden. Die ganzen Pflanzen, die beim Jäten der Reisfelder anfallen, dienen auch als Schweinefutter. Für den Reisanbau im industriellen Maßstab ist der Gelbe Froschlöffel eine Gefahr, weil ihm zumindest eines der wichtigsten Unkrautvernichtungsmittel nichts anhaben kann. Deshalb ist seine Einfuhr in die USA streng verboten.

263

Sumpf- und Wasserpflanzen

Wassersalat

Pistia stratiotes
Familie: Aronstabgewächse, *Araceae*

Wichtigste Kennzeichen: Frei schwimmende Rosetten aus sitzenden, weich behaarten, matt und relativ blass grünen Blättern, mit 3–12 parallel verlaufenden, oberseits eingesenkten, unterseits stark hervortretenden Nerven.
Wuchsform: Ausgebreitet oder aufrecht, bis zu 25 cm breit, mit Ausläufern und vielen fein fiedrigen Wurzeln.
Blätter: Breit-keilförmig, am Ende breit gerundet, abgestutzt oder etwas eingekerbt, 2–15 cm lang.
Blüten: Winzig, je 1 weibliche und wenige männliche in einem tütenförmigen, in der Mitte zusammengezogenen, 1–3 cm langen, grünlichweißen Hochblatt; versteckt zwischen den Blättern, sehr selten zu sehen.
Früchte: Eiförmige Beeren, etwa 5 mm lang und 3 mm dick, selten zu sehen.
Vorkommen: Auf stehenden und langsam fließenden Gewässern; Herkunft unklar.
Weitere Namen: »Muschelblume«, Englisch »Water Lettuce«, Französisch »Laitue d'Eau«, Portugiesisch »Alface d'Agua«, »Mururé Pajé«, Spanisch »Lechuga de Agua«, »Repollito de Agua«.
Wissenswertes: Der Wassersalat vermehrt sich überwiegend durch Ausläufer und so rasch, dass oft Abkömmlinge einer einzigen Pflanze weite Wasserflächen bedecken. Die Haare auf seinen Blättern sind nicht benetzbar. Zwischen ihnen wird daher sehr viel Luft gehalten, was der Pflanze starken Auftrieb verleiht. Daher können oft auch größere Wasservögel auf einer Decke aus Wassersalat laufen. Traditionell wird er als Futter für Enten und Schweine genutzt, doch auch Versuche zur Verwertung in Anlagen zur Gewinnung von Biogas hat es bereits gegeben. Bei uns wird der Wassersalat auch auf Aquarien und im Sommer auf Zierteichen angesiedelt.

Papyrus

Cyperus papyrus
Familie: Sauergräser, *Cyperaceae*

Wichtigste Kennzeichen: Stängel stumpf 3-kantig, 2–5 m hoch, nur ganz oben mit einem schirmartigen Büschel dünner, grüner, Ähren tragender Zweige.
Wuchsform: Aufrecht aus einem kräftigen, im Schlamm kriechenden Wurzelstock, unten mit bis zu 50 cm langen, braunen Blattscheiden.
Blätter: Normale grüne Blätter nur an nicht-blühenden Stängeln vorhanden, grasartig, 8–10 mm breit; ansonsten nur feine Tragblätter im Blütenstand.
Blüten: Winzig, in kleinen Ährchen, von denen je 12–40 eine 1,5–3 cm lange Ähre bilden; die Ähren in Gruppen von 2–5 an den zahlreichen (200–360), feinen, 5–40 cm langen, 1–1,5 mm dicken Strahlen des Blütenstandes, der am Schopf am Ende des Stängels bildet und an seinem Grund mehrere 5–10 cm lange, 1–3 cm breite, hellbraune Schuppenblätter trägt.
Früchte: Länglich, 3-kantig, etwa 1 mm lang, 0,5 mm dick, trockenhäutig.
Vorkommen: In flachen Gewässern und im Uferbereich; stammt aus Afrika.
Weitere Namen: Englisch auch »Bulrush«, »Egyptian Paper Plant«, Französisch auch »Papier du Nil«, Portugiesisch und Spanisch auch »Papiro«.
Wissenswertes: Unser Wort »Papier« geht letztlich auf Papyrus zurück, denn dies ist die Pflanze, aus der schon vor 5000 Jahren in Ägypten eine Art Papier hergestellt wurde. Dazu wurde das Mark des Stängels in Streifen geschnitten, von denen dann viele fest zusammengepresst und getrocknet wurden. Aber auch zahlreiche andere Dinge wie Körbe, Schuhe oder Boote wurden aus Papyrus hergestellt. Mehrere andere, kleinere *Cyperus*-Arten werden ebenfalls gern kultiviert, als Zimmerpflanze vor allem Zwergpapyrus oder Zypergras *(C. involucratus)*.

Pflanzen im Feldbau

Okra

Abelmoschus esculentus
Familie: Malvengewächse, *Malvaceae*

Wichtigste Kennzeichen: Blätter fingerig gelappt. Blüten groß, gelb, im Zentrum dunkelrot, mit einer Mittelsäule aus vielen gelben Staubblättern, am Ende mit 5 dunkelroten Narben. Früchte langgestreckt, aufrecht, mit 5–9 längs verlaufenden Kanten oder Rippen.

Wuchsform: Aufrechtes, kräftiges Kraut, 1 bis 4 m hoch, meist wenig verzweigt.

Blätter: Wechselständig, 5–50 cm lang gestielt; Spreite 10–35 cm lang und breit, leicht bis sehr tief 3–7-lappig, am Rand gesägt.

Blüten: Einzeln in den Blattachseln, kurz gestielt, mit einem Außenkelch aus 8–15 schmalen, 1–2,5 cm langen Blättchen. Kelch 1,5 bis 4,5 cm lang, 5-zähnig, einseitig gespalten. Kronblätter breit-trapezförmig, asymmetrisch, 3–6 cm lang, am Ende gerundet.

Früchte: Lange Zeit grün, bei Reife braun, 8 bis 30 cm lang, 1,5–3 cm dick, am Grund etwas verdickt, am Ende zugespitzt.

Vorkommen: Überall in den Tropen und Subtropen kultiviert; ursprünglich altweltlich, genaue Herkunft unsicher.

Weitere Namen: Englisch auch »Gumbo«, »Lady's Fingers«, Französisch »Gombo«, Portugiesisch »Quiabeiro«, Spanisch auch »Quimbombo«.

Wissenswertes: Okra ist eine einjährige Pflanze, geht also nach der Fruchtreife meist zu Grunde. Unreife Früchte werden meist gekocht als Gemüse verzehrt, können aber auch roh gegessen werden. Wegen ihres hohen Schleimgehalts gelten sie als besonders magenfreundlich. Seit einigen Jahren sind sie auch bei uns immer häufiger zu haben. Die sehr ähnliche Nachbarart *A. moschatus*, die stärker behaart ist, größere Blüten und eiförmige Früchte hat, wird vor allem wegen ihrer nach Moschus duftenden Samen für die Parfümindustrie angebaut.

Westindische Baumwolle

Gossypium barbadense
Familie: Malvengewächse, *Malvaceae*

Wichtigste Kennzeichen: Alle grünen Teile mit kleinen dunklen Punkten. Blätter überwiegend 3-lappig (wenige ungelappt oder 5-lappig). Blüten mit 3 großen Außenkelchblättern um den becherförmigen, fast ganzrandigen Kelch. Kronblätter 5, gelb, am Grund jeweils mit einem purpurnen Fleck, beim Verblühen rosa bis rot.

Wuchsform: Strauch mit wenig bis mäßig verholzten Zweigen, 1–4 m hoch.

Blätter: Mit früh abfallenden Nebenblättern und langem Stiel, Spreite 5–15 cm lang und breit, mit spitzen Lappen, die seitlichen meist kleiner als der mittlere, Hauptnerven meist 5, fingrig vom herzförmigen Grund ausgehend.

Blüten: Einzeln in den Blattachseln. Außenkelchblätter mit langen, spitzen Zähnen, am Grund herzförmig. Krone trichterförmig, Kronblätter propellerartig verdreht, 3,5–5,5 cm lang; Mittelsäule mit vielen Staubblättern und 3 Narben.

Früchte: Eiförmig, zugespitzt, 3–6 cm lang, grubig, 3-fächrig; Wolle leicht von den Samen ablösbar.

Vorkommen: Überall in warmen Gebieten angebaut, meist auf großen Feldern; stammt aus dem tropischen Amerika.

Weitere Namen: Englisch »Egyptian Cotton«, »Pima Cotton«, »Sea Island Cotton«, Spanisch »Algodon del País«.

Wissenswertes: Westindische Baumwolle soll in Peru schon vor 10 000 Jahren genutzt worden sein und wäre damit eine der ältesten bekannten Kulturpflanzen. Insgesamt werden 4 der rund 40 *Gossypium*-Arten als Baumwolle genutzt. Aus der Neuen Welt stammt auch *G. hirsutum*, das etwas kleinere, blassere Blüten hat und die größten Anbauflächen in den Subtropen bedeckt. Ebenfalls sehr ähnlich, aber altweltlichen Ursprungs ist *G. arboreum*. Das kleinere, einjährige *G. herbaceum* wird seltener angebaut.

267

Pflanzen im Feldbau

Vanille

Vanilla planifolia
Familie: Orchideen, *Orchidaceae*

Wichtigste Kennzeichen: Kletterpflanze mit fleischigen Blättern und weißen, zu Ranken umgebildeten Luftwurzeln.
Wuchsform: Bis 15 m hoch kletternd, mit fingerdicken, fleischigen Sprossen, in Kultur meist niedriger.
Blätter: Wechselständig, fast sitzend, länglich, 8–24 cm lang, 2–8 cm breit, sehr glatt, Nerven kaum erkennbar.
Blüten: In kurzen, doldenartigen Trauben; Blütenblätter blass grünlich bis hellgelb, 4–7 cm lang, das innerste kürzer und zu einer Röhre zusammengerollt, mit welliger Mündung, die äußeren meist dieser Röhre anliegend, nur vormittags kurze Zeit ausgebreitet.
Früchte: Hängend, langgestreckt, 10–30 cm lang und 0,5–1,5 cm dick, bei Reife gelblich, mit Zehntausenden winziger, schwarzer Samenkörnchen.
Vorkommen: Ursprünglich aus Mexiko; heute in vielen tropischen Gebieten, vor allem auf Madagaskar, den Komoren und Réunion kultiviert.
Weitere Namen: Englisch »Vanilla«, Spanisch »Vainilla«.
Wissenswertes: Echte Vanille ist nach Safran das zweitteuerste Gewürz der Welt. Das wundert nicht, wenn man bedenkt, welcher Aufwand zu ihrer Produktion nötig ist. So muss außerhalb ihrer Heimat jede Blüte von Hand bestäubt werden, weil die speziell angepassten Bienen fehlen. Es dauert 5–8 Monate, bis die Früchte im halbreifen Zustand geerntet werden können – und jeder Kälteeinbruch in dieser Zeit macht die Ernte zunichte. Anschließend werden die Früchte kurz erhitzt und dann 3–6 Monate lang täglich erst in der Sonne ausgebreitet, dann in Wolldecken eingeschlagen zur Fermentation gebracht. Über Nacht werden sie in luftdichten Behältern aufbewahrt, um das kostbare Aroma zu bewahren.

Pfeffer

Piper nigrum
Familie: Pfeffergewächse, *Piperaceae*

Wichtigste Kennzeichen: Stängel mit Haftwurzeln an verdickten Knoten. Seitennerven der Blätter im Bogen zur Spitze laufend.
Wuchsform: Bis 15 m hoch kletternd, in Kultur niedriger, oft etwas im Zickzack wachsend, am Grund verholzt.
Blätter: Wechselständig, eiförmig bis elliptisch, 8–20 cm lang, 5–15 cm breit, kahl, kurz zugespitzt, meist mit 2 Paar Seitennerven vom Grund und 1 Paar etwas darüber, nicht genau gegenüber.
Blüten: Winzig und unscheinbar, in dichten, 3–20 cm langen, hängenden Ähren.
Früchte: Kugelig, 4–6 mm groß, mit großem Steinkern, bei Reife rot.
Vorkommen: In vielen feucht-tropischen Gebieten angepflanzt; ursprünglich aus Südwestindien.
Weitere Namen: Englisch »Pepper«, Französisch »Poivre«, Portugiesisch »Pimenta«, Spanisch »Pimienta«.
Wissenswertes: Pfeffer ist das wichtigste Gewürz überhaupt und zumindest seit römischer Zeit auch in Europa bekannt. Schwarzer Pfeffer entsteht durch Fermentation unreif geernteter Früchte. Werden sie rasch getrocknet oder eingelegt, dann bleiben sie grün. Bei weißem Pfeffer handelt es sich um die Steinkerne reif geernteter Früchte. Getrocknete reife Früchte ergeben rosa Pfeffer, der oft mit den Früchten des Pfefferbaums (S. 74) verfälscht wird. Von rund 2000 Pfeffer-Arten sind noch mehrere in Kultur. Vom afrikanischen Ashantipfeffer *(P. guineense)*, dem Bengalpfeffer *(P. longum)* und dem Kubebenpfeffer *(P. cubeba)* werden ebenfalls die Früchte genutzt, vom Betelpfeffer *(P. betle*, vgl. S. 36) dagegen die Blätter. Aus den Wurzeln des Kawa-Strauchs *(P. methysticum)* wird in Polynesien ein berauschendes Getränk bereitet.

Pflanzen im Feldbau

Taro

Colocasia esculenta
Familie: Aronstabgewächse, *Araceae*

Wichtigste Kennzeichen: Blätter groß, ei- bis breit-pfeilförmig, am Grund eingeschnitten, aber höchstens den halben Weg bis zum Stielansatz.

Wuchsform: Staude mit knollenartigem Wurzelstock, meist nur die Blätter aus dem Boden oder dem Wasser ragend.

Blätter: Mit kräftigem, aufrechtem 20–150 cm langem Stiel, Spreite mit der Spitze nach unten hängend, 13–60 cm lang, 10–35 cm breit, oft etwas wellig, die basalen Lappen am Ende gerundet, auch die Spitze meist recht stumpf.

Blüten: Winzig, in 4–20 cm langen Kolben, davon 3–6 cm von einem cremeweißen bis gelben, insgesamt 9–40 cm langen und 2–5 cm breiten Hochblatt umgeben; in Kultur selten zu sehen.

Früchte: Grüne, glänzende, bis 5 mm große Beeren dicht gedrängt am Kolben.

Vorkommen: Auf sumpfigen Feldern angebaut, wild bzw. verwildert auch in Gräben; ursprünglich aus Asien.

Weitere Namen: Sehr zahlreich, u. a. Englisch »Cocoyam«, »Dasheen«, »Eddoe«, »Elephant's Ear«, »Kalo«, »Yam«, Portugiesisch »Inhame«, Spanisch »Chamol«, »Malanga«, »Ñampi«, »Ocumo Chino«.

Wissenswertes: Taro wird in Asien schon seit Jahrtausenden angebaut und ist heute vor allem in Polynesien ein Grundnahrungsmittel. Die Knolle trägt deutliche, ringförmige Blattnarben und enthält viel Stärke, aber auch reichlich Oxalsäure. Erst durch Kochen oder Braten wird sie genießbar. In Kultur sind sehr verschiedene Formen, mit dunkel olivgrünen bis sehr blassen, teils auch gefleckten Blättern. Viele der Volksnamen werden auch für *Xanthosoma sagittifolium* benutzt, dessen Blätter bis zum Stielansatz eingeschnitten sind. Als »Yams« werden auch *Dioscorea*-Arten bezeichnet, Kletterpflanzen mit herzförmigen Blättern.

Süßkartoffel

Ipomoea batatas
Familie: Windengewächse, *Convolvulaceae*

Wichtigste Kennzeichen: Stängel kriechend, an den Knoten wurzelnd, Wurzeln mit dicken Knollen. Blätter am Grund herzförmig bis fast gerade abgestutzt, meist etwas wellig zwischen den Nerven. Blüten (wenn vorhanden) relativ groß.

Wuchsform: Stängel bis 5 m lang, stark verzweigt, oft etwas fleischig.

Blätter: Wechselständig, lang gestielt, sehr vielgestaltig, von eiförmig bis tief handförmig 3–7-lappig, 4–15 cm lang, 3–11 cm breit.

Blüten: Meist in kleinen Gruppen; Kelchblätter länglich, etwa 1 cm lang, die äußeren meist kürzer als die inneren, zugespitzt. Krone glocken- bis trichterförmig, lavendelblau bis rotviolett, mit dunklerem Schlund, selten weiß, 3–7 cm lang. Einige Kulturformen ganz ohne Blüten.

Früchte: Eiförmig, mit wenigen, großen, dunklen Samen; selten gebildet.

Vorkommen: In allen Tropengebieten angebaut; ursprünglich aus Amerika.

Weitere Namen: »Batate«, Englisch »Sweet Potato«, Französisch »Patate Douce«, Spanisch »Batata«, »Boniato«, »Camote«.

Wissenswertes: Die Süßkartoffel gehört zu den wichtigsten Nutzpflanzen der Tropen. Es gibt von ihr unzählige Kulturformen mit Blättern und Knollen in den verschiedensten Formen und Farben. Die Knollen enthalten vor allem Stärke, aber auch etwas Zucker, der ihnen einen süßen Geschmack verleiht. Ähnlich wie Kartoffeln sind sie überaus vielfältig einsetzbar, zum Kochen oder Braten ebenso wie zur Gewinnung von Stärke oder Alkohol. Nahe verwandt ist der Wasserspinat *(I. aquatica)*, eine Sumpfpflanze mit dreieckigen bis pfeilförmigen Blättern, die in der süd- und ostasiatischen Küche eine wichtige Rolle spielen.

Pflanzen im Feldbau

Erdnuss

Arachis hypogaea
Familie: Schmetterlingsblütler, *Fabaceae*

Wichtigste Kennzeichen: Blätter mit 2 Paar Fiederblättchen. Blüten gelb, in der Form wie Erbsenblüten, später in die Erde versenkt, dort auch die Früchte.
Wuchsform: Einjähriges Kraut, 15–70 cm hoch, reich verzweigt, Stängel kantig, oft auf dem Boden liegend.
Blätter: Wechselständig, am Grund mit schmalen, 2–3 cm langen Nebenblättern, Mittelrippe 3–12 cm lang, Fiederblättchen elliptisch, 2–6 cm lang, 1,5–3 cm breit, am Ende gerundet.
Blüten: Einzeln oder in Gruppen von bis zu 6, nahe am Stängel; Kelch 2,5–5 cm lang, mit 4-zähniger Ober- und ungeteilter Unterlippe; Kronblätter 5, 1–1,5 cm lang, davon 1 nach oben gebogen, 2 seitlich und 2 zu einem bootförmigen Gebilde verklebt, darin die Staubblätter und der Griffel.
Früchte: Unregelmäßig rundlich bis länglich, 2–6 cm lang, 1–1,5 cm dick, gelbbraun, mit netzartigen Rippen und 1–4 Samen mit dünner rotbrauner Schale; reifen unter der Erde.
Vorkommen: Tropen und Subtropen, meist auf großen Feldern angebaut; stammt aus dem Südosten Südamerikas.
Weitere Namen: Englisch »Ground Nut«, »Peanut«, Französisch »Arachide«, Portugiesisch »Amendoim«, Spanisch »Cacahuete«, »Maní«.
Wissenswertes: Die relativ kurzlebige Erdnuss sichert ihren Standort für die nächste Generation, indem sie ihre Samen selbst einpflanzt. Dazu streckt sich nach der Blüte die Basis des Fruchtknotens bis zu 20 cm lang in Richtung auf den Boden, sodass der vordere, die Samenanlagen umfassende Teil unter die Erdoberfläche gedrückt wird. Dort erst reift die Frucht. Erdnüsse sind reich an Fett und Eiweiß; die Vielzahl ihrer Nutzungen ist kaum überschaubar.

Sojabohne

Glycine max
Familie: Schmetterlingsblütler, *Fabaceae*

Wichtigste Kennzeichen: Alle Teile außer den Kronblättern steif borstig behaart. Blätter mit 3–5 Fiederblättchen. Blüten in der Form wie Erbsenblüten, weiß, bläulich oder violett. Früchte bohnenähnlich.
Wuchsform: Einjähriges Kraut, aufrecht, 20–100 cm hoch, selten bis 2 m.
Blätter: Wechselständig, 7–20 cm lang, mit 5 mm langen Nebenblättern, Fiederblättchen eiförmig, 3–15 cm lang, 2–10 cm breit, am Grund meist gerundet.
Blüten: Je 3–8 in 1–4 cm langen Trauben; Kelch 5–7 mm lang, 5-zähnig, davon die 2 oberen weiter verbunden als die 3 unteren; Kronblätter 5, das obere rundlich, 6–7 mm lang, die beiden seitlichen kleiner, die beiden unteren zu einem bootförmigen Gebilde verklebt, darin die Staubblätter und der Griffel.
Früchte: Länglich, 3–8 cm lang, 8–15 mm dick, bei Reife bräunlichgelb, mit 2–4 Samen, dort etwas ausgebuchtet.
Vorkommen: Meist auf großen Feldern angebaut, in den Subtropen häufiger als in den Tropen; stammt aus Ostasien.
Weitere Namen: In den meisten europäischen Sprachen »Soja« oder »Soya«, Englisch auch »Soybean«.
Wissenswertes: Die Sojabohne ist eine der wichtigsten Weltwirtschaftspflanzen. Ihre Samen enthalten etwa 20 % Kohlenhydrate, 30 % Öl und 40 % Eiweiß, das in seiner Zusammensetzung tierischem Eiweiß ähnelt. Daher sind sie ein wertvolles Mastfutter. Auch in vielen Fertig-Lebensmitteln ist Soja enthalten. Aus Soja-Eiweiß wird Tofu hergestellt, der in der asiatischen Küche eine große Rolle spielt, ebenso wie die Sojakeimlinge (Sprossen). Das Öl kann als Speiseöl dienen oder industriell weiterverarbeitet werden. Selbst künstliche Hormone werden aus Soja hergestellt.

273

Pflanzen im Feldbau

Maniok

Manihot esculenta
Familie: Wolfsmilchgewächse, *Euphorbiaceae*

Wichtigste Kennzeichen: Milchsaft in allen Teilen. Blätter 3–9-lappig bis fast gefingert. Blütenhüllblätter 5, bei männlichen Blüten verwachsen, bei weiblichen frei, außen blass grünlich, innen teilweise karminrosa.
Wuchsform: Schwach verholzter Strauch, 1 bis 5 m hoch, oft wenig verzweigt, mit deutlichen Blattnarben am Stängel.
Blätter: Wechselständig, 5–17 cm lang gestielt, die Lappen länglich, meist etwas oberhalb der Mitte am breitesten, 6–17 cm lang, 1–5 cm breit, zugespitzt, unterseits meist bläulich bewachst.
Blüten: In Rispen am Ende des Stängels, glockenförmig, 6–12 mm groß, innen am Grund mit einer orangefarbenen Nektardrüse, meist viele männliche Blüten mit 10 Staubblättern und wenige weibliche mit einem Fruchtknoten mit ausgefransten 3 Narbenästen.
Früchte: Kugelig bis elliptisch, 12–17 mm groß, mit 6 welligen Längskanten, bei Reife in 3 Teile zerspringend.
Vorkommen: Überall in den Tropen angebaut, meist auf kleinen Feldern; stammt aus dem tropischen Amerika.
Weitere Namen: Englisch »Cassava«, »Tapioca«, Portugiesisch »Mandioca«, Spanisch »Yuca«.
Wissenswertes: Maniok ist Lebensgrundlage für mehr als 500 Millionen Menschen und damit eine der 6 wichtigsten Nahrungspflanzen der Welt. Seine 30–90 cm langen und 5 bis 10 cm dicken, unterirdischen Knollen enthalten sehr viel Stärke, aber auch eine Blausäure abspaltende Substanz, die durch Auswaschen entfernt oder durch Erhitzen zerstört werden muss. Maniokmehl ist weder aus der brasilianischen (»Farinha«) noch aus der westafrikanischen (»Gari«) Küche wegzudenken. Aus dem Milchsaft der verwandten Art *M. glaziovii* wird Latex (»Ceara Rubber«) gewonnen.

Zuckerrohr

Saccharum officinarum
Familie: Gräser, *Poaceae*

Wichtigste Kennzeichen: Sehr großes Gras. Halm unverzweigt, oben von überlappenden Blattscheiden bedeckt, unten nackt und bewachst. Knoten bis zu 20 cm auseinander, zum Grund hin dichter zusammen. Blätter mit breiter, heller Mittelrippe und scharfem Rand.
Wuchsform: Aufrecht, 2–8 m hoch, Halm 2 bis 7 cm dick, oft gelblich oder rötlich, mit ringförmigen Blattnarben, darüber Wurzelanlagen und eine kaum bewachste Zuwachszone.
Blätter: 2-zeilig angeordnet, langgestreckt, 50–200 cm lang, 4–10 cm breit.
Blüten: Winzig, in von weißen Haaren umgebenen Ährchen, zu Hunderten in 30–100 cm hohen, federartigen Rispen.
Früchte: Längliche Graskörner; in Kultur fast nie zu sehen.
Vorkommen: Überall in den Tropen angebaut, in Gärten und auf riesigen Feldern; Urform wahrscheinlich aus Neuguinea.
Weitere Namen: Englisch »Sugarcane«, Französisch »Canne à Sucre«, Portugiesisch »Cana de Açúcar«, Spanisch »Caña de Azúcar«.
Wissenswertes: Zuckerrohr liefert über die Hälfte des auf der Welt produzierten Zuckers. Er sammelt sich im Mark der Stängel und erreicht dort Gehalte bis zu 20 %. Vor der Ernte werden die Felder oft abgebrannt, um Giftschlangen zu vertreiben und den Einsatz von Maschinen zu erleichtern. Aus dem Presssaft wird durch grobes Reinigen brauner Rohzucker und durch weiteres Umkristallisieren weißer Kristallzucker gewonnen. Der nicht kristallisierbare Rückstand wird oft zur Gewinnung von Alkohol (Rum, in Brasilien Cachaça und Auto-Treibstoff) vergoren. In vielen Ländern sind Stücke von Zuckerrohr auch als preiswerte Süßigkeit erhältlich.

Register

Register

Abelmoschus esculentus 266
Abelmoschus moschatus 266
Abutilon indicum 166
Abutilon megapotamicum 166
Abutilon pictum 166
Abutilon theophrasti 166
Acacia 13
Acacia auriculaeformis 102
Acacia drepanolobium 70
Acacia karroo 70
Acacia sphaerocephala 70
Açafroa 164
Acajou 110
Acalypha hispida 154
Acalypha wilkesiana 178
Acca sellowiana 140
Acerola 138
Achiot 164
Achote 164
Adansonia digitata 13, 84
Adelfa Amarilla 172
Adenium obesum 160
Adolfina 184
Adonis Morado 130
Aechmea fasciata 254
Aequiméia 254
Aeschynanthus radicans 252
Affenbrotbaum 13, 84
African False Nutmeg 100
African Mallow 98
African Nutmeg 100
African Tulip Tree 62
Afrikanischer Tulpenbaum 62
Agave americana 236
Agave sisalana 236
Aguapé 260
Ají 244
Akazie 13, 70, 102
Albina 234
Albizia saman 64
Alconorque 114
Aleli 72
Alexandrinische Senna 128
Alface d'Agua 264
Algodon del País 266
Algodoncillo 142
Allamanda blanchetii 190

Allamanda cathartica 190
Almendra de India 114
Almendrón 114
Aloe ferox 48
Aloe vera 48
Alpinia galanga 238
Alpinia officinarum 238
Alpinia purpurata 224
Alpinia zerumbet 238
Alsophila 28
Amanda 190
Amandier des Indes 114
Amandier Tropical 114
Amapa Prieta 82
Amapa Rosa 78
Amapola 80, 160, 166
Amarant 154
Amaranthus caudatus 154
Amarantina 212
Amazonas-Riesenseerose 260
Amendoim 272
American Aloe 236
Amerikanische Agave 236
Amherstia nobilis 60
Amor Seco 212, 228
Anacardium occidentale 110
Ananas 20
Ananas-Ingwer 222
Angel's Trumpet 174
Annatostrauch 164
Annatto 164
Annona cherimola 116
Annona muricata 116
Annona reticulata 116
Annona squamosa 116
Antarktischer Baumfarn 28
Anthurium andraeanum 220
Anthurium scherzerianum 220
Antigonon leptopus 200
Antler Fern 256
Apamate 78
Apfeljambuse 88
Aphelandra speciosa 144
Aprikosenjambuse 92
Arabian Jasmine 192
Arabica-Kaffee 148
Arabischer Jasmin 192
Arachide 272
Arachis hypogaea 272
Araguaney 82
Aralie 80
Araucaria araucana 56
Araucaria bidwillii 56

Araucaria columnaris 56
Araucaria heterophylla 56
Araukarien 16
Arbol de Fuego 60
Arbol de Fuente 62
Arbol de Pan 118
Arbol de Papa 104
Arbol de Pimienta 74
Arbol del Té 176
Arbol del Viajero 50
Arbol Orquidea 98
Arbol Paraguas 80
Arbol Paraíso 72
Arbol Salchicha 58
Arbre à Bombes 96
Arbre à Lait 172
Arbre à Thé 176
Arbre au Diable 96
Arbre du Voyageur 50
Arbusto Milagroso 186
Areca catechu 36
Arenga pinnata 40
Arete de la Cocinera 132
Argemone mexicana 234
Argyreia nervosa 194
Aristolochia clematitis 208
Aristolochia gigantea 208
Aristolochia grandiflora 208
Arrowroot 218
Artocarpus altilis 118
Artocarpus heterophyllus 118
Artocarpus integer 118
Artocarpus odoratissimus 118
Arum Lily 240
Asclepias curassavica 142
Ashanti Blood 136
Ashantipfeffer 268
Asiatischer Kapokbaum 76
Asoka Tree 64
Asokabaum 64
Asplenium nidus 254
Assam Rubber Tree 120
Assamtee 176
Astromelia 90
Astromero 90
Atapaima 160
Aubergine 104
Aurora 194
Australian Flame Tree 94
Australian Pine 54
Australian Tree Fern 28
Australische Livistonie 44
Australische Silbereiche 66
Australischer Baumfarn 28
Autograph Tree 90

Averrhoa bilimbi 72
Averrhoa carambola 72
Azadirachta indica 72
Azulejo 180
Azulillo 104
Azulina 152

Baby Wood-Rose 194
Bachelor's Button 212
Bactris gasipaes 32
Badea 196
Bagflower 192
Bahama Buttercup 234
Bala de Cañón 96
Balata 114
Balisier 224, 232
Balsa 10
Balsam Pear 204
Balsamapfel 204
Balsambirne 204
Bálsamo 204
Bambou Géant 54
Bambus 54
Banana de Macaco 210
Banana Passion Fruit 196
Banana Poka 196
Banane 50
Bandera 162
Bandera Española 142, 204, 224
Banyan 120
Baobab 84
Barba de Pau 258
Barba de Velho 258
Barba de Viejo 258
Barba Gallo 136
Barbadine 196
Barbados Almond 114
Barbados Cherry 138
Barbados Flower 126
Barbados Gooseberry 164
Barbadoskirsche 138
Barbados-Stachelbeere 164
Barbudo 186
Bastard Ipecacuanha 142
Bat Flower 218
Batata de Mar 226
Batata 270
Batate 270
Bâton de Sorcier 62
Bauhinia 18
Bauhinia blakeana 98
Bauhinia corymbosa 202
Bauhinia cumingiana 172
Bauhinia galpinii 202
Bauhinia monandra 98

Register

Bauhinia purpurea 98
Bauhinia tomentosa 172
Bauhinia variegata 98
Baum der Reisenden 50
Baumfarn 28
Baumwolle 266
Beach Morning Glory 226
Beach Naupaka 176
Beach She-Oak 54
Bec de Perroquet 230
Beefsteak Plant 178
Beerenmalve 166
Bejuco de Playa 226
Bell Pepper 244
Belle de Nuit 214
Bellota 124
Beloperone guttata 216
Ben 74
Ben Ailée 74
Bengal Clockvine 184
Bengalische Trompete 184
Bengalpfeffer 268
Bergpalme 38
Berg-Papaya 52
Be-Still Tree 172
Betel Nut Palm 36
Betelnuss 36
Betelpalme 36
Betelpfeffer 36, 268
Bilimbi 72
Billygoat Plum 114
Bird of Paradise 232
Bird's Nest Fern 254
Birkenfeige 120
Bitter Aloe 48
Bitter Gourd 204
Bittergurke 204
Bittersüßer Nachtschatten 150
Bixa orellana 164
Black Lily 218
Black-Eyed Susan 190
Blattfahne 240
Blaue Passionsblume 208
Blaue Vanda 246
Blauer Eucalyptus 108
Blauer Ingwer 218
Blauer Kartoffelstrauch 150
Bleeding Heart Vine 192
Bleiwurz 152
Blood Tree 164
Bloodflower 142
Blue Bird Vine 184
Blue Ginger 218
Blue Gum 108
Blue Orchid 246
Blue Pea 180

Blue Potato Bush 150
Blue Trumpet Vine 184
Blue Vanda 246
Bluewings 212
Blumenrohr 224
Blutendes Herz 192
Blutstrompete 174
Boat Lily 244
Boat Orchid 220
Bo-Baum 120
Boca de Dragón 222
Boca de Fuego 248
Bolsa de Judas 206
Bombax ceiba 76
Boniato 270
Bootspflanze 244
Borassus aethiopum 44
Borassus flabellifer 44
Boria 228
Borneo-Fischschwanzpalme 40
Borrachero 174
Bototo 82
Bottle Palm 38
Bottlebrush 154
Bougainvillea 23, 198
Bougainvillea glabra 198
Bougainvillea peruviana 198
Bougainvillea spectabilis 198
Bowstring Hemp 146
Brachychiton acerifolius 94
Brachychiton populneus 94
Brasilianische Guave 140
Brasilianischer Florettseidenbaum 78
Brasilianischer Pfefferbaum 74
Brazilian Plume Flower 144
Bread Fruit 118, 210
Breiapfel 114
Breitfächrige Wachspalme 42
Brennpalme 40
Bride's Tears 200
Broken Hearts 192
Brotfrucht 118
Brotfruchtbaum 118
Brotnuss 118
Browallia 168
Brownea ariza 16
Brownea coccinea 62
Brownea grandiceps 62
Brownea leucantha 62

Brownea macrophylla 62
Brugmansia arborea 174
Brugmansia aurea 174
Brugmansia candida 174
Brugmansia insignis 174
Brugmansia sanguinea 174
Brugmansia suaveolens 174
Brugmansia versicolor 174
Brunfelsia americana 150
Brunfelsia pauciflora 150
Brunfelsie 150
Buchón de Agua 260
Buddhist Bauhinia 98
Buenas Tardes 214
Bull Hoof 98
Bulrush 264
Buntblatt 242
Buntes Herzblatt 210
Buntwurz 242
Bunya Pine 56
Bunyatanne 56
Burhead 262
Burning Love 134
Bush Neat's Foot 172
Busy Lizzie 216
Butterblumenbaum 82
Buttercup Tree 82
Buttercups 190
Butterfly Orchid 250
Butterfly Pea 180
Butterfly Weed 142

Cabalonga 172
Cabbage Palm 44
Cabello de Angel 200
Cacahuete 272
Cacao 112
Cacao Sauvage 80
Cacau 112
Cadena de Amor 200
Caesalpinia pulcherrima 126
Caesalpinia sappan 126
Café 148
Cafeto 148
Cairo Morning Glory 194
Cajú 110
Cala Blanca 240
Calabasa 100
Calabash Nutmeg 100
Calabash Tree 100
Caladium bicolor 242
Caladium schomburgkii 242

Calebassier 100
California Fan Palm 42
Calla Lily 240
Calliandra calothyrsus 124
Calliandra haematocephala 124
Calliandra surinamensis 124
Calliandra tergemina var. emarginata 124
Calliandra tweediei 124
Callistemon citrinus 154
Callistemon pallidus 154
Callistemon viminalis 154
Calotropis gigantea 146
Calotropis procera 146
Calzoncillo 98
Camalote 260
Camará 172
Camellia sinensis 176
Camote 270
Campana 190
Campanilla 172
Campsis grandiflora 182
Campsis radicans 182
Campsis tagliabuana 182
Cana de Açúcar 274
Caña de Azúcar 274
Caña de Indio 152
Caña Mejicana 238
Candle Tree 86
Candlestick 128
Canna indica 224
Canne à Sucre 274
Cannonball Tree 96
Caoba de Santo Domingo 62
Caouchouc 86
Capa de Rey 158, 242
Capa Roja 178
Cape Aloes 48
Cape Jasmine 148
Cape Plumbago 152
Capparis micracantha 174
Capparis spinosa 174
Capsicum annuum 244
Capsicum frutescens 244
Carambola 72
Cardinal Climber 200
Cardo Amarillo 234
Cardo Santo 234
Carica papaya 52
Carica pubescens 52
Carnauba-Palme 42
Carnestolenda 82
Carnival Bush 168
Carpintero 216
Caryota mitis 40

277

Register

Caryota no 40
Caryota urens 40
Cascabel 172
Cashew Apple 110
Cashew Nut 110
Cashewnuss 110
Cassava 274
Cassia 128
Cassia fistula 68
Cassia javanica 68
Cassia nealae 68
Castanha de Macaco 96
Castaño de Agua 80
Casuarina equisetifolia 54
Cat's Tail 164
Cat's Whiskers 218
Catharanthe 214
Catharanthus roseus 214
Cathedral Bells 180
Cattleya bowringiana 246
Cattleya trianae 246
Caucho 86, 120
Cayennepfeffer 244
Ceara Rubber 274
Cebolla de Chucho 262
Cecropia 10
Ceiba del Brasil 78
Ceiba insignis 78
Ceiba pentandra 84
Ceiba speciosa 78
Celestina 152
Celosa Cimmarona 130
Celosia argentea 228
Celosie 228
Century Plant 236
Ceratozamia 30
Cerejeira das Antilhas 138
Cerezo de Navidad 74
Ceriman 210
Cerise de Cayenne 138
Cerise des Antilles 138
Chá da Índia 176
Chaconia 136
Chain of Love 200
Chalice Vine 206
Chamaedorea 38
Chamol 270
Chanana 234
Changeable Rose 156
Châtaignier Marron 80
Chaya 164
Chempedak 17, 118
Chenille Plant 154
Cherry Pie 142
Chestnut Dioon 30
Chevalier 126
Cheveux de Venus 200
Chevrette 216

Chicalote 234
Chicle 114
Chicozapote 114
Chilco 172
Chilenischer Jasmin 186
Chili 244
Chiltote 182
Chinaberry 72
Chinajute 166
Chinatee 176
Chinese Fan Palm 44
Chinese Gooseberry 72
Chinese Hat Plant 188
Chinese Hibiscus 156
Chinese Honeysuckle 186
Chinese Rose 156
Chinesenhut 188
Chinesische Livistonie 44
Chinesischer Holunder 72
Chinesischer Roseneibisch 156
Chirimoya 116
Chonta 32
Chorisie 78
Chorro de Oro 182
Chote 86
Christ Thorn 158
Christmas Berry 74
Christmas Flower 162
Christmas Orchid 246
Christmas Tree 88
Christusdorn 158
Chrysalidocarpus lutescens 38
Chrysophyllum cainito 114
Chula 214
Chuva de Oro 248
Cinco Negritos 142
Cipó de São João 182
Citrus aurantiifolia 108
Citrus maxima 108
Clavel Japonés 156
Clavelina 214
Clavellina 126
Clerodendrum capitatum 192
Clerodendrum myricoides 132
Clerodendrum paniculatum 132
Clerodendrum speciosissimum 132
Clerodendrum splendens 192
Clerodendrum thomsoniae 192
Clerodendrum trichotomum 132

Climbing Lily 202
Clitoria ternatea 180
Clock Vine 184, 190
Club Gourd 206
Clusia grandiflora 90
Clusia major 90
Clusia minor 90
Coast Hibiscus 170
Cobaea scandens 180
Coccoloba pubescens 112
Coccoloba uvifera 112
Cochliostema odoratissimum 218
Cochlospermum religiosum 82
Cochlospermum vitifolium 82
Cockscomb 228
Cockspur Coral Bean 122
Coco 32
Coco del Mono 96
Cocoa 112
Coconut Palm 32
Cocos nucifera 32
Cocoyam 270
Codiaeum variegatum var. pictum 178
Coffea arabica 148
Coffea canephora 148
Coffea liberica 148
Coffee 148
Cola de Camarón 216
Colación 200
Colchicum autumnale 202
Colocasia esculenta 270
Colônia 238
Columnea 252
Combretum 186
Common Gardenia 148
Conchitas 180
Concombre Africain 204
Confederate Vine 200
Congo Cockatoo 228
Cook-Tanne 56
Copa de Oro 190, 206
Copernicia macroglossa 42
Copernicia prunifera 42
Copey 90
Copo de Leite 240
Copperleaf 178
Copperpod Tree 68
Coral Bean 122
Coral Hibiscus 156
Coral Plant 132, 158
Coral Tree 76, 122
Coral Vine 200
Coralillo 132, 200

Coralita 200
Corazón de Jesús 242
Corazón Sangrienta 242
Corcalito 142
Corda de Viola 200
Cordia myxa 94
Cordia sebestena 94
Cordia subcordata 94
Cordofan Pea 180
Cordyline fruticosa 152
Corktree 102
Corona de Cristo 158
Corona de la Reina 184
Coronitas del Sol 142
Cortez Amarillo 82
Corypha umbraculifera 46
Costa Rican Nightshade 198
Costa-Rica-Nachtschatten 198
Costus speciosus 238
Costuswurzel 238
Cotton 266
Couroupita guianensis 96
Cow Tamarind 64
Crab's Claws 230
Crane Flower 232
Crape Ginger 238
Cremón 102
Crepe Myrtle 90
Crescentia alata 100
Crescentia cujete 100
Cresta de Gallo 220, 228
Crimson Bottlebrush 154
Crinum amabile 242
Crinum asiaticum 242
Croton tiglium 178
Croton 178
Crown Flower 146
Crown of Thorns 158
Crown Staghorn Fern 256
Crucero 136
Cruz de Malta 134
Cry-Baby 122
Cuajilote 86
Cuenta de Oro 130
Cujete 100
Cundeamor 200, 204
Cup of Gold 206
Cup-and-Saucer Plant 188
Cup-and-Saucer Vine 180
Cupid Flower 200
Curcuma longa 222
Curse of India 142
Curuba de Castilla 196
Curuba 196
Cyathea 15
Cyathea australis 28

278

Register

Cycad 30
Cycas 15
Cycas circinalis 30
Cycas revoluta 30
Cyperus involucratus 264
Cyperus papyrus 264
Cypress Vine 200
Cyrtanthera magnifica 144
Cyrtostachys lakka 38
Cyrtostachys renda 38

Dalbergia 58
Damiana 234
Dancing Doll Orchid 248
Dancing Girl 226
Dancing Lady Ginger 226
Dasheen 270
Date Palm 34
Dattelpalme 34
Datura 174
Delonix regia 60
Dendrobium nobile 250
Dendrobium phalaenopsis 250
Dendrobium thyrsiflorum 250
Dendrocalamus asper 54
Dendrocalamus giganteus 54
Desert Rose 160
Deux Jumelles 98
Devil Flower 218
Devil's Fig 234
Devil's Ivy 210
Dichorisandra thyrsiflora 218
Dicksonia 15
Dicksonia antartica 28
Dillenia excelsa 170
Dillenia indica 106
Dillenia philippinensis 106
Dillenia suffruticosa 170
Dioon edule 30
Dioscorea 270
Dipladenia rosea 186
Dipladenie 186
Dipterocarpus bandii 9
Divorce Vine 198
Djati 92
Dombeya wallichii 98
Doorian 106
Dormidera 122
Drehfrucht 252
Dreifarbige Schönmalve 166
Drillingsblume 198
Drumstick Tree 74

Drunken Sailors 186
Drynaria quercifolia 256
Drynaria rigidula 256
Drynaria sparsisora 256
Duftende Brotfrucht 118
Duftender Schraubenbaum 52
Dumpalme 44
Duranta erecta 130
Durante 130
Durian 106
Durião 106
Durio zibethinus 106
Durión 106
Dwarf Coral Tree 122
Dwarf Poinciana 126

Ear-pod Wattle 102
East India Fig 120
Echte Aloe 48
Echte Damiana 234
Echte Dattelpalme 34
Echter Kapernstrauch 174
Echter Kerzenbaum 86
Echter Oleander 172
Eddoe 270
Efeutute 210
Egyptian Cotton 266
Egyptian Paper Plant 264
Eibisch 102, 156, 166, 170
Eiche 21
Eichenblattfarn 256
Eichhornia crassipes 260
Einblatt 240
Eingerollter Palmfarn 30
Eisenholz 88
Elaeis guineensis 34
Elefantenwinde 194
Elephant Apple 106
Elephant Creeper 194
Elephant Ear Vine 194
Elephant Yucca 48
Elephant's Ear 270
Eleutherococcus senticosus 80
Elisa 198
Encephalartos 30
Engelshaarstrauch 124
Engelstrompete 174
Ensete ventricosum 50
Enzianstrauch 150
Epidendrum ibaguense 248
Epidendrum magnificum 248
Epipremnum pinnatum 'Aureum' 210

Epis d'Or 128
Erdbeer-Guave 146
Erdnuss 272
Erdnusskassie 128
Erythrina abyssinica 76
Erythrina caffra 76
Erythrina crista-galli 122
Erythrina fusca 76
Erythrina humeana 122
Erythrina variegata 76
Escobillo 138
Espina de Jerusalem 66
Espina de Paloma 130
Espinillo 66
Estrella Azul 184
Estrella del Sol 200
Etlingera elatior 222
Eucalyptus camaldulensis 108
Eucalyptus deglupta 108
Eucalyptus globulus 108
Euphorbia cyathophora 162
Euphorbia fulgens 162
Euphorbia leucocephala 162
Euphorbia milii 158
Euphorbia pulcherrima 162
Exotic Love 204

Fächerblume 176
Fächerstrauch 176
Fackelingwer 222
Fädige Palmlilie 48
Falsche Jalapa 214
False Hop 216
False Kamani 114
False Nutmeg 100
Falterorchidee 250
Fan Palm 44, 46
Fara 52
Faserbanane 50
Feigen 17, 19
Feijoa 140
Fensterblatt 210
Fern Palm 30
Fern Tree 58
Feuerbaum 60
Feuerorchidee 248
Feuerranke 182
Ficus benghalensis 120
Ficus benjamina 120
Ficus elastica 120
Ficus lyrata 120
Ficus religiosa 120
Fieberbaum 108
Fiery Reed Orchid 248

Fig 120
Fire Cracker Plant 132
Fire Dragon 178
Fire Tree 62
Firebush 168
Firecracker Vine 204
Fireweed 228
Fischschwanzpalme 40
Fishtail Palm 40
Five-Leaf Morning Glory 194
Flamboyan 126
Flamboyant 60, 68
Flame Amherstia 60
Flame Bean 62
Flame Flower 134
Flame Lily 202
Flame of the Forest 60, 62
Flame of the Wood 134
Flame Tree 60, 94
Flame Vine 182
Flameleaf 162
Flamingo Lily 220
Flamingo Plant 144
Flamingoblume 220
Flammenbaum 60, 94
Flammenbohne 62
Flammenlilie 202
Flaschenpalme 38
Fledermausblume 218
Fleißiges Lieschen 214, 216
Flor Ave del Paraíso 232
Flor de Cera 252
Flor de Cruz 160
Flor de Jesús 184
Flor de la Cruz 124
Flor de la Reina 90
Flor de Mayo 66
Flor de Noche Buena 162
Flor de Pascua 162
Flor de San Miguel 200
Flor de San Pedro 126
Flor de Sangre 142
Flor de Verano 198
Florettseidenbaum 78
Florida Pansy 212
Floss Silk Tree 78
Flötenakazie 70
Flowering Rush 262
Food Candle Tree 86
Forget-Me-Not Tree 130
Fougère Nid-d'oiseau 254
Fountain Bush 132
Fountain Tree 62
Four-o'clock 214
Frangipani 160
Frangipanier 160
Fransen-Eibisch 156

279

Register

Fresnillo 126
Fringed Hibiscus 156
Fruta de Iguana 130
Fruta do Conde 116
Fuchsschwanz 154

Galgant 238
Gallito 62
Gardenia augusta 148
Gardenia thunbergia 148
Gardenie 148
Garnelenblume 216
Garten-Fuchsschwanz 154
Gefaltete Spatelzunge 220
Geflügelte Kassie 128
Geflügelte Passionsblume 196
Geigenfeige 120
Geiger Tree 94
Gelbe Bauhinie 172
Gelbe Engelstrompete 174
Gelbe Hedychie 230
Gelbe Saraca 64
Gelbe Tecome 126
Gelber Flamboyant 68
Gelber Froschlöffel 262
Gelber Ipé-Baum 82
Gelber Trompetenstrauch 126
Gelbwurzel 222
Gengibre Rojo 224
Geniparaná 104
Geschnäbelte Heliconie 230
Geweihfarn 256
Gewürznelke 92
Giant Bamboo 54
Giant Granadilla 196
Giant Milkweed 146
Giant Potato Creeper 198
Giant Spiral Ginger 222
Ginger 218, 222, 224, 230, 238
Ginseng 80
Globba winitii 226
Globe Amaranth 212
Glockenrebe 180
Gloria 126
Gloriosa superba 202
Glory Bower 132, 192
Glory Bush 130
Glory Lily 202
Glorybower 132, 192
Gloxinien 252
Glycine max 272
Goat's Foot Vine 226

Goiaba 146
Gold Tree 82
Goldbaum 82
Goldbecher 206
Goldblattpalme 38
Golden Bush 128
Golden Chalice Vine 206
Golden Dewdrop 130
Golden Pothos 210
Golden Shower 68, 182
Golden Torch 232
Golden Trumpet 190
Goldranke 210
Goldregen 68
Goldtrompete 190
Gombo 266
Gomphrena globosa 212
Good Luck Plant 152
Gooseberry 164
Gorra de Turco 202
Gorro de Napoleón 206
Gossypium arboreum 266
Gossypium barbadense 266
Gossypium herbaceum 266
Gossypium hirsutum 266
Gourd Tree 100
Gout Plant 158
Goyavier 146
Granadilla 196, 208
Granadilla Real 196
Granado 134
Granatapfel 134
Grand Dégonflé 238
Grand Potato Vine 198
Grapette 220
Grenadier 134
Grenadille 208
Grevillea robusta 66
Grosella 138
Großblättrige Damiana 234
Großblättrige Strahlenpalme 46
Großblättriger Nadelkissenbaum 62
Großblütige Pfeifenblume 208
Großblütige Thunbergie 184
Große Flamingoblume 220
Großer Galgant 238
Ground Nut 272
Ground Orchid 220
Guacamaya 60
Guacamayo 162
Guanábana 116

Guarupa 58
Guatemala Rhubarb 158
Guatoso 104
Guava 140, 146
Guave 140, 146
Guayabo 146
Guayabo del Brasil 140
Guayacán 82
Guiana Chestnut 80
Gum 108
Gumbo 266
Gummibaum 120
Guna 136
Gurkenbaum 72
Gustavia augusta 104
Gustavia superba 104
Gustavia 104
Guzmania sanguinea 254

Haarblume 206
Hahnenkamm 228
Hakenlilie 242
Hala 52
Half-Flower 176
Hanging Lobster Claws 230
Harpón 210
Hau Tree 170
Heart of Jesus 242
Hedychium coronarium 230
Hedychium gardnerianum 230
Helecho Nido 254
Heliconia psittacorum 232
Heliconia rostrata 230
Heliotrope 168
Herbstzeitlose 202
Herzblatt 210
Hevea brasiliensis 86
Hibiscus arnottianus 156
Hibiscus mutabilis 156
Hibiscus rosa-sinensis 156
Hibiscus sabdariffa 156
Hibiscus schizopetalus 156
Hibiscus syriacus 156
Hibiscus tiliaceus 170
Higüero 100
Hocha de Leche 242
Hoja de Adorno 242
Hoja de Buitre 262
Hojadillo 210
Holmskioldia sanguinea 188
Holzrose 194
Honey Plant 252

Honeysuckle 186
Hongkong-Orchideenbaum 98
Honolulu Creeper 200
Horsebean 66
Horseradish Tree 74
Horsetail Tree 54
Hortensienbaum 98
Hoya carnosa 252
Hura crepitans 96
Hydrangea 98
Hydrangea Tree 98
Hymenocallis littoralis 242
Hyophorbe amaricaulis 38
Hyophorbe lagenicaulis 38
Hyophorbe verschaffeltii 38
Hyphaene 44

Immergrün 214
Immortel Étranger 62
Impala Lily 160
Impatiens hawkeri 216
Impatiens niamniamensis 228
Impatiens walleriana 214, 216
Indian Almond 114
Indian Coral Tree 76
Indian Laburnum 68
Indian Lilac 72
Indian Oak 92
Indian Root 142
Indian Roseapple 106
Indian Rubber Fig 120
Indian Shot 224
Indische Lagerstroemie 90
Indische Senna 128
Indischer Goldregen 68
Indischer Korallenbaum 76
Indischer Mandelbaum 114
Indischer Rosenapfel 106
Indischer Seidenwollbaum 76
Indischer Zedrachbaum 72
Indonesian Wax Ginger 222
Ingwer 218, 224, 230
Inhame 270
Ipé-Baum 78, 82
Ipéca Sauvage 142
Ipomoea alba 200
Ipomoea aquatica 270
Ipomoea batatas 270
Ipomoea cairica 194
Ipomoea lobata 204

Register

Ipomoea pes-caprae 226
Ipomoea purpurea 194
Ipomoea quamoclit 200
Ipomoea tricolor 194
Ironwood 54
Irupé 260
Isopo Rojizo 144
Isote 48
Itabo 48
Ivory Plant 146
Ixora casei 134
Ixora chinensis 134
Ixora coccinea 134
Ixora finlaysoniana 134
Ixora javanica 134
Ixora odorata 134

Jabillo 96
Jacaranda mimosifolia 58
Jacinthe d'Eau 260
Jacinto 72
Jacinto Aquático 260
Jackfrucht 118
Jacob's Coat 178
Jacobinia carnea 144
Jacobinia pauciflora 144
Jacobinie 144
Jalapa 214
Jamaica Nutmeg 100
Jambeiro 92
Jambo 88, 92
Jambo Amarelo 92
Jambosier 92
Jambuse 88, 92
Jamelac 88
Japanese Frangipani 160
Japanese Lantern 156
Japanischer Palmfarn 30
Jasmin 186, 192
Jasmín Azul 152
Jasmin-Nachtschatten 198
Jasmine 148, 200
Jasminum nudiflorum 192
Jasminum polyanthum 192
Jasminum sambac 192
Jatropha curcas 158
Jatropha integerrima 158
Jatropha multifida 158
Jatropha podagrica 158
Java Glorybower 132
Javapflaume 88
Jazmín de Arabia 192
Jazmín Italiano 198
Jerusalem Thorn 66
Jerusalemdorn 66

Jungle Flame 134
Justicia brandegeana 216
Justicia carnea 144
Justicia pectorialis 144
Justicia rizzinii 144

Kaffee 148
Kaffernbaum 76
Kahili Ginger 230
Kairowinde 194
Kaiserzepter 222
Kakao 112
Kaladie 242
Kalebassenbaum 100
Kalebassen-Muskatnuss 100
Kalla 240
Kalo 270
Kanarische Dattelpalme 34
Kanonenkugelbaum 96
Kap-Bleiwurz 152
Kapernstrauch 174
Kapokbaum 76, 84
Kap-Trompetenwinde 182
Kardinalswinde 200
Kartoffelbaum 104
Kartoffelstrauch 150
Kartoffelwein 198
Kaschubaum 110
Kassie 128
Kasuarine 54
Katappenbaum 114
Katzenschwanz 154
Kautschukbaum 86
Kawa 268
Kerzenbaum 17, 86
Kerzenkassie 128
Keulenlilie 152
Khaya 12
Ki 152
Kigelia africana 58
Kleine Flamingoblume 220
Kleiner Galgant 238
Klettertrompete 182
Klusie 19, 90
Knöterich 200
Kohlpalme 36, 44
Kokospalme 15, 32
Kolomona 128
Kongo-Springkraut 228
Königsgranadilla 196
Königspalme 36, 38
Korallenbaum 76
Koralleneibisch 156
Korallenpflanze 158
Korallenstrauch 122, 134
Korbfarn 256

Kordie 94
Kostwurz 238
Kou 94
Krallenrebe 180
Kriechende Wandelblume 142
Kronenblume 146
Kronen-Geweihfarn 256
Kubebenpfeffer 268
Kugelamaranth 212
Kürbis-Kerzenbaum 17, 86
Kurkuma 222
Kurrajong 94

La Coquette 234
Lady of the Night 150
Lady's Slipper 188
Lady's Fingers 266
Laelia 246
Lagerstroemia indica 90
Lagerstroemia speciosa 90
Lagerstroemie 90
Laitue d'Eau 264
Langfaden 186
Lantana camara 142
Lantana montevidensis 142
Lanzenrosette 254
Lapacho 82
Large-Leaf Damiana 234
Laurel de India 120
Lavande Blanche 238
Lavande Rouge 224
Lazo de Amor 212
Leadwort 152
Leberwurstbaum 58
Lechosa 52
Lechuga de Agua 264
Lengua del Diablo 220
Liane à Lait 190
Liane Aurore 182
Liane Corail 200
Liane Rouge 200
Licuala grandis 46
Licuala peltata 46
Licuala spinosa 46
Lilas des Indes 72
Lilayo 72
Lima 108
Limba 114
Lime 108
Limette 108
Limnocharis flava 262
Limón Criollo 108
Limone 108
Lindenblättriger Eibisch 170

Lippenstiftblume 252
Lipstick Plant 252
Lipstick Tree 164
Lirio Aquático 260
Lirio de Colón 238
Lirio de Malabar 202
Lirio Gloriosa 202
Lis de Malabar 202
Livistona australis 44
Livistona chinensis 44
Livistonie 44
Llamarada de Bosque 62
Lluvia de Fuego 132
Lluvia de Oro 68
Loandro Amarelo 172
Lobster Claws 230
Lobster Plant 162
Lontar Palm 44
Losbaum 132
Losstrauch 132
Lotus 262
Lotusblume 262
Louisiana Moss 258
Louisianamoos 258
Lucky Nut 172
Lulo 104
Lustrosa 198

Macadamia integrifolia 66
Macaranga 10
Macaranga triloba 11
Machaerium 58
Macuelizo 78
Madagascar Periwinkle 214
Madagassisches Immergrün 214
Madar 146
Maguey 236
Mahagoni 12
Mahoe Tree 170
Maihuenia 164
Majagua 170
Malabar Lily 202
Malabarico 76
Malaienblume 250
Malanga 270
Malay Apple 88
Malay Ginger 238
Malayan Dillenia 170
Malayenapfel 88
Malaysian Orchid Tree 138
Malpighia coccigera 138
Malpighia emarginata 138
Malus punica 134

Register

Malvaviscus arboreus 166
Mamão 52
Mandarin's Hat 188
Mandevilla amabilis 186
Mandevilla laxa 186
Mandevilla sanderi 186
Mandevilla splendens 186
Mandioca 274
Mangifera foetida 110
Mangifera indica 110
Mango 110
Mani 272
Manihot esculenta 274
Manihot glaziovii 274
Manilkara bidentata 114
Manilkara zapota 114
Maniok 274
Mannabaum 68
Mano de León 78, 228
Manto de Jesús 198
Manzana Malaya 88
Manzanita 166
Manzanito 92
Maracujá Mamão 196
Maracuja 208
Maracuyá 208
Maranga 74
Marañon 110
Marañon Japonés 88
Marble Queen 210
Margose 204
Marilope 234
Marmelade Bush 168
Marmeladenstrauch 168
Marriage Vine 198
Marvel of Peru 214
Mata Caballo 142
Matamatá 104
Matapalo 90
Matasilisguate 82
Match-Me-If-You-Can 178
Mauve Dancing Girl 226
Mbende 100
Medinilla magnifica 138
Medinilla speciosa 138
Meerrettichbaum 74
Meertraube 112
Melastoma malabathricum 140
Melia azedarach 72
Melonenbaum 52
Membrillo 104
Merey 110
Merremia tuberosa 192
Metrosideros excelsa 88
Metrosideros polymorpha 88

Metrosideros robusta 88
Metroxylon sagu 15, 40
Mexican Breadfruit 210
Mexican Creeper 200
Mexican Flameleaf 162
Mexican Ivy 180
Mexican Palo Verde 66
Mexican Poppy 234
Mexican Rose 98
Mexican Shrimp Plant 216
Mexikanische Wolfsmilch 162
Mexikanischer Knöterich 200
Mexikanischer Palmfarn 30
Mickey Mouse Tree 168
Mickymausbusch 168
Milde Fischschwanzpalme 40
Mile-a-Minute 194
Milkweed 142, 146
Milo 102
Mimosa pudica 122
Mimose 122
Mina lobata 204
Mindanao Gum 108
Mirabilis jalapa 214
Mistelkaktus 258
Mistletoe Cactus 258
Mock Azalea 160
Mocote 128
Mohn 234
Momordica balsamina 204
Momordica charantia 204
Monacillo 166
Mondorchidee 250
Monette Jaune 190
Monkey Pod Tree 64
Moño 228
Monodora myristica 100
Monodora tenuifolia 100
Monstera deliciosa 210
Moralin 112
Moringa oleifera 74
Morning Glory 194, 226
Moses-in-the-Cradle 244
Moth Orchid 250
Mother-in-Law Plant 242
Mountain Apple 88
Mudar 146
Muringueiro 74
Mururé Pajé 264
Musa paradisiaca 50
Musa textilis 50
Muschelblume 264
Musgo Blanco 258
Muskatnuss 100

Mussaenda erythrophylla 136
Mussaenda frondosa 136
Mussaenda philippica 136
Myristica fragrans 100
Myrobalanen 114
Mysore Trumpet Vine 188
Mysore-Schlinger 188
Myxapflaume 94

Nachtschatten 150, 198
Nadelkissenbaum 62
Ñajú de Espinas 164
Ñampi 270
Nandi Flame 62
Napoleón 198
Naranjilla 104
Naseberry 114
Naupaka 176
Nelumbo nucifera 262
Nerium oleander 172
Nesselblatt 154, 178
Nestfarn 254
Netzannone 116
Neuguinea-Impatiens 216
New Guinea Impatiens 216
Nickende Alpinie 238
Nicolaia elatior 222
Nid-d'oiseau 254
Nightshade 150, 198
Nimbaum 72
Nispero 114
Nitta Tree 70
Noix-Sirpent 172
No-me-olvides 94, 152
Nonnenorchidee 236
Norfolk Island Pine 56
Norfolktanne 56
Northern Black Wattle 102
Nun's Orchid 236
Nutmeg 100
Nymphaea caerulea 260
Nymphaea rubra 260

Oak Leaf Fern 256
Ochna arborea 168
Ochna serrulata 168
Ochroma lagopus 10
Ocotea bullata 104
Octopus Tree 80
Ocumo Chino 270
Oficial da Sala 142
Ohia 84
Öhrchen-Akazie 102
Oil Palm 34

Oiseau de Paradis 232
Oje 80
Ojitos Negros 190
Okra 266
Old Maid 214
Old Man's Beard 258
Oleander 172
Oléandre Jaune 172
Ölpalme 15, 34
Oncidium flexuosum 248
Onoto 164
Orange Browallia 168
Orange Creeper 182
Orange Milkweed 142
Orchid Tree 60, 98, 138
Orchideenbaum 98, 100
Orgueil de Chine 126
Orleansbaum 164
Oscherstrauch 146
Osterluzei 208
Otaheite Apple 88
Oyster Plant 244

Pachira aquatica 80
Pachira insignis 80
Pacific Rosewood 102
Pagodenbaum 160
Pagodenstrauch 132
Palette de Peintre 242
Palisander 58
Paliurus spina-christi 158
Palm Orchid 220
Palma de Cinta 52
Palmfarn 30
Palmier Gargoulette 38
Palmita Roja 152
Palmlilie 48
Palmyrapalme 44
Palo Borracho 78
Palo de Boya 80
Palo de Goma 120
Palo de Rosa 78
Palo Verde 66
Pampelmuse 108
Panax ginseng 80
Panax pseudoginseng 80
Panax quinquefolius 80
Pandang 52
Pandanus tectorius 52
Pandorea jasminoides 182
Papageien-Heliconie 232
Papaver 234
Papaya 14, 52
Paper Plant 264
Papier du Nil 264
Papiro 264
Papito de Monte 166

Register

Papito 180
Pappelblättriger Eibisch 102
Paprika 244
Papyrus 264
Pará Rubber 86
Paradiesbaum 72
Paradiesvogelblume 232
Paraguay Nightshade 150
Parakeet Flower 232
Paraná-Riesenseerose 260
Parasol Flower 188
Parcha 196
Parkia speciosa 70
Parkinsonia aculeata 66
Parkinsonia microphylla 66
Parmentiera aculeata 86
Parmentiera cerifera 86
Parrot Flower 232
Parrot's Plantain 232
Pascuita 162
Pasilla 72
Passiflora alata 196
Passiflora caerulea 208
Passiflora citrina 196
Passiflora edulis 208
Passiflora foetida 208
Passiflora laurifolia 208
Passiflora ligularis 196
Passiflora mixta 196
Passiflora quadrangularis 196
Passiflora racemosa 196
Passiflora tripartita var. mollissima 196
Passion Fruit 196, 208
Passionsblume 196, 208
Pata de Cabra 98
Pata de Vaca 98
Patate Douce 270
Patate Marron 226
Paternosterbaum 72
Pawpaw 52
Peace Lily 240
Peach Palm 32
Peacock Flower 126
Peanut Butter Cassia 128
Peanut 272
Peijbaye 32
Pelican Flower 208
Peltophorum africanum 68
Peltophorum pterocarpum 68
Penitente 184
Peperoni 244
Pepino 104

Pepper 244, 268
Pepper Tree 74
Pera de Agua 88
Peregrina 158
Pereskia aculeata 164
Pereskia corrugata 164
Pereskia grandifolia 164
Periwinkle 214
Perlenbaum 72
Persian Lilac 72
Persischer Flieder 72
Peruanischer Pfefferbaum 74
Pervinca de Madagascar 214
Petai 70
Pete Bean 70
Petebohne 70
Petit Balisier 232
Petit Flamboyan 126
Petrea glandulosa 184
Petrea volubilis 184
Petticoat Palm 42
Pfauenstrauch 126
Pfeffer 268
Pfefferbaum 74
Pfeifenblume 208
Pfirsichpalme 32
Phaeomeria magnifica 222
Phaius tankervilliae 236
Phalaenopsis amabilis 250
Phalaenopsis schilleriana 250
Phanera 202
Philippine Ground Orchid 220
Philippine Medusa 154
Philippine Wax Flower 222
Philippinische Mussaenda 136
Philippinischer Rosenapfel 106
Philodendron pertusum 210
Phoenix canariensis 34
Phoenix dactylifera 34
Phoenix roebelenii 34
Pidgeonberry 130
Pied de Veau 240
Pig Lily 240
Pima Cotton 266
Pimenta 268
Pimienta 268
Pimiento 244
Pinang 36
Pinang Rajah 38
Piñanona 210

Pineapple Ginger 222
Pineapple Guava 140
Pink Ball Tree 98
Pink Ginger 224
Pink Mandevilla 186
Pink Porcelain Lily 238
Pink Poui 78
Pink Powder Puff 124
Pink Tecoma 78, 182
Pink Trumpet Tree 78
Pink Trumpetvine 182
Pink Vine 200
Pino Australiano 54, 66
Piper betle 268
Piper cubeba 268
Piper guineense 268
Piper longum 268
Piper methysticum 268
Piper nigrum 268
Pipul-Baum 120
Pirú 74
Pisang 50
Pistia stratiotes 264
Pita Común 236
Plantain 50
Platanillo 224
Platáno 50
Platycerium bifurcatum 256
Platycerium coronarium 256
Platycerium superbum 256
Plum Rose 92
Plumbago auriculata 152
Plumbago indica 152
Plumbago scandens 152
Plumbago zeylanica 152
Plume Flower 144
Plumeria obtusa 160
Plumeria rubra 160
Podranea brycei 182
Podranea ricasoliana 182
Pohutukawa 88
Poinciana 60, 68, 126
Poinsettia 136, 162
Poirier Rouge 78
Poison Lily 242
Poivre 268
Poker Tree 76
Pomagás 88
Pomalaca 88
Pomarosa 92
Pomegranate 134
Pomerac 88
Pomme de Malaisie 88
Pomme de Tahiti 88
Pomme Malac 88

Pomme Rose 92
Pompilla 198
Pompom 124
Pompom de Marin 124
Popcorn Cassia 128
Poppy 234
Porcelain Flower 252
Porcelain Lily 238
Poro Poro 82
Port St. Johns Creeper 182
Portia Tree 102
Porzellanblume 252
Potato Bush 150
Potato Creeper 198
Potato Tree 104
Potato Vine 198
Poui 78, 82
Powder Puff 124
Prachtlilie 202
Presidio de Amor 184
Prickly Poppy 234
Pride of Barbados 126
Pride of Burma 60
Pride of De Kaap 202
Pride of India 72, 90
Pride of Trinidad 136
Primavera 82
Princess Flower 130
Principe Alberto 190
Protea 66
Provision Tree 80
Prunkwinde 194
Pseudobombax ellipticum 76
Psidium cattleianum 146
Psidium guajava 146
Pudding Pipe Tree 68
Puderquastenstrauch 124
Pulpo 80
Punica granatum 134
Pupunha 32
Purgiernuss 158
Purging Cassia 68
Purple Granadilla 208
Purple Wreath 184
Purpurgranadilla 208
Purpurkranz 184
Pygmy Date Palm 34
Pyrostegia venusta 182

Quailgrass 228
Queen Flower 90
Queen's Wreath 184
Queenslandnuss 66
Quercus 21
Quesillo 166
Queue de Chat 154

Register

Vicaria 214
Victoria amazonica 260
Victoria cruziana 260
Virgin Tree 136
Vomitel 94

Wachsapfel 88
Wachsblume 252
Wachsmalve 166
Wachspalme 42
Wandelblume 142
Wandelröschen 142
Wandelrose 156
Warszewiczia coccinea 136
Washingtonia filifera 42
Washingtonie 42
Wasserapfel 88
Wasserhyazinthe 260
Wasserkastanie 80
Wasserlimone 208
Wassersalat 264
Wasserspinat 270
Water Hyacinth 260
Water Lettuce 264
Water Lily 260
Wattle 102
Wax Flower 222
Wax Ginger 222
Wax Mallow 166
Wax Plant 252

Wax Rose 164
Weeping Bottlebrush 154
Weeping Wattle 68
Weihnachtsorchidee 246
Weihnachtsstern 162
Weinender Baum 68
Weiße Chorisie 78
Weiße Hakenlilie 242
Weiße Hedychie 230
West Indian Cherry 138
West Indian Holly 234
Westindische Baumwolle 266
Westindische Kohlpalme 36
White Arum Lily 240
White Bat Flower 218
White Cedar 72
White Costus 238
White Flag 240
White Floss Silk Tree 78
Wiegenlilie 244
Wild Cotton 82
Wild Cotton Tree 170
Wild Poinsettia 136
Wild Sage 142
Wilde Aloe 48
Wine Palm 44
Winter Cattleya 246
Winterjasmin 192
Wishbone Plant 212
Wolfsmilch 162

Wollbaum 84
Wood Rose 194
Wunderblume 214
Wunderstrauch 178
Würgefeige 19
Wüstenrose 160
Xanthosoma sagittifolium 270

Yam 270
Yams 270
Yellow Alder 234
Yellow Allamanda 190
Yellow Angel's Trumpet 174
Yellow Bauhinia 172
Yellow Bells 126
Yellow Burhead 262
Yellow Elder 126
Yellow Flame Tree 68
Yellow Heliotrope 168
Yellow Oleander 172
Yellow Poinciana 68
Yellow Poui 82
Yercum 146
Yesterday-Today-And-Tomorrow 150
Yuca 274
Yucca aloifolia 48
Yucca filamentosa 48
Yucca guatemalensis 48

Yuccapalme 22
Yuquilla 224
Yuquillo 142

Zamia 30
Zantedeschia aethiopica 240
Zantedeschie 240
Zapatico de la Reina 180
Zapote de Agua 80
Zedrachbaum 72
Zerschlitzter Roseneibisch 156
Ziegenfußwinde 226
Zier-Ingwer 230
Zimbabwe Creeper 182
Zimmerhopfen 216
Zimmerkalla 240
Zimmertanne 56
Zingiber officinale 224
Zuckerpalme 40
Zuckerrohr 274
Zwergdattelpalme 34
Zwergkorallenbaum 122
Zwergpapyrus 264
Zwergpoinciane 126
Zylinderputzer 154
Zypergras 264

Impressum

Bildnachweis

Ambro Lacus: 41or, 49ol, 57ul, 59ul, 79ur, 81o, 83ol, 85u, 93or, 95or, 145ol, 177u, 189ul, 235u, 247ul, 253o, 257u, 271u

Bittmann: 7, 29o, 57ol, 57or, 61or, 61u, 63o, 67o, 69ol, 75o, 89o, 95ol, 113ur, 121u, 135u, 161u, 185u, 199u, 221u, 241u

Crone: 227o

Denzer: 67ul

Dietrich: 14, 37ur, 43ur, 55ur, 69or, 73ur, 111ur, 137u, 157ul, 163u, 237ol, 237or, 249u,

Dörr: 155o, 169ur, 179o, 193o, 241o,

Dransfield J.: 47ol

Eisenreich: 2/3, 53ul, 59ol, 77ur, 99ol, 125o, 157o, 211u, 231ol, 237ur, 243o

Feuerer: 83or, 87ul, 97or, 107or, 203o

Gerlach: 83u, 89ul, 99u, 113ul, 139u, 175u, 183u, 207o, 227u, 245u

Greissl: 101ol, 101or, 109ur, 167ol, 197o, 231or

Hagen: 39ol, 121 (Einklinker), 123u, 133o, 159ur, 169o, 197u, 225or, 233u, 239u

Kögel: 19l, 143o

König: 31ol, 31ul, 35ol, 35ul, 35ur, 43ul, 45ur, 61ol, 69u, 73ol, 85ol, 91u, 103ur, 113or, 115ul, 117u, 137o, 139o, 143u, 145ul, 145ur, 147o, 149ul, 153ul, 205ul, 205ur, 207ul, 213o, 215ol, 217u, 219ul, 223u, 229u, 233o, 243ul, 251o, 257o, 261u, 267o

Krieger: 135o, 223o

Lüpnitz: 41ul, 51ur, 55or, 59ur, 79 (Einklinker), 91o, 129or, 159ul, 161o, 171u, 191u

Morell: 43or

Niesler: 105o

Nowak: 33ol, 33or, 35or, 37ol, 37ul, 39ul, 45o, 51or, 53or, 71ul, 71ur, 87or, 101u, 107ul, 107ur, 111or, 117ol, 119o, 209o, 255u

Pott: 33ul, 33ur, 51ol, 203u, 259ol, 269or, 275u

Reinhard: 1, 20, 29u, 31ur, 37or, 47ol, 47ur 49or, 49u, 53ol, 53ur, 59or, 77ul, 97u, 109o, 115ur, 121o, 123o, 127ol, 127u, 129ol, 133u, 145or, 147u, 149o, 149ur, 151o, 151u, 153ur, 155u, 159o, 167u, 169ul, 171o, 177o, 181o, 183o, 185o, 187o, 187ur, 189o, 191o, 193u, 199o, 205o, 209u, 211or, 213u, 217o, 225ol, 225u, 229or, 237ul, 243ur, 245o, 251ul, 253ur, 255ol, 261o, 265u, 269ol, 269u, 271o, 273u, 275o

Rohwer: 9o, 9u, 10, 11, 12, 16l, 16r, 18, 19r, 21, 31or, 39ur, 41ol, 45ul, 47ul, 55ol, 55ul, 63u, 65o, 65 (Einklinker), 65u, 67ur, 71ol, 71or, 73or, 73ul, 75ul, 75ur, 79o, 79ul, 81u, 85or, 87ol, 87ur, 93ul, 93ur, 95u, 97ol, 99or, 103o, 105u, 107ol, 109ul, 111ol, 111ul, 113ol, 115o, 117or, 119u, 125ul, 125ur, 127or, 129u, 131o, 131u, 141u, 153o, 157ur, 163o, 165o, 165u, 167or, 173ol, 173or, 175o, 179u, 181u, 187ul, 189ur, 195o, 195u, 201o, 201u, 207ul, 215u, 219o, 219ur, 221o, 229ol, 231u, 235o, 239o, 247o, 249ol, 255or, 259or, 259ul, 259ur, 263o, 263u, 265o, 267u, 273o

Senghas: 247ul, 249or, 251ur

Staeck: 57ur, 77o, 85 (Einklinker), 89ur, 93ol, 103ul, 173u, 211ol

Thiv: 51ul

Weber: 41ur, 141o, 253ul

Zona: 31ur, 39or, 43ol

Piktogramme:

Grafiken S. 26/27: nach Vorlagen des Autors

Die Deutsche Bibliothek -
CIP-Einheitsaufnahme

Ein Titeldatensatz für diese Publikation
ist bei Der Deutschen Bibliothek erhältlich

BLV Verlagsgesellschaft mbH
München Wien Zürich
80797 München

BLV Bestimmungsbuch

© 2000 BLV Verlagsgesellschaft mbH,
München

Das Werk einschließlich aller seiner Teile ist urheberrechtlich geschützt. Jede Verwertung außerhalb der engen Grenzen des Urheberrechtsgesetzes ist ohne Zustimmung des Verlags unzulässig und strafbar. Das gilt insbesondere für Vervielfältigungen, Übersetzungen, Mikroverfilmungen und die Einspeicherung und Verarbeitung in elektronischen Systemen.

Umschlaggestaltung: Studio Schübel, München
Titelfotos v.l.n.r.:
Jens G. Rohwer (2), Wilhelm Eisenreich(1),
Rückseite: Wilhelm Eisenreich
Grafiken: Heide Janicĕk

Lektorat: Dr. Friedrich Kögel
Layoutkonzept: Parzhuber und Partner, München
Herstellung: Hermann Maxant
Satz: dtp design typo print, Ismaning
Druck: Appl, Wemding
Bindung: Großbuchbinderei Monheim; Monheim

Gedruckt auf chlorfrei gebleichtem Papier

Printed in Germany · ISBN 3-405-15771-4

Für Ihre Reisen in tropische Länder

BLV Bestimmungsbuch
Bernd Nowak /
Bettina Schulz
Tropische Früchte
160 Arten im ausführlichen Porträt, weitere 100 Arten im Text: Merkmale, Verbreitung, Anbau, Ernte, Verwendung, Zubereitung – mit Bestimmungsschlüssel.

Reiseführer Natur
Wolfgang Bittmann /
Brigitte Fugger
Galápagos
Die Pflanzen- und Tierwelt aller Inseln mit fundierten, biologischen Fakten, praktischen Informationen, detaillierten Karten – ideal für den optimalen Reiseverlauf.

Reiseführer Natur
Gunnar Rehfeldt
Florida
Der erste Naturreiseführer für Florida: weltbekannte Nationalparks, tropische Strände, Sumpfgebiete, Wälder und Seen – und dank der verschiedenen Lebnsräume ein immenser Artenreichtum an Tieren und Pflanzen.

Reiseführer Natur
Wolfgang Denzer
Costa Rica
Den Zauber der Tropen erleben: die Regenwälder mit ihrer exotischen Pflanzen- und Tierwelt, aber auch viele andere Naturattraktionen – z.B. die teils noch aktiven Vulkane.

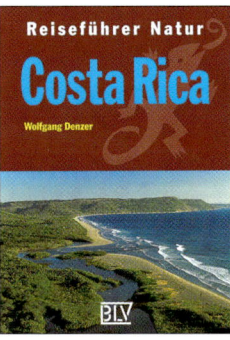

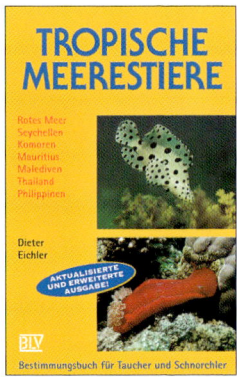

Dieter Eichler
Tropische Meerestiere
Fische, Schwämme, Quallen, Korallen, Schnecken, Muscheln, Krebstiere, Seeigel, Seesterne: Erkennungsmerkmale, Vorkommen, Lebensweise, Nahrung, Fortpflanzung.

Reiseführer Natur
Brigitte Fugger /
Wolfgang Bittmann
Australien
Die schönsten und interessantesten Naturregionen; Landschaften und Tiere, geologische Attraktionen, Nationalparks, Touren- und Wandervorschläge, praktische Reisetipps.

Im BLV Verlag finden Sie Bücher zu den Themen: Garten und Zimmerpflanzen • Natur • Heimtiere • Jagd und Angeln • Pferde und Reiten • Sport und Fitness • Wandern und Alpinismus • Essen und Trinken

Ausführliche Informationen erhalten Sie bei:

**BLV Verlagsgesellschaft mbH • Postfach 40 03 20 • 80703 München
Tel. 089 / 127 05-0 • Fax 089 / 127 05-543 • http://www.blv.de**